新时代文秘类专业新形态系列教材

总主编◎向　阳　　总主审◎李　忠

秘书职业概论

第2版

主　编◎董丽华　赵　莉

副主编◎孔雪燕　周　茉

重庆大学出版社

图书在版编目 CIP 数据

秘书职业概论/董丽华,赵莉主编 . -- 2 版 .

重庆: 重庆大学出版社, 2025.3. -- ISBN 978-7-5689-

4986-6

Ⅰ. C931.46

中国国家版本馆 CIP 数据核字第 2025BT9032 号

秘书职业概论(第 2 版)

MISHU ZHIYE GAILUN

主 编 董丽华 赵 莉

责任编辑:唐启秀　　版式设计:唐启秀

责任校对:邹 忌　　责任印制:张 策

*

重庆大学出版社出版发行

出版人:陈晓阳

社址:重庆市沙坪坝区大学城西路 21 号

邮编:401331

电话:(023)88617190　88617185(中小学)

传真:(023)88617186　88617166

网址:http: / / www. cqup. com. cn

邮箱:fxk@ cqup. com. cn(营销中心)

全国新华书店经销

重庆市正前方彩色印刷有限公司印刷

*

开本:787mm×1092mm　1/16　印张:15　字数:327 千

2025 年 3 月第 2 版　　2025 年 3 月第 4 次印刷

ISBN 978-7-5689-4986-6　定价:45.00 元

本书如有印刷、装订等质量问题,本社负责调换

版权所有,请勿擅自翻印和用本书

制作各类出版物及配套用书,违者必究

丛书编委会

总主审　李　忠

总主编　向　阳

编委会　肖云林　　向　阳　　王锦坤
　　　　韩开绯　　孔雪燕　　赵雪莲
　　　　金常德　　吴良勤　　王　曦

总　序

在习近平新时代中国特色社会主义思想的指导下,中国职业教育迎来了空前的发展。各职业院校在深入学习贯彻党的二十大精神的同时,始终坚持党的领导,坚持正确的办学方向,坚持立德树人,优化类型定位,深入推进育人方式、办学模式、管理体制、保障机制改革。职业院校的教师们以建设技能型社会、弘扬工匠精神为指南,培养了大批高技能人才,为全面建设社会主义现代化国家、赋能新质生产力、助力人才强国,提供了有力的人才和技能支撑。

现代文秘专业在职业教育改革的大潮中锚定目标,厚积薄发,积极地与新经济、新产业、新业态融合,对标现代服务业,坚持产教融合、校企合作,推动形成产教良性互动、校企优势互补的发展格局,释放出文秘类专业职业教育的新空间、新活力,取得了一系列令人瞩目的教学、科研和实践成果。本套教材正是在这样的形势下策划和推动的。随着时代的不断发展,信息技术的更新迭代,文秘工作已经不仅仅是简单的文字处理和事务管理,它要求从业人员具备出色的政治素养、全面的职业素质、精湛的专业技能和敏锐的时代触觉。这套新形态教材的编写出版,旨在为文秘类专业的学生和从业者提供一个全新的学习平台,帮助他们更好地适应未来职业发展的需求。

在教育部职业院校教育类专业教学指导委员会文秘专业委员会的直接指导下,在重庆大学出版社的大力支持下,我们以国家现代文秘专业教学标准为依据,集合了全国多所职业院校文秘类专业的专业带头人和优秀教师,共同编写了这套符合"立德树人"整体要求、凸显校企融通思路的新形态教材。这套教材的编写,紧密结合了企事业单位对文秘人才的现实需求,充分吸收了最新的智慧办公和数字行政方面的成果,力求在传授专业知识的同时,培养学生的实践能力和创新精神。我们遵循高职教育的规律,以人才培养为核心,以行业需求为导向,以提升学生的综合素质和职业技能为目标,努力打造一套既符合高职教育特点,又具有鲜明时代特色的文秘类专业系列教材。

在编写过程中,我们始终坚持"为党育人,为国育才"的基本出发点,将课程思政贯穿每一本教材之中。我们通过深入分析当前企事业单位对文秘人才的需求趋势,结合高职教育的特点和人才培养模式,力求在教材中融入最新的教育理念和教学方法,使之既符合教育规律,又能有效提升学生的职业技能和综合素质。在内容的选择上,我们力求精简、实用,避免空洞的理论阐述，更多地关注实际操作和应用，力求使每一章节、每一个知识点都能紧密联系实际，服务于学生的未来职业发展；在版式设计上，我们采用了大量的图表、案例和实训练习，使学生在学习过程中能够更直观地理解知识点，更好地掌握实际操作技能。同时，我们还配套了大量的多媒体教学资源，包括视频教程、在线测试、模拟实训等，旨在为学生提供一个更加丰富、多元的学习环境。通过对这些资源的使用，学生可以随时随地进行自主学习和实践操作，进一步提升学习效果和职业技能。

我们坚信，这套文秘类专业新形态教材的出版，必将对推动新时代文秘类专业教育的发展产生积极而深远的影响。我们期待它能够成为广大师生学习、教学的得力助手，为我国文秘人才的培养贡献智慧和力量。

在此，我们要再次感谢重庆大学出版社对这套教材编写和出版的全力支持。他们的专业团队在内容策划、编辑校对、版式设计等方面都给予了我们宝贵的建议和帮助，使得这套教材能够更加完善、更加符合读者的需求。

展望未来，我们将继续关注文秘行业的最新发展动态，不断更新和完善教材内容，确保其与时俱进、紧跟时代步伐。由于编者们来自不同的省市和院校，各自的学术背景和经验有所差异，教材中或许存在不足之处。我们诚挚地希望广大师生能够积极使用这套教材，并提出宝贵的意见和建议。通过共同努力，我们期望推动文秘类专业教育的持续发展和进步。

让我们携手努力，共同书写文秘类专业教育的新篇章！

丛书编者

2024 年 3 月

在高质量发展的大潮中,随着智能化、数字化技术的广泛应用,传统的工作模式和职业角色正在被重新定义。在这样的背景下,秘书职业正面临着前所未有的变化和挑战:技术适应性、人机交互能力、隐私和安全、多元化的职业发展路径等方面的要求意味着秘书人员必须具备灵活性和前瞻性,积极应对变化,不断提升自身能力,以确保在人工智能时代保持竞争力。对于高职文秘专业的学生而言,正确认知秘书职业的新内涵、新要求,不仅关系到他们个人职业素养的提升,更关系到他们能否在未来的职场中立足。因此,《秘书职业概论》的编写承载着引导学生深刻理解秘书职业的新定位,树立正确的秘书职业价值观的重任。

为达成这一目标,教材凸显系统性、实践性和时代性特色,通过全面介绍秘书的职业要求、职业心态、人际关系、职业道德以及职业规划,为高职学生提供一个系统的认知框架,帮助他们深入理解秘书工作的专业性和复杂性;结合企业实际需求,提供丰富的工作案例,增强教材的实践指导性;紧跟时代发展步伐,融入智能化、数字化等现代元素,提升教材的前瞻性。

本书的编写依据问题导向模式,紧密围绕岗位需求展开。本书中每个项目均遵循学生的认知规律,从"是什么"的概念认知出发,深入探讨"为什么"的动机,最终指导"怎么做"的实践思路。每一项目都特别设置了职业发展栏目,将职业认知与职业实践紧密结合,帮助学生构建从学习到工作的桥梁,为提高岗位适应性打下坚实的基础。

同时,为落实立德树人根本任务,本书将思想政治教育贯穿于教育教学的全过程,深入挖掘秘书职业所蕴藏的思政元素,精心设计了体现奉献精神、服务意识、保密意识等的思政案例,旨在培养学生高尚的职业理想,将实现共同理想与个人梦想充分结合起来,做新时代有为青年。

本书的配套数字资源按职业教育文秘专业国家教学资源库子项目标准建设并已通过验收,为方便广大师生朋友使用,教材在学银在线平台开设了同名MOOC,课程资源包含丰富的微课、动画、案例和题目等,欢迎大家使用。

本书由广东科学技术职业学院董丽华任第一主编,辽宁装备制造职业技术学院赵莉任第二主编,重庆财经职业学院孔雪燕、有道商创(深圳)科技有限公司周茉任副主编。具体编写分工如下:董丽华提出编写思路,设计编写大纲,负责项目一、项目二、项目三和项目四的编写,并负责全书统稿、修改;赵莉编写项目五;孔雪燕参与设计编写大纲和内容审定;周茉为教材提供了宝贵的企业素材和丰富的案例。

我们期待这本《秘书职业概论》能够成为高职文秘专业学生的良师益友,帮助他们在职业道路上不断前行,成为新时代的高素质复合型文秘人才。同时,我们也真诚地希望广大读者能够提出宝贵的意见和建议,以便我们不断改进和完善教材内容。

编　者

2024 年 6 月

目　录

项目一
秘书的职业要求

知识目标：
- 能陈述秘书的含义。
- 识记秘书的类别及层次。

能力目标：
- 能够在工作情境中分析秘书人员应当如何履行职能。
- 能够按照秘书职业的仪容、着装要求来管理个人形象。

素质目标：
- 认同秘书职业的社会价值。
- 形成正确的秘书职业形象审美观。

【阅读与思考】

某绿色智能汽车公司为了拓展欧洲市场,与一家德国知名汽车制造企业进行了长期洽谈,最终达成了一项重要的合作协议。该公司的总经理秘书小张,是一位文秘专业的毕业生,他应用自己的专业知识和技能,为总经理提供了全方位的支持。

在洽谈前,小张通过网络和电话,与对方的秘书进行了多次的沟通,了解对方的需求、背景和喜好,为总经理制定了合适的谈判策略和方案。小张还为总经理准备了一份对方企业的详细介绍,包括其历史、产品、市场、技术和文化,以帮助总经理更好地了解和尊重对方。

在洽谈中,小张随同总经理出席了多次会议,提供了及时的翻译、记录和建议,促进了总经理与对方的有效沟通和协商。小张还整理和归纳了会议的要点、问题和解决方案,为下一步的洽谈提供了参考和依据。

在洽谈后,小张负责起草、修改和审核合作协议的文本,确保合作协议的合法性、合理性和完整性,避免任何可能的纠纷和风险。小张还与对方的秘书进行了多轮的沟通和确认,确保合作协议内容和格式的一致性和准确性。

在签署合作协议前,小张组织和安排了一场隆重的签约仪式,邀请了媒体和相关的人士,为双方的合作增加影响力和信誉。小张还为总经理准备了一份精彩的签约致辞,突出了双方的合作意义和价值,赢得了现场的掌声和赞许。

在签署合作协议后,小张及时向公司的高层和相关的部门上传了合作协议的内容,下达了合作协议的执行要求,促进公司的内部协调和外部合作。小张还为总经理安排了一次与对方公司代表的庆祝晚宴,增进双方的友谊和信任。

小张的工作得到了总经理的认可和对方公司代表的高度赞扬,对方公司代表说:"小张,你的工作让我印象深刻! 你是一个值得信赖的秘书,也是一个值得合作的朋友!"小张回答道:"谢谢您的夸奖,我只是尽了自己的职责,为我们双方的合作做了一些力所能及的事情。我很高兴能够与你们建立良好的关系。希望我们的合作能够持续和发展,为我们共同的目标和利益而努力!"

思考:阅读完上述材料,同学们是否对秘书这一职业有了大致的了解呢? 如果你也想成为像小张这样出色的秘书,就必须从现在开始学习大量的专业知识和技能。不过在学习之前,我们需要对秘书专业有一个清晰而深刻的认知。在认知的初始,让我们一起来寻求以下三个问题的答案:

1.秘书是什么?

2.秘书有哪些职能和作用?

3.秘书适宜呈现怎样的职业形象?

任务一　秘书的含义

问题1：秘书这一职业是什么时候出现的呢？

中国古代秘书
内涵的演变

【任务导读】

随着秦始皇统一六国，历史翻开了新的篇章，开启了中央集权的大一统局面。这一时期文官制度充分发展，从中央到地方，一个井然有序的秘书机构体系逐渐建立起来，虽然那时还没有出现"秘书"一词，但秘书工作的雏形已经初现。在这样一个历史背景下，张苍在秦汉时期的政府机构中发挥了重要的作用。

张苍，一位智慧与勤勉并重的御史大夫，在秦朝末年至西汉初年的动荡与转变中，展现了他非凡的专业技能。秦始皇统一六国之后为了加强中央集权，建立了一个从中央到地方的文官制度，而张苍正是在这样的背景下开始了他的职业生涯。

秦朝的中央政府设立了包括丞相、太尉、御史大夫等重要职位（这些职位在后世被称为"三公"），御史大夫管理国家行政职能中的日常事务，地位极为重要。张苍担任御史大夫时，不仅负责监督国家的行政管理，还涉及文献的收集与整理，是信息流通与保密的关键人物。

随着历史车轮滚滚向前，到了西汉时期，御史大夫的角色和职责进一步发展。张苍见证了"三公制度"的变革，其中御史大夫的官署名为御史台，但张苍的工作并未因此减轻，反而更加繁重。他不仅要外掌纠察，还要内领侍御史、符玺御史、治书御史等，负责考察四方的文书计簿，劾按公卿章奏。可以说，御史台成了皇帝的眼睛和耳朵。

张苍的故事，是秘书工作在古代的一个缩影。他不仅是一个记录者和监督者，更是一个参与者和决策者。通过张苍的眼睛，我们可以看到秦汉时期文官制度的形成和秘书工作的初步发展。他的职责跨越了传统的记录、整理文献，进一步参与到了政策的制定和执行中，展现了中国古代秘书工作的多样性和专业性，其工作的核心价值是记录、管理和传承信息。

一、秘书的由来

秘书学界普遍认为，我国的秘书工作是随文书的产生而出现的，可能萌芽于夏朝，初步形成于殷商时期，发展于先秦这段漫长的历史时期，从事相关工作的人被称为"史官""讷言"等。"秘书"一词最早出现在汉朝，但它最初的含义并不是指从事秘书工作的人，而是指物：一是指秘密机要的书籍文件或宫禁秘藏之书，一般不予公开，故称之为"秘书"。

如《汉书·刘歆传》:"及歆校秘书,见古文《春秋左氏传》,歆大好之。"张衡《西京赋》:"匪唯玩好,乃有秘书,小说九百,本自虞初。"二是指谶纬图箓等书。谶纬图箓是汉代流行的神学迷信,巫师、方士们编造预示吉凶的隐语,附会儒家经义,这类"秘书"有着浓浓的神秘色彩。如《说文·易部》:"秘书说:'日月为易',段玉裁注:'秘书,谓纬书'"。《后汉书·郑玄传》:"遂博稽六艺,粗览传记,时睹秘书纬术之奥。"三是指朝廷机要文书。

此后,"秘书"一词逐渐演变,不仅指物,也指机构和人员。

东汉桓帝年间,朝廷首设"秘书监"一职,这是我国历史上第一次以"秘书"名称任命官职。这个官职的主要工作是"掌邦国经籍图书之事",也就是管理图书档案。东汉末年,魏王曹操为了削弱当时皇帝身边位高权重的秘书机构——尚书台的实力,出于政治需要,"置秘书令,典尚书奏事"(《文献通考》),使"秘书令"不仅负责掌管图书典籍,还承担了收发、草拟奏章以及上传下达的职责。后"秘书令"一职在魏文帝废汉称帝后改为"中书令",这个官职在秘书史上昙花一现,之后的"秘书郎""秘书丞"等官职,也大多是管理图书档案的职务,类似现代秘书工作的职务则多是以"史官""御史大夫""尚书""长史""主簿"等名称出现。唐宋时期,翰林学士成了皇帝的机要秘书,负责文件起草并作为皇帝的侍从提供顾问和应对服务,翰林学士院也就成了皇帝的机要秘书处。明代的内阁及清代的军机处,都是皇帝直接控制的机要秘书机构。

辛亥革命后,南京临时政府仿照欧美等国的政治体制实行总统制,总统府设立了秘书处,有秘书长一人,秘书若干人,负责决策服务、常规业务和日常事务等,"秘书"至此摆脱了指物的旧式含义,其含义演变成为各级政府部门中从事秘书工作的人员或相关职位,真正指称现代意义的秘书职务。

在国外,"秘书"一词英语称 Secretary,来源于拉丁语 Secretarius,原意是指保密者,是为国王处理机密通信、机密或秘密紧要事务的人。当 Secretary 首字母大写时,在英国指的是"大臣",而在美国除 Secretary of State 指国务卿外,基本翻译成"部长";当 S 小写时,secretary 则指"帮助上司处理文书和事务的人员",也就是普通意义上的秘书工作人员。

中国共产党的秘书工作是从党的第一次全国代表大会的召开开始的,毛泽东作为中共一大的正式代表,同时兼任会议的秘书。中华人民共和国成立之后,党中央和中央政府充分重视秘书机构的设置,确定了掌管机关综合性事务的秘书机构与专门业务的部门平列的机关格局,同时规范了我国各级各类秘书机构的名称。在20世纪80年代之前,人们所说的秘书,指党政机关的秘书或公有制企事业单位的秘书,因为当时中国实行的是计划经济体制,基本上不存在私人秘书和非公有制企业的秘书。20世纪80年代之后,社会主义市场经济体制逐步确立,伴随着非公有制企业的出现,私人秘书、非公有制企业的秘书也就出现了。中国加入世界贸易组织(WTO)后,秘书人员和私人秘书急剧增加,随着市场经济的发展,秘书成了世界范围内最广泛的社会职业之一。在今天,商务秘书甚至成为社会需求量较大的职业之一。如表1.1所示,2022届高职毕业生就业量位居前列的职业中,"文员"高居第一位,"行政秘书和行政助理"也榜上有名。

表1.1　2022届高职毕业生就业量位居前列的职业

职业名称	就业比例(单位:%)
文员	4.8
会计	3.6
护士	3.0
电子商务专员	2.1
客服专员	2.1
幼儿教师	2.0
营业员	1.7
餐饮服务生	1.5
医生助理	1.4
各类销售服务人员	1.3
建筑技术人员	1.3
室内设计师	1.2
化工厂系统操作人员	1.1
小学教师	1.0
新媒体策划、编辑、运营人员	0.9
施工工程技术人员	0.9
行政秘书和行政助理	0.8
测量技术人员	0.8
推销员	0.8

数据来源:麦可思中国2022届大学毕业生培养质量跟踪评价。

【微型案例】

小梅是"智慧星球"公司的CEO(首席执行官)助理,该公司是一家专注于人工智能和机器学习应用的领先企业。

随着年末的临近,CEO张总的行为开始出现了微妙的变化。他不再频繁地与财务部和市场部的负责人进行深入讨论,而是将更多的时间花在与研发团队和技术部门的交流上。小梅注意到,张总最近经常与一些新兴科技公司的创始人以及风险投资家会面,并且每次会议结束后,他都显得格外兴奋。

小梅是一个善于观察和分析的人,她开始思考这些变化背后的含义。她意识到,张总可能正在寻找新的业务增长点,以应对日益激烈的市场竞争和不断变化的消费者需求。她推测,张总可能对公司的现有产品线感到不满,正在寻找新的突破口。

　　小梅决定采取行动。她开始密切关注行业动态,搜集最新科技趋势的信息,特别是关于人工智能和机器学习技术在不同领域的应用案例。她阅读了大量的行业报告,分析了竞争对手的策略,并总结了一些成功的商业模式。

　　在一次偶然的机会中,小梅发现张总在办公室里独自研究一份关于"人工智能在医疗健康领域的应用"的报告。她意识到,张总可能对将AI技术应用于医疗健康领域感兴趣。小梅决定深入挖掘这一领域的潜力。

　　她利用自己的业余时间,对医疗健康行业的AI应用进行了深入研究。她收集了国内外成功案例,分析了市场需求,预测了未来的发展趋势,并制定了一份详细的市场分析报告。在报告中,她提出了一系列创新的想法,包括开发智能诊断系统、个性化医疗方案推荐等。

　　小梅将这份报告整理得井井有条,确保每一个论点都有充分的数据支持。在一次董事会会议的前一天,她鼓起勇气将报告交给了张总。

　　张总对小梅的报告印象深刻。他对小梅的洞察力和前瞻性给予了高度评价,并立即决定将小梅纳入公司的新项目团队,负责AI医疗健康项目的开发和实施。

二、秘书的含义

　　从秘书的由来可以发现,秘书的含义随着社会发展及秘书具体工作的转变而改变。例如,在美国,秘书的含义就从"秘书"(secretary)变成了"行政助理"(administrative assistant),原国际秘书专业人员协会(Professional Secretaries International,PSI)也在1998年正式更名为国际行政专业人员协会(International Association of Administrative Professionals,IAAP)。IAAP认为,行政专业人员是"掌握办公室技能,不需要直接监督就能表现出承担责任的能力、行使主动性和判断力,并能在职权范围内作出决定的个人"。日本则认为秘书必须是一个"全能运动员",并直接服务于领导,秘书的工作范围取决于领导的工作范围,秘书对领导必须忠诚。

　　在我国,秘书的含义受社会经济结构变化发展的影响,在20世纪90年代以前多指行政职位,指处理日常行政事务的重要人员,是行政首长的近身助手。1979年《辞海》秘书词条这样解释:秘书是"职务的名称之一,是领导的助手。秘书工作是一项机要性的工作,它的任务是收发文件,办理文书、档案和领导交办的事项,各机关和企业、事业单位,一般均设有秘书工作部门或秘书工作人员。"80年代初期的学者们对秘书一词的定义,也强调秘书是一种职务。80年代中后期,认为秘书是一种社会职业的观点出现了,例如常崇宜在《现代秘书工作》一书中认为,"秘书是一种职务名称,也是一种社会职业,是领导机关首脑或特定领导人员的助手。各种秘书的具体助手作用各不相同,但都是通过辅助领导,直接为领导服务去体现为人民服务、为社会主义服务的"。

　　1997年国家劳动和社会保障部颁发的秘书职业技能标准中,给秘书下了如下定义:秘书是"专门从事办公室程序性工作、协助领导处理政务及日常事务并为领导决策及其实施服务的人员"。后面说明适用范围:"本标准适用于在机关、团体、企事业、涉外机构等组织中,从事秘书工作的人员,也适用于有志从事秘书工作的人员。"与此同时,由劳动部国家职业技能鉴定专家委员会组织编写的《秘书工作概要》教材中,对广义的秘书定义如下:"位居领导人身边或领导机构中枢,从事办公室事务,办理文书,联系各方。保证领导工作正常运转,直接为领导工作服务并为各方面服务的事务与信息助手。"这是首次由国家的领导机关给秘书作出的定义。国家劳动和社会保障部颁布的《秘书国家职业标准(2006年版)》是这样定义秘书的:秘书是从事办公室程序性工作、协助上司处理政务及日常事务并为决策及实施提供服务的人员。从这三个权威的定义我们可以明确三点:秘书服务的根本对象是领导者、秘书活动的基本方式是处理信息和事务、秘书活动的根本性质是辅助性。

在秘书已经成为最大职业群之一的今天,我们认识到秘书不仅是行政职务或社会职业,也认识到现在秘书的工作内容和职责已经与行政、档案、后勤、人事甚至财务、法务等出现重复与交叉,秘书的工作已经成了"综合辅助性"工作,在企业中,也并非只有以"秘书"命名的岗位才被认定为秘书。因此,保留秘书原有概念的部分含义,并充分考虑时代赋予秘书工作的新要求,以及秘书工作在内容和方式上的变化,我们认为"秘书"是在授权范围内提供辅助管理和综合服务的专业人员。

对上述定义,我们需要从以下四个方面来理解。

(一)秘书是社会职业中的专业人员

从行政职位到社会职业,我们对秘书的认识是随着秘书工作内容与工作职责的变化而变化的。现代社会重视高效工作与高效管理,是一个分工专业化、精细化、规范化的社会,作为秘书,也必须掌握相关的专业知识和技能,秘书已经成为机关单位、企事业单位正常运转不可或缺的一个组成部分。显而易见,秘书是众多社会职业中常见的一种,与其他社会职业有着平等的地位,秘书的工作是以服务领导或企业为核心的,他们是社会职业中的专业人员。

(二)秘书工作的权限受服务对象影响

秘书的直接服务对象可以简单分为两类:一是企业精细分工下形成的综合行政部门,如行政部、办公室,部门秘书服务于多个部门,工作权限是相对固定的;二是主要服务于某领导,秘书活动必须以领导活动为核心,为领导活动和领导者服务,秘书的工作内容及权限可能受到领导工作内容改变的影响。当然,不管是哪种授权情况,秘书的工作都是为了提高工作效率,加强组织机构运转。

(三)秘书工作具有辅助性的特点

秘书的工作相对于领导活动及部门业务而言,是从属的、被动的,秘书本质的作用是辅助,应当做好领导或业务部门在管理与决策过程中的各种支持性、保障性、铺垫性、督促性事务工作,让工作效能发挥到最大。秘书必须明确定位,清楚职业的服务作用,既要服从领导活动、支撑部门业务,又要主动服务于领导活动及部门业务。

(四)秘书工作具有综合性的特点

秘书工作的辅助性特点决定了秘书的工作是烦杂琐碎的,不论是接打电话、接待来宾、安排会议,还是上传下达、协调关系、调查分析等,这些综合性的事务处理或信息处理都是秘书工作的主题。秘书既要具备常规的办文、办事、办会等专业技能,还要有较强的服务意识和责任意识,事无大小,在有限的范围内提升工作质量和工作效率。

【知识链接】

在"绿源动力"公司,马总以其独到的洞察力和创新精神,引领公司在可持续清洁能源领域取得了显著成就。公司内部有一个传统,每年年终都会举办一次特殊的团队建设活动,以促进员工之间的相互理解和团队协作。

今年,马总决定举办一次"角色体验"活动,让员工们体验不同部门的工作,从而增进彼此的了解和尊重。活动当天,公司上下都沉浸在一片欢乐的"混乱"当中,每个人都在尝试着理解并扮演其他同事的角色。

在这次活动中,行政部的小陈被分配到了技术部,体验一名软件工程师的工作。由于对技术工作不熟悉,小陈在模拟编写代码时遇到了困难。他显得有些手足无措,但并没有放弃,而是虚心向技术部的同事请教。

与此同时,技术部的李工被分配到了市场部,体验市场推广的工作。由于缺乏市场经验,李工在准备一次模拟的产品推介会时,不慎将一个重要的产品特性说错了。这在公司内部引起了一阵轻微的骚动,一些员工忍不住笑了出来。

在这个尴尬的时刻,小陈并没有加入嘲笑的行列,而是迅速走到李工身边,轻声安慰他,并帮助他纠正了错误。小陈的这一举动虽然在混乱的活动中并不显眼,但却被马总看在了眼里。

第二天,马总召集全体员工,宣布了一项决定:小陈被提拔为马总的助理。这一决定让所有人都感到惊讶,因为小陈此前只是一名普通的行政部员工。

面对员工们的疑惑,马总解释道:"昨天的活动中,当李工出现错误时,小陈是唯一没有嘲笑他、反而给予了帮助的人。这表明他具有同情心和关怀心,能够理解和支持同事。在角色体验时,其他员工都在模仿,小陈却没有盲目跟随,保持了自己的独立思考,这显示了他的判断力和辨别力。"

马总继续说道:"一个优秀的助理,不仅要有专业能力,更要有良好的品质。小陈在活动中的表现,证明他具备了这些品质。我相信,他能够在新的岗位上发挥更大的作用,成为我的得力助手。"

❓**问题2：哪些岗位需要文秘类人才呢？**

✏️**【任务导读】**

根据教材编写组2023年的调查分析，表1.2所示的六类岗位对文秘专业人才的需求较大。

表1.2　2023年文秘专业人才需求岗位分析表

层次\类别	初级岗位	中级岗位	高级岗位
行政职能类	行政秘书/业务助理/速录员/文书档案管理员	办公室主任	行政总监
企宣企划类	公关宣传岗	品牌建设与宣传	企划部部长
党宣类	党建专员/组织宣传	政策研究/群团事务	党群部部长
编辑与分析类	文案策划/图文设计/内容编辑	新媒体运营经理	新媒体运营总监
市场商务类	市场开发/商务接待	市场经理/商务经理	市场总监/商务总监
客户服务类	客服专员	要客（VIP）管理	客户总监

这些岗位中，有文秘传统岗位，如行政职能类岗位和企宣企划类岗位，也有新兴职务岗位，主要集中在编辑与分析类岗位。随着人们生活方式的改变、工作软件硬件的更新以及企业经营思维的转变，秘书的适用岗位和工作方式也会发生相应的变化，这要求文秘专业的学生将来不仅需要深入了解就职的企业及其行业，更要具备敏锐的洞察力并改变工作方式，以顺应社会的发展。

一、秘书的类别

作为现代社会的一个职业类型，秘书已经成为一个复杂而广泛的群体，随着社会的发展以及市场需求的细分，秘书的类别越来越多。

（一）按秘书的职业性质划分

秘书按职业性质可分为公职（公共职务）秘书和私人秘书。公职秘书主要指在国家立法机关、司法机关、行政机关、军队、中国共产党和各个民主党派的党务机关、各人民团体、国有企业、事业单位中供职，由组织和人事部门选调，从国家或集体领取报酬，在编制上属于该机关、单位，由国家或单位支付薪酬的秘书，他们在工作制度和工作方式上，必须严格遵守国家的有关法律和执行国家机关公务人员的工作规范。

私人秘书是指由私人、私营企业、民办企业等出资雇聘为私人服务的秘书。私人秘书的薪酬由聘任者支付，在遵守国家法律法规的前提下，向自己的聘任者负责，是典型的职业秘书。与公职秘书不同，私人秘书的录用、考核、晋升、奖惩、工资和福利等，通常由聘任者决定,受国家法律法规的指导和约束,其各项劳动者权益也受法律保护。私人秘书的工作方式及工作内容呈现出较大的灵活性和多样性,随着社会经济的快速发展,私人秘书的队伍越来越大,涉及的范围也越来越广。根据市场对秘书的需求,私人秘书出现了新的类型,如已经出现的"钟点秘书""私人助理""网络秘书"等,在服务社会经济发展中发挥着越来越重要的作用。

(二)按秘书的服务对象划分

秘书按服务对象可分为部门秘书和领导人专职秘书。部门秘书是指为党政机关、企事业单位各部门提供综合服务的秘书人员。他们是单位集体的工作助手,不是固定或单独为某一位领导人提供秘书服务,而是根据各自的业务分工和职责范围,从不同层面为单位集体提供秘书服务。部门秘书所在的部门可以是企业的综合行政管理部门,如行政部、办公室等,这类部门的服务对象具有多元性,服务内容也较为繁杂而宽泛,需要秘书具备较好的综合素质;也可以是某特定业务部门,如营销部、财务部等,这类部门的秘书服务内容更强调专业性。一般来说,部门秘书都应该具有较强的服务意识、集体意识和良好的合作精神。

领导人专职秘书是指专门为高级领导人配备的秘书人员,是领导个人的工作助手。领导人专职秘书在职责范围上主要服务于指定领导,秘书活动必须以领导活动为核心,在领导的授权下为领导提供全面的辅助和服务。在我国,领导人专职秘书常见于国家高级机关、国有大型企业高级领导人,随着市场经济的发展以及秘书的职业化发展,民营企业的高级领导人专职秘书也越来越普遍,不仅有"主席秘书""总理秘书""部长秘书""省长秘书"等党政机关高级领导人专职秘书,还常见"总经理秘书""总经理助理""经理助理"等。由于领导人专职秘书常与领导随行开展秘书工作,与领导人的公务甚至私务都有密切的关系,因此,与部门秘书相比,领导人专职秘书在职业道德、组织纪律、行为规范和知识能力等方面都有更高的要求。

(三)按秘书工作的行业特征划分

秘书按工作的行业特征来划分,可分为党政秘书、商务秘书、司法秘书、教学秘书等。

党政秘书是辅助党政机关领导人和领导集体实施决策与管理的秘书人员,主要工作是保障机关各项工作的正常运转。党政秘书在中国秘书队伍中具有重要的地位,国家针对党政秘书制定了各项原则规范,并通用于各类秘书工作,对其政治思想、职业道德和能力素质提出了很高的要求。

商务秘书是在工商企业的经营活动中,辅助处理各类商业性事务的秘书人员。商务秘书的职责包括合同起草、客户联络等商业性事务,在授权范围内参与商务考察、商务洽谈。参谋型的商务秘书还能根据自己的专业知识及商务经验,为领导提供意见,参与商业决策。在经济全球化的大背景下,我国商务秘书的从业人数日益增多,已经成为中国秘书群体的重要类别,国有企事业、外资或合资企业、民营企业、乡镇企业等在经营管理中都需要商务秘书,为满足企业要求,对商务秘书的职业素养要求也越来越高。

司法秘书主要指服务于司法机关、律师事务部门的秘书人员。辅助司法官和司法领导处理各类法律业务,安排法律事务处理程序,执行交办的事务等。司法秘书的辅助能力取决于司法秘书自身的素质和修养,随着现代司法管理的信息化和专业化,他们不仅需要熟悉法律知识,还必须掌握秘书必要的职业技能,才能成为司法机关、律师事务部门的得力助手。有的企业也设置法务秘书岗,不仅为公司管理流程提供建议和反馈,还为公司业务提供及时、专业的法律咨询意见,协调处理各类法律事项等。

教学秘书主要指在院校或其他教育机构中从事教学管理的秘书人员。主要工作是协助院系领导组织、协调和监控教学活动,以提高人才培养质量。具体来说,教学秘书的工作包括教学质量监控、教学运行管理、学生事务管理、教学事务管理、相关档案材料管理,此外还要接受教务处的指导和检查。由于教学秘书是高校教学管理服务工作中的枢纽,是院系领导与教师之间、师师之间、师生之间教学活动的桥梁和纽带,起着沟通协调的重要作用,需要具备较强的组织协调能力和高度的工作责任感。

除了以上四个典型的秘书类别,还有科研秘书、医药秘书、体育秘书、军事秘书等。按秘书工作的行业特征来划分秘书的类别,虽然难以穷尽各行各业,但明确了秘书需要熟悉甚至精通的行业知识,强调了秘书的专业分工和专业特色,能更好地适应不同行业、不同工作领域对秘书工作的不同要求,有助于提高秘书的专业水平。

(四)按秘书工作的业务内容划分

秘书根据工作的业务内容划分,有以下五种常见的秘书类型。

行政秘书:主要辅助领导处理行政事务,工作内容多元化,涉及文档管理、危机管理、上传下达等,有时需要在领导授权下代表领导处理某些公务、参与某些决策。这类秘书一般需要具备强烈的参谋意识和辅助决策能力,才能有效协助领导工作的顺利开展。

机要秘书:主要从事机要管理和保密工作,负责领导办公处的保密工作和管理领导的文电材料,有较高的职业道德要求。

事务秘书:负责办公室日常事务(包括会务、后勤、总务等)以及办理领导交办事项。事务秘书工作繁杂,需要具备强烈的服务意识。

文字秘书:以文稿撰写和校核为主要职责,是"秀才"型秘书,需要具备较强的政策水平和文字表达能力。

其他秘书:信访秘书(辅助领导处理和解决人民群众来信、来访)、公关秘书(承担单位内部公关、对外联络工作,维护组织良好形象,具有较强的社交能力)、外事秘书(专门从事外宾接待、国际洽谈等外事交流服务工作)、生活秘书(为高级别领导人提供生活帮助和服务)等。

【微型案例】

垫江县政协聚焦高质量发展建言献策
——"项目秘书"助企业5个月落户投产

记者 罗静雯　见习记者 兰沐渃

10月16日,从浙江温州引进到垫江县的重庆西浙阀门有限公司投产。该企业今年5月下旬签约落户垫江高新技术产业开发区(以下简称垫江高新区),仅仅5个月就正式投产。

企业有关负责人表示,公司建设投产速度快,得益于垫江"项目秘书"工作机制的贴心服务。"'项目秘书'为企业提供'管家式'服务,包括全程协助办理相关证件和行政审批手续,让企业能够快速落户顺利投产。""项目秘书"工作机制的诞生,与垫江县政协委员程桥峰和他所在政协工商联界提交的一份集体提案密切相关。

1.集体提案建议落实专人服务企业

程桥峰在垫江高新区运营的维安产业园有近50家中小企业入驻。近年来他在实际工作中发现,因为把握不准政策,这些企业在办理工商、税务、专利、环评、消防、水电气等手续时效率不高,影响发展。

程桥峰与所在的工商联界为此展开深入调研,并于去年向县政协提交了《关于建议企业办理行政审批手续高新区内联动封闭运行的建议》集体提案,建议审批、服务"两手抓",抽调专人为园区企业提供行政审批、政策指导等各种配套服务,关心企业在生产经营中存在的困难和问题,帮助企业更好地发展。

这份提案引起垫江县党委政府高度重视,并迅速在垫江高新区得到落实——垫江高新区党工委有关负责人称,高新区逐步完善"项目秘书+绿色通道"机制,对园区内工业投资项目实行靠前服务、全程代办;同时联动县政务服务中心,在行政服务大厅开通绿色通道,由专人与高新区"项目秘书"点对点无缝对接、精准服务,大大提升了审批服务效率。

2."委员工作室"设在园区

今年4月,垫江县高新区政协委员工作室正式进驻维安产业园。该工作室有程桥峰等8名政协委员,旨在践行委员职责,聚焦园区招商、项目落地、企业服务、创业就业等方面,帮助企业解决实际困难,努力为企业发展营造良好的环境。

"我们在党委政府招商引资的同时,探索开展'以商引商',现身说法展示垫江在优化营商环境方面的积极举措和良好成效,让更多企业走进垫江、了解垫江、选择垫江。"程桥峰告诉记者,委员工作室建立以来,已组织委员外出考察4次,学习先进经验,做好招商引资,推动项目落地。

工作室成员廖海鳗、刘剑梅和温州商会余海龙等政协委员全程参与并推动了温州阀门企业集中落户垫江事宜。同时,委员工作室积极帮助园区内企业解决困难,包括为翔东环保公司融资300万元,缓解企业资金困难;为方业建筑工程有限公司融资50万元解决农民工工资周转问题等,得到企业一致点赞。

方业建筑工程有限公司董事长方元雄表示,"有困难找委员工作室"已成为入驻企业共识,"有这样好的营商环境,我们对未来的投资发展充满信心。"

3."渝事好商量"监督"项目秘书"实施效果

在"项目秘书"工作机制探索推进中,垫江县政协开展数次"渝事好商量"协商,实地监督机制实施效果。

县政协有关负责人介绍,第一场协商中,垫江县政协召集县政府办、县市场监管局、县住房城乡建委等相关单位,企业及企业家代表共聚"渝事好商量"协商平台,针对高新区招商项目落地所需的土地、规划、环评、建设等手续办理审批时间较长、难度较大等问题,现场面对面协商。最终形成了"项目秘书+绿色通道"解决方案。

第二场协商中,垫江县部分政协委员和县高新区(工业园区)管委会、县工商联等部门来到县行政服务大厅,对"渝事好商量"协商结果和提案办理情况开展"回头看",并与"项目秘书"一同为企业送证。"项目秘书"提前准备好审批所需资料,现场提交资料、核验资料、签字领证。不到20分钟,代办的企业证照全部办理完毕。接过用地规划许可证、工程规划许可证、土地使用证,落户企业——重庆金粮包装有限公司十分满意。

据介绍,目前垫江高新区已有"项目秘书"50余人,他们既为落户企业提供高效便捷的政务服务,又主动走访企业化解急难愁盼,有力促进了项目尽早投产、早出效益。

（摘自2023年10月24日《重庆日报》）

二、秘书的层次

根据实际工作能力和工作资历,秘书可以分为初级秘书、中级秘书、高级秘书三个层次。在我国,秘书界生动地对三个层次的秘书职能活动作了归纳:高级秘书是动脑子出点子的,中级秘书是动手摇笔杆子的,初级秘书是跑腿办事的。

（一）初级秘书

初级秘书主要从事操作性服务工作,如接听电话、迎来送往、管理办公用品、管理办公环境、打字速记、文书处理、档案管理、办公设备的操作使用等,这些技术性工作具体、重复、琐碎,是机关或企事业单位日常事务中必不可少的工作。初级秘书的工作内容简单明了,工作关系较单纯,但操作性服务工作强调专业性和技术性,需要具备扎实的秘书职业技能(如速录、计算机操作、礼仪、沟通协调、文书档案管理等)。虽然与领导核心的距离较远,但初级秘书的工作能减少日常事务工作中的疏漏,保证和维护企事业单位工作的正常运转,还能将领导们从烦琐的日常事务中解脱出来,提高工作效率。

（二）中级秘书

中级秘书主要从事辅助性的事务管理工作和部分操作性事务工作,通过办理秘书业务来间接辅助领导决策,处于参谋决策层和技术操作层之间,一般认为是执行层秘书。其主要工作包括文书撰制、文书档案管理、调查研究、信息整理、会议筹办、信访接待等综合性事务,协助领导协调内外关系、发布指示并检查落实,既要进行事务管理,又要发挥一定的参谋作用,除了常规的办公事务之外,还要完成领导临时交办的事项。中级秘书不仅要具备较强的操作技术能力,还要具备较强的办事能力,在领导活动中要具备全局意识,积极发挥拾遗补缺的职能,消除领导在决策与管理过程中的各种障碍,对领导工作的推进起着比较重要的作用。

（三）高级秘书

高级秘书指秘书机构的负责人、首脑机关的专职秘书(助理)以及董事会秘书等。这一级别秘书的主要职责是辅助领导决策、参与政务、实施综合管理,是高层领导人身边的高级参谋和助手,有时甚至是领导中枢的成员。在高层政府机关、规模较大的企业和社会团体内部,一般配备有高级秘书。他们不仅要协助领导处理日常行政事务,维护领导周边的工作关系,系统化跟进领导的重点工作,还要在大量工作中判断主次轻重,协调分流,预见工作风险以及帮助领导规避风险,在上下级之间、职能部门之间、组织内外之间发挥着综合协调作用。高级秘书工作内容的高度综合性以及与领导关系的紧密性,要求他们具备较高的综合素质,精通秘书业务、有较全面的知识能力、深度关注行业信息,具有综合指挥、协调平衡和独当一面的管理能力。

【微型案例】

李明,担任某大型跨国科技公司的高级秘书,同时也是公司执行委员会的成员。李明在公司中扮演着多面手的角色,不仅负责日常的行政管理工作,还深度参与公司的战略规划和决策过程。他的工作职责如下。

1.决策辅助:协助CEO和高级管理团队进行决策分析,提供关键信息和数据支持,确保决策基于充分的市场和行业洞察。

2.战略规划:参与制定公司的长期战略规划,包括市场扩张、产品发展和新兴技术的投资。

3.项目管理:监督关键项目的进展,确保项目按时完成,并在必要时进行调整以适应外部环境的变化。

4.内部协调:作为各部门之间的联络人,负责协调跨部门的工作,解决潜在的冲突,并确保信息在组织内部的畅通。

5.风险管理:识别和评估公司运营中的潜在风险,提出风险缓解策略,帮助公司规避可能的危机。

6.领导支持：为CEO和高管团队提供行政支持，包括日程管理、会议准备和旅行安排等。

公司近期成功完成了一项重大的并购项目，即收购一家在人工智能领域具有创新技术的初创公司。李明在这一过程中发挥了关键作用：在前期，李明负责收集目标公司的详细资料，包括财务报表、市场地位和研发能力等，为管理层提供了全面的信息支持；在谈判过程中，李明协助CEO制定谈判策略，确保公司的利益最大化。他还参与了多轮谈判，就关键条款提供了专业建议；并购完成后，李明领导了一个跨部门团队，负责制定详细的整合计划，确保两家公司的资源和流程能够高效融合；在整个并购过程中，李明密切关注潜在的法律和财务风险，及时提出预警，并与法务和财务团队紧密合作，确保风险得到妥善管理。

作为一位高级秘书，李明通过参与决策、项目管理和风险控制等工作，为公司的长期发展作出重要贡献。随着企业运营的复杂性增加，高级秘书的角色将继续演变，他们不仅需要具备出色的行政管理能力，还要有丰富的行业知识、战略规划能力和风险管理能力。

国家劳动和社会保障部最早将秘书在职业等级上分为初级秘书、中级秘书和高级秘书；在2003年和2006年分别修订并颁布的《秘书国家职业标准》中，将秘书的职业等级分为五级秘书（国家职业资格五级，原初级秘书）、四级秘书（国家职业资格四级，原中级秘书）、三级秘书（国家职业资格三级，原高级秘书）和二级秘书（国家职业资格二级，秘书技师，行政管理师）。

2015年11月，国家人力资源和社会保障部决定废止作为准入职业资格的秘书职业资格。OSAC（Occupation Skill Appraisal Center）职业资格考试认证中心（政府审批的专业职业技能鉴定中心）2016年继续开展秘书资格考试，证书等级作为职业技能水平的一种鉴定，调整为三个级别：初级（原三级秘书）、中级（原二级秘书）和高级（原一级秘书）。

在秘书的招聘中，企业最重视的还是个人专业技能和职业素质，因此在纵向上按秘书的业务水平进行职能层次的划分非常有必要，这不仅可以为企业评价秘书的工作水平和职位分配提供依据，还能形成秘书职业价值的实现渠道。

>>> 任务小结

【任务关键词】

1.中国古代秘书的发展史。

2.秘书的含义。

3.秘书的类别。

4.秘书的层次。

【讨论】

社会各界对秘书这一职业的看法是复杂且多维的,以下是三种不同的视角。

企业高管视角:秘书是企业运转中不可或缺的一环。他们不仅负责日常行政任务,还需要具备出色的组织能力和沟通技巧,以协助高管处理复杂的商务事务。

学术研究者角度:学者们认为秘书工作具有高度的专业性和技术性。秘书不仅要管理信息和文件,还要对相关领域有深入的理解,能够在知识管理和决策支持方面发挥作用。

普通公众观点:普通公众对秘书的看法往往受到媒体报道和社会文化的影响。例如,一些新闻报道可能会通过突出秘书在处理危机或管理事务中的角色,来强调他们的专业性和重要性。然而,也有负面事件的报道可能给公众留下秘书职业缺乏专业性的印象。在现实生活中,秘书的形象也受到电视剧和电影描绘的影响,这些作品有时会夸大或歪曲秘书的角色,导致公众对秘书工作的认知存在偏差。例如,一些剧集可能会将秘书描绘为领导的"影子",强调他们在背后默默支持的形象,而忽略了他们在组织中独立决策和承担责任的能力,还有一些影视作品可能会为了流量而突出秘书的个人外在形象,回避专业性的刻画,导致观众对秘书留下"花瓶"的印象。

请结合你对秘书工作的了解和社会各界的看法,回答以下问题:

1.你身边的家人和朋友是如何看待秘书职业的?

2.你认为普通大众对秘书工作的误解来源于哪里? 有什么方法可以纠正误解?

3.你如何看待秘书职业的未来发展?

✎【实践练习】

调查你所在的专业、学院或学校的行政人员,通过了解他们的日常工作和职务级别,识别哪些岗位可能分别对应初级秘书、中级秘书、高级秘书。

建议步骤:

1.选定调查对象:选择你所在学院或学校的不同行政部门或职位,例如学生事务办公室、教务处、院系秘书等。

2.收集信息:准备简短的调查问卷或访谈问题,内容包括职务名称、日常工作内容、工作所需技能等。

通过面对面访谈、线上访谈、邮件调查或直接观察等方式,收集相关行政人员的日常工作信息和职务级别。

3.分析与判断:根据收集的信息分析各岗位的工作内容,结合所学知识判断它们在职务级别及工作能力上分别属于初级秘书、中级秘书还是高级秘书的范畴。

注意:要考虑工作的复杂度、责任大小、所需技能和经验等因素进行综合判断。

4.撰写报告:撰写一份精简的报告,总结你的调查过程和结果。要求在报告中明确列出不同行政岗位,以及它们对应的秘书级别,并解释你的判断依据。

反思从这次调查中你学到了什么,对秘书职业的理解有何变化。

5.报告提交:将你的报告提交给指定的老师或课程平台。

准备简短的口头报告,以便在课堂或小组讨论时分享你的发现。

✿【职业发展】

在传统观念中,秘书的角色往往局限于办公室的行政支持工作,如打字、记录会议、安排日程等。然而,随着技术的进步和工作方式的变革,现代秘书的角色已经远远超越了这些基本职能。现代秘书不仅是信息的管理者,还是沟通的桥梁、战略合作伙伴,甚至是领导者的顾问。他们需要具备高级的组织能力、沟通技巧、解决问题的能力,以及对所在行业的深入理解。

秘书的工作边界已经从单一的行政支持扩展到了项目管理、决策支持、危机管理等多个领域。他们参与到公司的运营决策中,为领导提供战略性的建议和信息支持。例如,秘书可能会负责协调跨部门的项目,确保项目按时完成;或者在危机发生时,协助领导制定应对策略,与媒体和公众沟通。此外,秘书还需要具备一定的财务和法律知识,以便在处理合同、预算和合规事务时提供专业支持。

随着人工智能、大数据、云计算等技术的应用,秘书的工作将更加智能化和自动化。他们将更多地从事战略规划、数据分析和创新思维等高级工作。例如,秘书可以利用数据分析工具,帮助公司洞察市场趋势,优化业务流程。同时,秘书也将适应远程工作和灵活工作安排的新常态,成为全球化工作环境中的关键角色。他们可能需要管理分散在不同地区的团队,协调国际会议,以及与不同文化背景的合作伙伴沟通。

秘书职业的转变不仅仅是对个人技能和角色的重新定义,也是对整个工作方式和社会认知的挑战。随着全球化和数字化的深入发展,秘书的工作将更加多样化和复杂化。他们将成为连接不同部门、团队和利益相关者的关键纽带,为公司的持续发展和创新提供支持。

当然,秘书也需要不断提升自己的专业技能和知识水平,以适应不断变化的工作环境。这包括学习新的技术工具、了解行业动态,以及提高跨文化沟通能力。秘书的职业发展不再局限于传统的行政路径,而是可以向项目管理、人力资源、市场营销等多个方向发展。

总之,秘书职业的未来充满了无限的可能性和挑战。随着产业的转型和经济的发展,秘书的工作范围和内容将继续扩展和深化。人们应当更新对秘书职业的认知,认识到秘书在现代企业中的重要价值和潜力。通过不断学习和适应,秘书可以成为推动企业发展和创新的关键力量。

任务二　秘书的职能与作用

❓ 问题1：秘书在工作中承担哪些职能？

秘书的职能
与作用

我们在探索"秘书是什么"的过程中，粗略了解了秘书从事的部分工作。现在，让我们再深入了解秘书在企业中都承担哪些职能。

🖱 **【任务导读】**

秘书进入企业具体的岗位之后，都做一些什么工作呢？请大家先看看表1.3某企业行政秘书岗位职责表。

表1.3　某企业行政秘书岗位职责表

序号	项目	管理目标	管理要求及标准	责任人
1	日常管理工作	使管理工作规范化、程序化、标准化、科学化，切实加强精细化管理	（1）根据发展需要，适时梳理、整合、修订、补充各项规章制度，审核、编制公司对内、对外的公文，审核、校对公司将下发的通知、纪要、通告等。	
			（2）对公司业务招待进行审核、把控、安排。	
			（3）负责办公室全面管理工作。	
			（4）领导交办的其他事项。	
2	文件制发	流程清晰，提高工作效率	负责厂内上行文件，下发通知、会议纪要、简报、活动方案等文件的起草、印刷、分发等。	
3	公文处理	保证公文的时效性和处理的规范性，为领导决策工作的开展提供有力保证	（1）上级来文，办公室登记送阅审签后分类存档。	
			（2）平行单位或下属部门公文，由办公室签批登记后直接呈送有关领导阅示。	
			（3）负责公文的承收、登记、传办、存档及本单位一般公文的起草，一般公文在收文三日内完成，紧急公文必须当日完成。	
4	档案管理	档案管理流程清晰、规范，提高办公效率，确保档案的安全性及延续性	（1）对收发文进行分级、分类、编号登记管理。	
			（2）对档案的调阅、借用要按照文件密级规定，实行严格的审批登记管理。	
			（3）实行纸质版和电子版同时保存，影音资料重点保管的管理方式，切实做好档案保护工作。	

续表

序号	项目	管理目标	管理要求及标准	责任人
5	报刊征订、收发管理	搞好后勤服务,保障职工权益	(1)报刊征订细心,并归档管理。	
			(2)报刊(含信息报送)的收发做到及时、准确,有记录。	
6	会议通知及督办	及时、准确、高效	(1)认真做好各项会议、活动通知,保证及时准确,不出差错。	
			(2)及时完成督办事项,上报完成情况反馈。	
			(3)做好接待工作。	
7	文印管理	降低办公成本,杜绝浪费闲置现象发生	(1)一般文稿由相关部门拟定清样,向办公室登记并办理手续后给予办理。	
			(2)对于纸张的使用进行严格控制,在不影响工作要求的前提下可将纸张进行二次利用。	
			(3)对其他单位借用机器打印、复印的情况,须经过相关领导会批后,方可登记使用。	
8	信息管理	上传下达,重质量、重时效,便于发展决策,为企业发展建立一个良好的互动窗口	(1)加强内网的建设,保障网络、电话的畅通。	
			(2)及时上传本厂信息,下达上级指示。	
			(3)加强信息收集与信息传递工作,各部门重要动向要跟踪记录,及时宣传报道。	
9	宣传工作管理	积极引导职工思想进步,提升职工综合素质,激励职工拼搏进取	(1)明确宣传工作目标、任务,围绕企业文化搞好舆论指导。	
			(2)负责内部刊物宣传栏稿件的采编、排版、印刷及分发工作。	
			(3)做好公司重大活动、领导视察的采编工作,维护网站的建设及更新工作。	
10	车辆管理	有效地使用车辆,有力地控制费用	(1)集中管理,优化组合,严格按照派车单统一调配,并记录备案。	
			(2)集中做好用车部门、人数、时间及所到地点的统计,协调配车,避免一事一车的弊端,保证正常用车,节约用车成本。	
			(3)在用车空闲时合理安排好车辆的加油、保养、清洗等工作,保证车辆的最佳工作状态。	

从以上秘书岗位职责表我们可以看到,秘书的具体工作较为烦杂,同时,不同企业根据实际需求,具体工作会有所不同。经过调研和梳理,秘书常规工作大致包括十大模块,见图1.1。

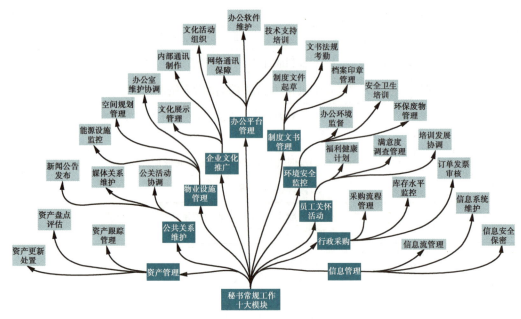

图1.1　秘书常规工作十大模块

通过上图可以发现,秘书工作涉及多个交叉领域,这一职业面临的挑战确实不小。

一、秘书工作的职能

秘书工作的职能,指秘书应具备的功能总称。根据秘书的特点以及秘书工作的基本内容,可以认为秘书工作的职能主要是综合事务管理、参谋咨询、检查督办和沟通协调四个部分。这四大职能各有不同的办事标准,各有侧重但又相互渗透,它们共同构成了秘书职能的基本内涵。

(一)综合事务管理

事务,在秘书工作中主要是指一般性的具体业务,包括日常办公、会议管理、文书管理、接待工作、信息搜集、调查研究等。这些工作内容烦杂、琐碎,综合性较强,虽然离决策中心较远,但又为决策的制定和执行而服务,是秘书参谋咨询、检查督办等工作的起点,占据了秘书工作大部分的时间,是秘书经常性的工作。

由于秘书事务工作涉及面广,内容繁多,必须根据领导及各职能部门的需求提供及时、有效的服务,因此,秘书需要综合各部门的关系和需求,合理安排时间,对事务工作进行优化安排、计划和协调,而不是重复、机械地处理同样的事情。这需要秘书对事务工作的重要性有充分的认识,同时也对秘书的综合管理能力提出了一定的要求。

一般来说,秘书综合事务管理主要有两类:一是常规程序性事务工作;二是偶发随机性事务工作。

1. 常规程序性事务工作

常规程序性事务工作,指经常实行的、具有规矩或规定的秘书日常事务性工作,具有日常性、重复性的特点。按工作内容划分,主要有以下四点。

（1）办文服务

办文服务,主要是指围绕文件而开展的系列文字工作,如文书拟制、运行与管理,包括对各种公文及其他文稿的起草、修改、审核、校对等工作,以及各类文件、信函等的收发、传递、登记、办理、立卷和归档等工作。这些工作不仅包括正式的公文处理,还涵盖日常的电子邮件、报告、会议记录、合同等各类文档。作为秘书常规工作的重要内容,文书撰写和管理是秘书工作的基本业务,也是每个秘书应具备的基本技能。这不仅要求秘书具备扎实的文字功底,还要求其具备高效的组织能力和细致的工作态度。

办文服务的主要内容如下。

文书拟制:根据领导或部门的需求,起草各类公文、报告和信函。

文件管理:确保所有文件按照既定的流程进行收发、登记和传递。

审核校对:对文书进行仔细的审核和校对,确保内容的准确性和语言的规范性。

信息归档:将处理完毕的文件进行系统化的立卷和归档,便于后续的查询和使用。

保密工作:对于涉及敏感信息的文件,执行严格的保密措施,防止信息泄露。

办文服务的注意事项如下。

准确性:在文书拟制和校对过程中,必须确保信息的准确无误。

时效性:文件的处理和传递需要迅速及时,避免影响工作进度。

规范性:遵循公司或机构的文件管理规范,确保文书格式和流程的标准化。

沟通协调:在文件传递过程中,需要与相关部门和人员进行有效沟通,确保信息的准确传达。

办文服务是秘书工作中不可或缺的一部分,它要求秘书具备高度的专业性和细致的工作态度。办文服务的价值在于其对企业运营效率的提升和对外专业形象的塑造。通过高效的文件处理,秘书能够帮助企业快速响应市场变化,同时也能够确保企业内部信息的准确传递和长期保存。此外,规范的文书和专业的文件管理也是企业专业形象的重要体现。

【微型案例】

一家大型企业的秘书在处理一份重要的合同草案时,首先需要根据公司法律顾问提供的指导意见起草合同文本。在起草过程中,秘书需要确保所有条款符合法律法规,并满足公司的利益。草案完成后,秘书将文本提交给相关部门进行审核,并根据反馈进行必要的修改。在合同最终定稿后,秘书负责将合同发送给合作方,并确保双方按时签署。在整个过程中,秘书还需要对合同文本进行备份和归档,以备后续的查询和参考。

为提高办文服务效率,秘书在工作中可以使用以下小技巧。

1.模板化:制订各类文书的标准模板,提高文书拟制的效率和统一性。

2.分类编号：对文件进行分类编号，便于文件的检索和管理。

3.电子化管理：利用电子文档管理系统，提高文件处理的效率和安全性。

4.定期回顾：定期对文件管理流程进行回顾和优化，确保流程的持续改进。

5.培训与指导：对新入职的秘书进行文件处理方面的培训，确保工作质量。

（2）办会服务

办会服务，主要是指围绕会议的策划与组织而开展的一系列会务工作。如会前资料准备、会场布置、会议接待、会议现场服务与管理、与会议相关的后勤保障服务，还有参会人员送别，会议文件的收集、整理与归档及会议评估与总结，会后的落实与反馈等会后工作。会议是国家机关团体、企事业单位内部协商事宜、交流信息、沟通情感、达成共识的一种重要行为方式，因此，协助领导者办好会务工作，使会议取得预期效果，是秘书人员的重要任务；同时，研究办会的一般规律，提高会议质量和会议效果，也是对秘书综合能力的考验。作为秘书工作中的一项关键职能，办会服务涉及会议的全流程管理，从前期的策划准备到会后的总结反馈，每一步都要求秘书具备高度的组织能力、协调能力和服务意识。

办会服务的主要内容如下。

会前准备：包括会议议程的制定、会议通知的发送、参会人员的确认、会议资料的准备和会场的布置等。

会议接待：负责接待参会人员，包括签到、引导就座、解答疑问等。

现场服务与管理：确保会议按照预定议程顺利进行，处理会议中的突发情况，提供必要的技术支持和物资供应。

后勤保障：安排会议期间的餐饮、住宿、交通等后勤服务。

会后工作：收集会议文件进行整理归档，对会议效果进行评估，并对会议决策进行落实和跟进。

办会服务的注意事项如下。

细节关注：会议的每一个细节都可能影响会议的效果，秘书需要细心准备，确保无误。

时间管理：会议的时间安排应当合理，避免拖延，确保会议高效进行。

沟通协调：秘书需要与参会人员、服务供应商等多方进行有效沟通，确保信息准确传达。

应变能力：对于会议中可能出现的意外情况，秘书应具备快速应变和解决问题的能力。

办会服务的价值在于其对会议效率和效果的直接影响。良好的会议组织能够确保信息的有效传递，促进决策的形成，加强团队协作，提升组织效能。此外，成功的会议也是展现组织专业性和凝聚力的重要途径。

【微型案例】

秘书在组织企业年度战略规划会议时,首先要与管理层沟通,明确会议目标和议程。秘书需提前两周向所有参会人员发送会议通知,并附上详细的会议资料。在会场布置方面,秘书应考虑与会者的舒适度,合理安排座位和视听设备。会议期间,秘书负责协调餐饮服务,确保与会者在讨论间隙能够得到良好的休息和营养补给。会议结束后,秘书负责收集会议记录和反馈,进行整理归档,并跟进会议决策的执行情况。办会服务是秘书工作的重要组成部分,它要求秘书具备全面的技能和高度的责任感。通过有效的会议组织和管理,秘书能够确保会议的顺利进行,提高会议质量,从而为会议的成功贡献力量。

为提高办会服务效率,秘书在工作中可以使用以下小技巧。

1. 会前充分准备:提前制订详细的会议计划,考虑所有可能的情况,准备好应对方案。

2. 有效的会议控制:在会议进行中,秘书应当控制好会议的节奏,确保会议按照预定议程进行。

3. 利用技术工具:运用现代信息技术,如视频会议系统、会议管理软件等,提高会议效率。

4. 反馈与评估:会后及时收集参会人员的反馈,对会议效果进行评估,不断优化会议流程。

(3)办事服务

办事服务,主要涵盖协助领导处理的日常事务,包括接听电话、接待来访、车辆安排、日程安排、办公用品管理、档案管理、公关事务等。工作涉及范围大,内容烦杂,例如接听电话等工作表面看起来简单,但实际要确保接听电话时语气和缓亲切、表达清晰准确,仍然需要一定的技巧。各项事务工作有其需要遵从的程序或制度,秘书在管理这些事务时应当细心耐心,注意规范化,通过开展事务工作提高工作效率,为经营服务产生效益。例如接待工作,秘书在来访者的迎送、接洽、招待等服务工作中,应当按接待类型(上级检查、会议接待、外宾接待、随机接待等)选择适宜的接待方式(迎送式、引见式、参与式、陪同式等);又如档案管理,秘书在档案收集、立卷归档的同时还要注意总结档案管理经验,在遵守档案管理相关规章制度的同时,使档案资料得到充分利用,各种机密文件、资料也要做好保密工作。

秘书的办事服务涵盖了广泛的行政支持和事务性工作,这些工作对于确保企业日常运营的顺畅和高效至关重要。

秘书办事服务的主要内容如下。

日程协调:管理领导的日常安排,包括预约、提醒和时间管理。

行程安排:负责预订机票、酒店,安排交通工具,确保出差行程的顺利。

接待管理:负责来访客人的接待工作,包括迎接、引导和一般性咨询。

信息筛选与传递:筛选重要来电、邮件和信息,确保关键信息及时传递给相关人员。

行政支持:提供日常办公用品管理、固定资产登记、维护等行政事务支持。

秘书办事服务的注意事项如下。

细节关注:秘书在办事服务中需要关注细节,避免因疏忽造成麻烦。

有效沟通:与各方沟通时需要清晰、准确,确保信息无误。

灵活应变:面对突发事件,秘书需要迅速调整计划,灵活应对。

保密意识:对于涉及敏感信息的事务,秘书必须遵守保密原则。

秘书办事服务的价值体现在其对企业运营的支持和促进上。通过高效的事务处理,秘书帮助企业节省管理成本,提高工作效率,同时也为企业和客户之间建立良好的沟通桥梁。此外,秘书的专业性也直接影响企业的外部形象和内部工作氛围。

【微型案例】

一家企业的秘书在为一位即将出差的高管提供行程安排服务时,不仅需要预订机票和酒店,还需要考虑当地的天气情况、交通工具的安排以及可能需要的紧急联系人信息。秘书通过与高管沟通,了解其出差目的和具体需求,然后综合考虑成本和时间效率,选择最合适的航班和住宿。在高管出差期间,秘书还需确保通信渠道畅通无阻,以便随时提供必要的支持和信息更新。

为提高办事服务效率,秘书在工作中可以使用以下小技巧。

1.任务清单:制订详细的任务清单,确保所有事务得到妥善处理。

2.优先级划分:根据事务的紧急程度和重要性进行排序,合理安排工作顺序。

3.资源整合:合理利用内部和外部资源,如行政服务、外包等,以提高工作效率。

4.反馈机制:建立有效的反馈机制,及时了解事务处理的结果和效果。

5.持续改进:根据反馈和结果不断调整和优化办事流程。

(4)办公环境管理

办公环境管理是指通过对办公空间的规划、组织、协调和控制,以创造一个高效、健康、安全的工作环境,从而提高工作效率和员工满意度的一系列活动。办公环境管理是现代企业管理的重要组成部分,涉及物理环境、心理环境和社会环境等多个方面,包括但不限于办公室布局设计、空间利用效率、环境美化、光照和声学条件、空气质量、温湿度控制、办公家具配置以及办公室的安全与健康措施等,这些因素共同影响着员工的工作表现和整体福祉。

办公环境管理的内容涵盖了从办公室的物理布局到工作氛围的营造,具体如下。

空间规划:合理分配办公区域,确保工作流程的顺畅和员工的隐私需求。

办公家具与设备:选择符合人体工程学的家具,提供必要的办公设备,以提升员工的工作效率和舒适度。

环境美化:通过植物、艺术品等装饰元素,创造一个愉悦的工作氛围。

光照与声学:确保充足的自然光和适宜的照明,降低噪声,以减少视觉和听觉疲劳。

空气质量与温湿度:通过通风系统和空调设备,维持适宜的温度和空气质量。

安全与健康:制定安全政策,预防工作场所事故,提供健康促进措施。

在进行办公环境管理时,需要注意以下几点。

用户参与:在规划和设计过程中,应充分考虑员工的需求和建议。

灵活性:办公环境应能够适应不断变化的工作需求和技术发展。

持续改进:定期评估办公环境的效果,并根据反馈进行调整。

办公环境管理的价值:一是提高工作效率,良好的办公环境能够减少干扰,帮助员工集中注意力,从而提高工作效率;二是增强员工福祉,一个健康、舒适的工作环境有助于提升员工的身心健康,减少工作压力;三是塑造企业形象,良好的办公环境能够反映企业的文化和价值观,增强员工的归属感和客户的正面印象。

目前常见的办公环境管理方法如下。

开放式办公:打破传统隔间,促进团队合作和信息流通。

活动式办公:员工可以根据工作需求选择不同的工作区域,如静思区、讨论区等。

绿色办公:通过使用环保材料和节能设备,减少对环境的影响。

智能办公:利用信息技术和自动化设备,提高办公效率和管理水平。

健康办公:提供健身设施、健康餐饮选项等,关注员工的整体健康。

总之,办公环境管理是一个多维度、动态的过程,它要求管理者不断学习和适应新的理念和技术,以创造一个最佳的工作环境。通过有效的办公环境管理,企业不仅能够提升员工的工作满意度和忠诚度,还能够在激烈的市场竞争中树立良好的企业形象,从而实现可持续发展。

【知识链接】

在数字化和自动化技术日益渗透到企业办公环境管理的今天,秘书角色的重要性不仅没有减弱,反而因为这些技术的应用而变得更加关键。现代企业秘书应当具备一系列与技术发展相适应的能力,以确保能够有效地管理和维护一个高效、健康、可持续的办公环境。

1.技术适应能力

秘书首先需要具备快速适应新技术的能力。随着智能楼宇管理系统(BMS)、能源管理系统(EMS)等自动化工具的引入,秘书应当能够理解这些系统的基本原理,并能够熟练操作。这意味着秘书需要不断学习,以确保能紧跟技术进步的步伐。

2.数据分析能力

数字化技术的应用使得大量数据的收集和分析成为可能。秘书应当具备数据收集和分析能力,从智能系统中提取有价值的信息,如能源消耗模式、会议室使用频率等,从而为管理层提供决策支持。

3.问题解决能力

虽然自动化技术可以减少人为错误,但仍不可避免地可能出现技术故障或系统故障。秘书需要具备快速识别问题并找到解决方案的能力。这包括了解在何种情况下需要联系技术支持,并掌握临时手动操作的方法以确保办公室环境的稳定。

4.持续改进能力

办公环境管理是一个动态的过程,秘书应当具备持续改进的能力。通过定期评估数字化和自动化系统的效果,秘书可以提出改进建议,如调整会议室预订系统的设置、优化能源管理策略等。

5.沟通协调能力

秘书在办公环境管理中扮演着沟通协调者的角色。他们需要与设施管理团队、IT部门以及其他相关方进行有效沟通,确保数字化和自动化系统的顺利实施和维护。此外,秘书还需要向员工解释新系统的使用方法,确保所有人都能够适应新的工作环境。

6.环保意识

随着绿色和可持续发展成为企业关注的重点,秘书应当具备强烈的环保意识。他们应当了解如何通过自动化技术减少资源浪费,并推广环保的办公习惯,如使用环保材料和减少纸张打印。

7.安全意识

在自动化和数字化的环境中,数据安全和隐私保护尤为重要。秘书需要了解相关的安全协议,确保敏感信息得到妥善保护。同时,秘书还应当了解如何在使用自动化设备时确保员工的安全。

8.项目管理能力

办公环境管理往往涉及多个项目的同时进行,如会议室改造、能源节约计划等。秘书需要具备项目管理能力,以确保这些项目按时、按预算完成,并达到预期效果。

随着办公环境管理的数字化和自动化,现代企业秘书的角色正在发生变化。他们不再是简单的行政支持人员,而是成为办公环境管理的关键协调者和技术应用的专家。秘书需要具备上述能力以适应这一变化,帮助企业实现高效、健康、可持续的办公环境。通过不断提升自身的技能和知识,秘书将能够更好地服务于企业,为企业的成功作出更大的贡献。

2.偶发随机性事务工作

偶发随机性事务工作,指不在常规工作计划之中,因偶发性事件而产生的事务工作,包括领导临时交办的事务、突发性事务的处理等。

（1）领导临时交办的事务

秘书常常需要处理领导临时交办的事务,包括临时根据要求陪同领导外出,为领导外出准备相关资料、安排车辆、修改日程、落实细节,代表领导参加会议、接待来访、慰问员工等。这些事务多带有突发性和紧急性,秘书在处理这些事务时往往较为被动,但又需要短时间内作出反应,并高效完成,这就要求秘书具备高度的工作责任心、适应能力和专业能力,清晰了解领导的意图,根据领导工作的需要开展辅助工作,有效发挥秘书职能。

秘书处理领导临时交办的事务需要做到以下几点。

迅速响应:秘书应迅速响应领导的需求,避免因拖延而影响工作进度。

准确理解:准确把握领导的意图和任务要求,确保执行的准确性。

保密原则:在处理敏感事务时,秘书必须遵守保密原则,防止信息泄露。

灵活应变:秘书应具备灵活应变的能力,能够快速制订并执行解决方案。

为更好地处理领导临时交办的事务,秘书可以运用以下方法和技巧。

优先级判断:根据任务的紧急程度和重要性,快速判断并分配工作优先级。

时间管理:合理安排时间,确保各项任务能够在规定时间内完成。

资源整合:有效利用手头资源,如内部团队、外部服务商等,以提高工作效率。

沟通协调:与相关部门和人员保持良好沟通,确保信息的准确传递和任务的顺利执行。

备份计划:为可能出现的问题准备备份计划,以应对突发事件。

秘书处理临时交办性事务的能力对于保证企业或机构的高效运转至关重要。秘书的有效工作可以确保领导能够专注于核心决策,同时也能够维护企业对外的良好形象。此外,秘书在处理这些事务中展现的专业性和高效率,对于增强团队的凝聚力和提升员工的满意度具有积极作用。

（2）突发性事务

秘书在日常工作中通常按照既定的计划和常规程序进行工作,但是再完美的计划也有被突发性紧急情况打破的可能。这就要求秘书具备较强的应变能力,在遇到突发性事务时,一要沉着冷静,迅速收集事件信息,判断事件的影响范围;二要合理定位,在职权范围内控制事态发展,尤其是舆论传播,做到不信谣、不传谣、不妄议、不妄断;三是不擅作决定,及时向上级领导报告寻求支持或解决办法;四是未雨绸缪,注意日常工作中的苗头性事件。此外,秘书也应当在职能范围内不断完善工作制度,加强自身修养,提高应变能力,即使处理突发性事务,也能维持组织各项日常工作的正常运转。

具体来说,秘书处理突发性事务时,应当注意这几点。

保持冷静:在面对突发情况时,秘书应保持冷静,避免情绪化的行为。

准确判断:迅速评估事件的紧急程度和潜在影响,以便采取适当的措施。

遵守程序:在处理突发事件时,秘书应遵循既定的应急预案和程序,确保行动的合理性和有效性。

及时沟通:与上级领导和相关部门保持密切沟通,确保信息的及时传递。

记录与报告:详细记录事件处理过程,并在事后撰写报告,为未来的类似情况提供参考。

为有效处理突发性事务,秘书可以运用以下方法技巧。

建立应急预案:制订详细的应急预案,包括各种可能的突发事件和应对措施。

培训与演练:定期进行应急响应培训和演练,提高秘书和员工的应对能力。

资源准备:确保必要的应急资源,如急救包、备用电源等,随时可用。

信息管理:建立有效的信息管理系统,确保在紧急情况下能够快速获取和传递关键信息。

心理调适:培养良好的心理素质,以便在压力下保持清晰的思维和判断。

秘书对突发性事务的有效应对,不仅能够保护组织免受重大损失,确保员工的安全和士气,同时有助于维持组织的稳定和连续性。此外,秘书的专业表现还能增强外界对组织的信任和尊重。

【微型案例】

某公司秘书小李接到紧急通知,公司服务器发生故障导致业务系统瘫痪,要迅速启动应急预案。她首先通知IT部门进行故障排查,并同时向管理层报告情况。在IT部门抢修的同时,秘书协调公关部门准备对外公告,解释系统维护情况,避免客户恐慌。同时,她还组织临时会议,讨论如何减少系统故障对业务的影响,并提出改进措施。在她的协调下,公司成功控制了局势,最小化了损失,并在短时间内恢复了业务系统。

秘书的综合事务管理主要呈现以下三个特点。

一是广泛性。秘书的综合事务管理工作具有广泛性。秘书不仅需要处理日常的文书工作、会议安排、文件管理等常规性事务,还需应对突发事件、紧急情况等随机性事务。这些事务覆盖了组织运营的各个方面,从内部管理到外部联络,从日常行政到特殊项目等。

综合事务管理的广泛性特点要求秘书具备全面的知识结构和技能,以及高效的时间管理和任务协调能力,同时具备细致入微的工作态度和高度的责任心。每一项看似微不足道的小事都可能影响到组织的整体形象和运营效率。因此,秘书需要在日常工作中不断积累经验,提高对各类事务处理的熟练度和准确性,确保事务妥善完成。

二是辅助性。秘书的综合事务管理具有明显的辅助性特征。秘书工作旨在为领导层和各部门提供支持，确保决策和执行过程的顺畅。秘书通过高效的事务处理，为领导和部门创造一个有序、协调的工作环境，从而使他们能够专注于核心业务和战略规划。

综合事务管理的辅助性特点要求秘书具备出色的组织协调能力和沟通技巧。秘书需要了解组织的运作机制，掌握各部门的工作重点，以便在必要时提供有效的帮助。此外，秘书还需要具备良好的判断力，以确保在提供辅助时不会过度干预或影响其他部门的自主性。

三是随机性。秘书的工作计划往往会因为领导的临时决定或突发事件而需要作出调整，这就要求秘书具备应对随机性事务的能力。随机性事务可能包括领导的临时出差安排、紧急会议的召开或是对外危机的应对等。这些事务往往需要秘书迅速作出反应，调整原有的工作计划，以适应新的任务要求。

随机性要求秘书具备高度的灵活性和应变能力。秘书需要能够在压力下保持冷静，快速评估情况，制定应对策略。同时，秘书还应具备一定的预见能力，通过观察和分析，提前准备并应对潜在的突发事件。

总之，在秘书的综合事务管理中，不论面对的是常规程序性事务还是偶发随机性事务，都需要秘书以强烈的责任意识，变烦杂为规范、化被动为主动，发挥主观能动性，从千头万绪的事务管理中总结经验，强化秘书技能，提高事务处理效率，保证组织的正常运转。

【知识链接】

随着时代的发展和网络技术的普及，当今秘书的工作内容和方式已发生了极大的变化。让我们一起探讨一下这些变化。

公众号文章推送：在传统商务模式的基础上，现代秘书需要高效推送网络宣传文章，并扎实掌握网络平台的维护技巧。包括文章、图片、视频编辑能力，以及对网络热词和头条新闻等内容的敏感度，以确保网络宣传工作的高效性和时效性。

线上办公：秘书工作不再局限于固定办公区域，而是根据工作情况灵活选择远程办公方式，例如在家办公或线上会议。

5G技术：多数大型会议现在采用5G技术，享受其快捷和高效。这对于多人跨地域会议的有效开展至关重要。

本质功能+时效宣传功能：通过网络数字技术将传统信息转化为"电子版"，例如电子会议手册、电子邀请函、电子名片和线上传播。这不仅有利于保存和调用，还打破了时间和地域的限制，从而实现更广泛的宣传效果。

新工具和设备：秘书使用工具来优化工作效率和质量。例如，思维导图工具（如Xmind和亿图脑图）用于梳理自身想法和工作任务；会场选址工具（如会小二和会图）用于安排会议地点；线上会议软件（如腾讯会议、Zoom和钉钉）用于线上会议；云台设备用于会议实时直播。

互联网化：企业开设自己的微信公众号、微博、网页、App 和短视频平台，将企业信息与网络新媒体相融合，扩大知名度并起到宣传效果。

总之，现代秘书必须具备新的技能和思维，适应互联网时代的发展需求，这些变化不可避免，唯有与时代同行，不断学习和适应。

(二)参谋咨询

参谋，在现代汉语中指代人出主意，用作名词时一般指代出主意的人；咨询，指征求意见，在"咨询服务"等专用术语中，则指向他人提供意见。综合来看，秘书的参谋咨询职能指的是为辅助决策中心达到预定目标而提供智谋性辅助工作。

参谋咨询是中国秘书史上自古以来便不可或缺的重要职能之一。春秋时期为齐王提出"尊王攘夷"的管仲，战国时期为孟尝君买"义"的冯谖，魏晋时期曹操十分信任的谋士荀攸、荀彧、郭嘉等，都在参谋咨询上发挥了重要的作用。现代秘书的参谋咨询职能往往不是独立存在的，而是与事务工作紧密结合。随着市场化程度的逐步加深，社会团体、企事业单位对秘书的工作要求已经不仅局限于重复、机械的简单事务工作。科技飞速发展时代，决策涉及的信息量以及越来越复杂的社会变化使决策中心必须善于借助他人的优势来弥补个人经验和智慧的不足。秘书处于联络中枢的地位以及辅助性的职业特点，便于为决策中心提供更多辅助工作。因此，秘书可以在完成日常性、事务性工作的前提下，更加充分地发挥秘书工作的职能，在办文办会办事的基础上，为辅助决策中心达成预定目标出谋献策。

秘书的参谋咨询职能主要体现在以下工作中。

1.信息收集

准确有效的信息是科学决策的依据。在信息化时代，人们每天都要面对海量的信息，但并不是信息越多就越能产生价值。作为秘书，要对信息进行收集、筛选、整理、提炼、总结、储存等，避免信息泛滥，使有价值的信息能被看到。

信息收集的范围与方法：秘书的信息收集工作涉及多个层面。首先，秘书需要对组织内外的现有信息进行搜索和整理，这包括市场动态、行业趋势、竞争对手分析、内部运营数据等。其次，秘书还需要围绕特定决策问题开展调研，如在授权范围内，广泛征集组织、人民群众的意见，或组织专家学者进行研究讨论等多种形式。通过这些方法，秘书能够较全面掌握与决策相关的信息。

信息处理的关键步骤：秘书在信息收集后，需要进行一系列的处理工作。首先是筛选，剔除无关或重复的信息；其次是整理，将信息分类并建立索引；再次是提炼，从信息中提取关键点和核心数据；然后是总结，形成简洁明了的信息报告；最后是储存，将信息安全地存储，以便未来查阅。

决策支持与反馈分析：在领导层决策前，秘书提供的信息服务是不可或缺的。秘书不仅应提供信息,还应进行分析和预测,向领导提供建议。决策完成后,秘书还需要收集反馈信息,对决策效果进行评估,为未来的决策提供经验和参考。

信息收集的挑战与应对:信息收集工作面临着诸多挑战,如信息的真实性、时效性和完整性等。秘书需要具备辨别信息真伪的能力,确保提供给领导的信息是准确可靠的。同时,秘书还应不断更新信息收集和处理的技能,如学习使用新的信息管理工具和技术。

秘书的信息收集工作是实现参谋咨询职能的关键环节。通过有效的信息收集和处理,秘书能够为领导层提供科学、全面、及时的信息支持,从而提高决策的质量和效率。秘书在信息收集方面的专业能力,不仅对组织的战略规划至关重要,也是秘书个人职业发展的重要基石。因此,秘书必须不断提升自身的信息素养,以适应不断变化的信息环境,更好地服务于组织和领导。

【微型案例】

李华是一家消费电子公司的秘书,负责协助市场部门的日常工作。公司计划推出一款新型智能手机,并希望在产品发布前制定出一套有效的市场推广策略。市场部门的领导层需要准确掌握市场动态、消费者偏好和竞争对手情况,以便科学决策。

李华被指派负责收集与新产品推广相关的信息,这包括市场趋势分析、目标消费者群体的研究、竞争对手的市场策略以及行业专家的意见。李华根据工作目标,收集了以下信息。

市场趋势分析:李华通过行业报告、市场研究数据库和消费者论坛,收集了关于智能手机市场的最新趋势和消费者行为模式的信息。

目标消费者研究:李华设计并发放了一份在线问卷,针对潜在的消费者群体进行调查,以了解他们对新功能和设计的需求与偏好。

竞争对手策略:李华分析了主要竞争对手的营销活动和产品定位,通过公开资料和业内消息人士获取了他们的市场策略与促销手段。

专家意见:李华联系了几位行业专家,通过电话访谈和邮件交流,收集了他们对市场趋势的见解和对新产品推广的建议。

李华将收集到的信息进行整理和分析,提炼出关键点,并制作了一份详细的报告。报告中包括了市场机会、潜在风险、目标消费者的详细画像和竞争对手的策略分析。他还根据收集到的信息,提出了几套初步的市场推广方案。在市场部门的会议上,李华向领导层展示了他的研究报告,并提出了自己的建议。他的工作为领导层提供了全面、客观的决策依据,帮助他们理解市场环境,明确了新产品的市场定位和推广策略。

基于李华提供的信息和建议,公司制订了一套创新的市场推广计划,新产品发布后获得了市场的热烈反响。李华的高效信息收集工作得到了领导的高度评价,并为公司带来了显著的经济效益。

2.决策草拟

秘书的决策草拟职能对于组织决策的形成和执行具有不可或缺的作用。通过准确理解领导意图、深入分析决策依据、制订和优化方案,以及协助决策的贯彻执行,秘书能保障决策的科学性和有效性,进而为组织的成功贡献重要力量。

秘书应领导要求执行决策草拟的过程如下。

理解领导意图:秘书首先需要与领导进行充分沟通,确保完全理解领导的决策意图和目标。这可能需要秘书对领导的指示进行深入思考,甚至提出问题以获得更多信息。

收集决策依据:秘书应收集与决策相关的所有信息和数据,包括市场分析、财务报告、法律法规、行业标准等,为草拟决策提供坚实的依据。

方案制订与分析:秘书需要根据收集的信息,草拟多个方案或计划,并对其进行详细的分析和比较。这一步骤要求秘书具备较强的逻辑思维和分析能力,以确保方案的可行性和有效性。

方案论证与优化:在提出预选方案后,秘书应进行进一步的论证,包括成本效益分析、风险评估和资源配置等,以优化方案并为领导提供最佳选择。

决策贯彻执行:在决策确定后,秘书还需协助领导制订实施计划,确保决策得到有效执行。这包括制定时间表、分配任务、监督进度和处理执行过程中出现的问题。

秘书在决策草拟过程中,不仅需要准确理解和传达领导的意图,还需要通过深入的分析和论证,为领导提供全面、可行的方案或计划。这一工作对于提高决策的质量、节约领导的时间和精力以及确保决策的顺利实施具有重要意义。

【微型案例】

某科技公司计划进入新的市场领域,总经理要求秘书小张草拟一份市场进入策略。小张首先与总经理进行了深入沟通,明确了公司的市场定位和目标客户群。随后,他收集了大量关于目标市场的行业报告、消费者调研数据和竞争对手分析资料。基于这些信息,小张草拟了三个不同的市场进入方案,并对每个方案进行了详细的财务预测和风险评估。

在总经理的指导下,小张进一步优化了方案,并准备了一份详尽的实施计划。在决策实施阶段,小张协助总经理监督项目进度,及时解决执行过程中的问题,确保市场进入策略得以顺利实施。

3.建议与应变

秘书人员在职权范围内要善于发现工作、决策中存在的问题。在发现应有状况与现有状况之间存在差距后,经过调查或分析,对下属组织或部门中的问题或差错要提出解决建议或修改意见;对领导则要提供充足的调查材料并提出修正或改善的方法、措施,供领导参考;对领导未能顾及的突发事件或工作缺陷提出应变计划或弥补措施。秘书通过建议与反馈来实施参谋咨询的职能,要求秘书对问题有一定的预见性,并具备敏锐的识别能力。

秘书建议与应变工作的主要内容如下。

问题发现与分析:秘书在执行职责时,需具备敏锐的观察和分析能力,以便及时发现工作流程、决策执行或组织运作中的问题。这包括对下属组织或部门的运作效率、资源分配、项目管理等方面的持续监控。一旦发现问题,秘书应进行深入的调查和分析,以确定问题产生的根本原因和影响的范围。

提出解决建议:在问题识别和分析的基础上,秘书应提出具体的解决建议或修改意见。对于下属组织或部门的问题,秘书的建议应具有可操作性,能够直接指导相关部门采取行动。对于领导层的决策或工作缺陷,秘书的建议应更加具有战略性和全面性,提供多种可行的修正或改善方案,供领导参考和决策。

突发事件的应对:在面对领导未能预见的突发事件时,秘书应当即启动应变计划,采取必要的紧急措施,以减轻事件对组织的影响。这包括临时调整工作计划、协调内部资源、沟通外部关系等。秘书的应变计划应考虑各种可能的情况,确保组织能够迅速而有效地响应。

【微型案例】

在一家快速发展的科技公司中,秘书张薇负责协助管理日常行政事务。随着公司规模的扩大,部门之间的沟通逐渐出现了瓶颈,导致项目协作效率下降。张薇在日常工作中注意到,跨部门的信息传递经常出现延误,重要邮件回复缓慢,且会议决策的执行力度不够。

张薇决定采取行动,她首先对现有的沟通流程进行了详细的分析,发现信息传递的瓶颈主要出现在邮件系统过载和会议记录不准确两个方面。为了解决这些问题,她提出了以下建议。

1.优化邮件管理:建议实施邮件分类和优先级标记制度,以便员工能够快速识别、处理紧急和重要的邮件。

2.改进会议记录:提出建立专门的会议记录小组,负责记录、整理会议内容,并在会后24小时内分发会议纪要,确保信息的准确传达和及时跟进。

3.建立即时沟通渠道:推荐使用企业即时通信工具,如Slack或微信工作群,以便团队成员能够进行快速沟通和解决问题。

4.定期沟通反馈:建议定期举行跨部门协调会议,以促进不同团队之间的信息交流和协作。

张薇将这些建议和相应的实施计划提交给了公司管理层,并在管理层的支持下协助IT部门和人力资源部门实施这些改进措施。随着新沟通流程的实施,公司的内部沟通效率显著提高,项目协作更加顺畅,员工对行政支持的满意度也有所提升。

以上三种工作是秘书实现参谋咨询职能最常见的途径。事实上,在秘书广泛的事务工作中,如会议策划与组织、为领导安排日程、接待来访等,秘书都可以主动发挥个人智慧,为决策中心提供参谋咨询服务,为生产经营创造更多的价值。

秘书的参谋咨询主要呈现以下三个特点。

一是从属性。秘书作为领导的参谋和助手,始终是处于辅助的位置,秘书的参谋咨询从属于决策中心(往往从属于某位具体的领导),是在授权范围及职能范围内的"出谋划策",一般不具有独立性。作为决策的辅助力量,秘书在参谋咨询的过程中,所有的工作必须与领导的需求和思路保持一致,时刻站在领导的立场,为领导及时提供有针对性和参考价值的建议,不能越位,也没有决断的权力。秘书"谋而不断",谦虚谨慎,找准自己的位置,才能为决策中心提供保质保量的服务工作。

二是超前性。秘书的参谋咨询职能要求秘书具有较高的综合素质。为决策中心提供智谋性服务工作,以辅助决策中心达到预定目标,提高决策质量和效率,不仅要求秘书必须具备相关的专业知识、丰富的信息储备和敏锐的观察能力,还要具备一定的全局意识和长远目光。无论是辅助决策还是日常事务工作中的参谋咨询,秘书工作的价值就在于辅助决策中心提高决策的可靠性,对抗可能存在的风险,减少随机性、可变性带来的负面影响。秘书要坚持超前的原则,用自己的预测能力使决策方案能考虑到未来的需求,并提前做好"防范措施",提高决策方案在时间长度上的有效性。

【微型案例】

在一家专注于人工智能生成内容(AIGC)的初创公司中,秘书陈晨负责协助公司高层进行战略规划和决策支持。随着AIGC技术的快速发展,公司希望在这一新兴领域中确立领先地位,并探索新的商业模式。陈晨意识到,为了确保公司能够持续创新并保持竞争力,她需要提供具有前瞻性的参谋咨询服务。

陈晨首先对AIGC行业的发展趋势进行深入研究,分析了技术进步、法规政策、市场需求等因素。她还考虑了潜在的市场变化、竞争对手的战略动向,以及技术创新对公司业务模式的影响。基于这些分析,陈晨向公司提出了以下战略建议。

1.技术研发投入:建议公司加大在自然语言处理(NLP)和机器学习领域的研发投入,以保持技术领先。

2.知识产权保护:强调加强公司的知识产权保护,确保创新成果得到合法保护。

3.合作伙伴关系:提出与高校、研究机构建立合作关系,共同开展前沿技术研究。

4.市场教育与拓展:建议公司投入资源进行市场教育,提高潜在客户对AIGC技术的认识和接受度。

5.风险评估与应对:制定针对技术快速迭代、数据安全和隐私保护等方面的风险评估和应对策略。

公司高层对陈晨的建议表示高度认可,并在她的支持下开始着手制订和实施一系列战略计划。随着AIGC行业的快速发展,公司凭借前瞻性的战略规划,成功推出了多项创新产品,并在市场中获得了良好的口碑。陈晨的工作不仅为公司带来了长远的价值,也促进了她自身在专业知识和战略思维方面的成长。

三是原则性。秘书的工作必须坚持原则。秘书在参谋咨询的过程中,常常与领导一起工作,彼此熟悉,与其他部门相比,秘书是相对接近领导的人员之一。如果办事缺乏原则,一是在处理职能范围内相关部门的事务中会丧失立场,失去他人的信任;二是在处理各种复杂的关系时,难以中立自处,可能会迷失方向;三是在发现问题时可能患得患失,不能及时向领导劝谏,错失应变和弥补的时机,造成难以挽回的损失。因此,坚持原则,秘书才能保证参谋咨询作用的正常发挥。当然,秘书在坚持原则性的同时,也必须有原则之内的灵活性。要注意参谋咨询的方法和手段,根据领导的个人特点、不同场合以及具体时机,采用直接或委婉等不同的沟通方式,促进问题的解决,增加领导的信任,使秘书的参谋建议发挥更大的作用。

秘书通过信息收集、调研、方案草拟等具体工作,在时间、精力和知识上给予领导辅助力量,使领导能够专注于重要事务的解决,提高决策的科学性和可靠性,这是秘书参谋咨询职能的价值所在。秘书必须不断提高自身综合素质,强化参谋咨询职能,遇事能为领导想办法、提建议、拟方案,提高参谋咨询服务的质量。

(三)检查督办

检查督办是指在领导的授权之下,对布置的工作和事项进行检查、催办或者督办。秘书的检查督办本质上是辅助领导进行检查督办,不具有独立性,其出发点和落脚点是抓落实,主要目的是在决策方案的执行以及领导的日常管理工作中,及早发现问题、解决问题,促成决策中心的目标按质按量达成。

秘书的检查督办工作主要如下。

(1)根据领导要求做好检查督办活动的组织、协调工作。

(2)党和国家路线、方针、政策的贯彻执行情况。

(3)重大决策的实施情况。

(4)组织内外群众反映和要求解决的重大问题的办理情况。

(5)领导临时交办事项的办理情况。

(6)秘书在日常管理工作中发现问题,经领导批准需要督办的事项等。

秘书的检查督办工作有如下特点。

1.规范性

秘书的检查督办是一种辅助性的检查督办,在工作过程中可能会遇到各种复杂的情况,干扰或阻碍检查督办工作的进行。秘书必须严格按照程序规范地进行检查督办,稳定立场和原则,求真务实、把握尺度,克服执行中的无序现象,使相关部门配合整体部署,促进组织的有序运行。

2.针对性

在检查督办工作中,秘书要正确理解和贯彻领导的意图,找到检查督办工作的重点、难点,抓住推进全局工作进展的关键,有针对性地观察、分析决策实施或事务管理中存在的问题并促进问题的解决,推动工作的顺利进行,使检查督办不至于沦为走过场,而是真正有效的工作,能为领导提供优质的服务。

3.时效性

秘书的检查督办工作要讲求时效性,一是要在领导授权下辅助领导者进行检查督办,通过全面、深入的检查,督促相关部门提高决策执行或事务管理的工作效率;二是要在检查督办过程中给出明确、具体的建议,使督查者自身的工作高效运行;三是与领导保持密切沟通,发现问题或遇到重要情况要及时向领导反馈,以便接受领导的指导,解决问题。

【知识链接】

秘书在检查督办工作中的时效性是确保组织高效运转的关键因素。以下是秘书提高检查督办工作时效性的知识与方法。

1.明确督办目标与期限:秘书在开始检查督办前,应与领导明确督办的具体目标和完成期限。这有助于确保整个督办过程有明确的方向和时间框架。

2.制订详细的检查督办计划:秘书需制订详细的检查督办计划,包括检查的项目、方法、频率以及责任分配。通过计划的执行,秘书能够系统地跟踪各项工作的进展。

3.使用信息技术工具:现代信息技术工具,如项目管理软件、任务追踪系统等,可以帮助秘书及时更新和监控任务进度,提高工作效率。

4.定期汇报与沟通:秘书应定期向领导汇报检查督办进展,及时沟通遇到的问题和挑战。这样可以确保领导对整个执行过程保持了解,并在必要时提供指导。

5.及时反馈与调整:在检查督办过程中,秘书应及时发现问题并提出具体建议。对于执行中出现的偏差,秘书应迅速调整策略,确保工作按计划进行。

6.强化责任意识:秘书在督办过程中应强化相关部门和人员的责任意识,确保每个人都清楚自己的任务和责任,从而提高整体的执行效率。

7.持续学习与改进:秘书应当不断学习新的、最佳的管理方法,持续提升自己的检查督办技能,以适应不断变化的工作要求。

通过上述方法,秘书能够有效地提高检查督办的时效性,确保决策和事务管理得到及时、高效的执行。这不仅能够提升秘书自身的工作表现,还能够增强组织的整体执行力和决策质量。

(四)沟通协调

秘书的沟通协调是指秘书在职责范围内或在领导的授权下,以服从全局为原则,通过沟通和协商调解矛盾和分歧,调整和改善上下、左右、内外的各种关系,实现资源的合理配置,使组织平衡、和谐一致,达成工作目标。

秘书处于信息集散的枢纽位置,对上与领导、对下与各部门及相关方都能保持较密切的联系,对于组织中出现的失衡、失调现象能够及时敏锐地察觉出来,在调解、协调时具有其他部门没有的便利性,既能够提供足够的信息保障,又具备一定的信任优势,能够为领导提供解决问题的参考方案,辅助领导控制事态、缓和冲突,尽可能避免损失、达成工作目标。

在授权范围内,秘书的沟通协调主要体现在以下几个方面。

1. 内部沟通协调

传达领导部门的决策、指示、批示、通知;

转发相关单位、部门的文件;

呈报下级部门的请示和报告;

汇报下级部门的工作情况、建议或要求;

协助领导与领导之间、领导部门与职能部门之间、领导与员工之间、员工与员工之间的沟通联络;

协调领导与领导之间、领导与员工之间、员工与员工之间的人际关系;

协调单位部门之间的工作进度;

协调单位内部的失调、失衡问题;

协调单位内部的集体行动或活动;

协调单位内部的其他事务工作等。

2. 外部沟通协调

协助相关职能部门与有关地区、单位的业务联系;

收集行业信息并汇报行业发展情况;

协助相关职能部门做好与政府部门、新闻媒体、客户等的沟通联络工作;

协调本单位与政府部门、合作单位、新闻媒体、社会公众、行业协会等的各种关系等。

秘书的沟通协调有广泛性、疏导性和目的性三个特点,如图1.2所示。

图1.2　秘书沟通协调的特点

一是广泛性。秘书的沟通协调具有广泛性的特点。从沟通协调的对象来说,可能是领导(部门)之间、领导(部门)与下属组织之间、职能部门之间、员工与员工之间,还可能是本单位与政府部门、新闻媒体、社会公众之间;从沟通协调的事务来说,可能是关乎组织重要决策的大事,也可能是日常行政管理事务中的小事,甚至可能是仅有苗头但尚未发生的事;从沟通协调的时间来说,发现失调、失衡问题的时间可能是随机的,领导临时授权协调某问题也常常是随机的。因此,秘书要以高度的责任感适应随时变化的环境,因势利导,使沟通协调取得良好效果。

二是疏导性。秘书的沟通协调具有疏导性的特点。不同于领导作为决策者和管理者所具有的权威性,秘书的沟通协调并没有被赋予强制执行的权利。因此,秘书绝不能高高在上或自以为是地发布命令,否则可能会引起反感并产生负面效果。相反,秘书应当采用疏导性的方式,利用自身处于信息集散枢纽位置的优势,缓解紧张气氛,缓和冲突矛盾,消除误解;动之以情,晓之以理,促使沟通协调的对象认清问题,争取矛盾双方的理解和信任,避免内部消耗和外部损失,使组织有序地运行下去。

三是目的性。秘书的沟通协调具有目的性的特点。一方面,由于秘书沟通协调工作的广泛性和疏导性,如果目的不明确,大量的沟通协调工作将难以提高效率。对于秘书来说,沟通协调工作首先应在授权范围内熟悉相关领导和部门的工作情况,精准把握矛盾关键点,有的放矢,以实现协调的目的。同时,沟通协调工作要与组织决策、集体利益和目标结合起来,使矛盾相关部门或人员服从大局利益,在工作上达成共识,而不是为追求人际关系的表面和谐,而无原则地和稀泥,甚至不惜忽略集体利益换取相关人员肤浅的好感。

秘书的沟通协调工作本质上是一种让对方认同与接受的工作,在工作过程中,秘书要尊重对方、诚心相待,同时要注意艺术地运用各种表达方式,善于把握时机,以平等、谦和的态度去缓解矛盾,达成一致。当然,秘书的沟通协调工作要注意量力而行。作为辅助者,秘书要在职责范围和授权范围内发现和调和部分无序、失衡问题,但当问题的严重程度或涉及的层次已经超过了秘书的职责和能力范围,秘书应当及时向领导部门反映,向领导提供信息,协助领导达成协调目的。

❓问题2:秘书需要承担这么多的职能,负责广泛烦杂的工作,那这些工作到底有什么价值呢?

✏️【任务导读】

在繁忙的跨国公司总部,年轻助理小王感到自己的工作既烦杂又无足轻重。他的桌上堆满了文件,电脑屏幕上的标签页如同迷宫一般,手机的通知声此起彼伏。小王觉得自己就像是一台不停运转的机器,每天都在处理着看似无关紧要的琐事。

一天下午,小王向资深秘书李文倾诉了自己的苦恼:"李文姐,我觉得我每天都在做重复且琐碎的工作,好像没有什么真正的价值。我帮助领导安排日程、处理文件、回复邮件,但这些事情似乎对公司的发展没有什么实质性的帮助。"

李文微笑着听完小王的抱怨,她放下手中的工作,认真地对小王说:"小王,你的工作其实非常重要,只是你自己没有意识到而已。"

"想象一下,如果公司是一艘大船,那么秘书就像是船上的瞭望员。虽然瞭望员不直接驾驶船只,但他们负责观察海面情况,及时发现潜在的危险和机遇,为船长提供重要的信息,确保航船安全航行。秘书通过合理安排领导的日程,确保每一个会议、每一次决策都能按时进行,这就是在为企业的航向提供信息支持和保障。"

小王听得有些入神,李文继续说道:"再比如,秘书就像是企业的'润滑剂'。你们处理的每一份文件、每一封邮件,都是在确保公司内部运作的流畅。就像润滑油一样,虽然不直接参与机械的运转,但没有它,机械就会因摩擦而磨损,甚至停止运转。秘书的工作确保了信息的流通和工作的连续性,让公司能够高效地运作。"李文的比喻让小王开始重新审视自己的工作。

"而且,"李文顿了顿,"秘书还是员工的'贴心人'。你们解答员工的疑问,帮助解决他们的困难,维护了员工的士气和工作效率。就像是一个家庭中的调解者,让家庭和睦,成员心情愉快。"

"最后,"李文总结道,"秘书对社会也有着不可忽视的作用。你们通过组织公益活动、参与社会交流,传递着公司的社会责任和良好形象。就像是一位优秀的外交官,不仅在国内树立了良好的形象,也在国际上展现了企业的风采。"

小王听了李文的比喻,心中的困惑和不满渐渐消散了。他开始意识到,虽然自己的工作看似平凡,但却是公司运转不可或缺的一部分。他的重要性并不在于工作的大小,而在于他为公司带来的影响和价值。

李文看到小王有所触动,便进一步劝解道:"小王,要想提升工作效率和工作价值,首先你得学会时间管理和任务优先级划分。将任务按照紧急和重要程度分类,优先处理那些对公司影响最大的事务。其次,提升自己的专业技能,比如学习更高效的办公软件使用技巧,这样可以帮助你更快地完成任务。最后,主动与同事和领导保持良好的沟通,这样可以及时了解他们的需求,提前做好准备。"

小王认真地听着,他开始反思自己的工作方式,决心按照李文的建议去做。他开始规划自己的工作时间,学会了使用各种工具来提高工作效率。他主动与同事沟通,了解他们的需求,提前做好准备工作。渐渐地,小王发现自己的工作变得更加有序,他也能够更好地协助领导和同事,为公司的发展作出更大的贡献。

随着时间的推移,小王的转变得到了大家的认可。他不再是那个总是抱怨的年轻助理,而是成为一个能够独当一面的高效能秘书。他的工作得到了领导的赞赏,同事们也更加信任他的工作能力。小王终于明白,秘书的工作虽然平凡,但却是企业中不可或缺的一环,只要用心去做,就能在岗位上发挥出自己的价值。

二、秘书工作的作用

秘书的工作主要起着事务管理助手、智谋补偿助手、信息集散枢纽、沟通协调桥梁和公共关系窗口五大作用,如图1.3所示。

图1.3　秘书工作的作用

(一)事务管理助手

秘书作为决策中心(领导部门)的事务管理助手,主要通过承担日常事务的管理,使领导者能从琐碎、繁重的事务性工作中解放出来,集中时间和精力思考重大问题,谋划长远的发展。秘书就像领导延长的双手,以务实的精神和高度的责任感,辅助领导完成下列工作。

文书处理:文稿的起草、修改、审核、校对,文件、信函等的印制、收发、传递、登记、办理、立卷和归档。

会务服务:会议的策划与组织,会议的善后、评估与总结、资料整理等工作。

接待来访:客户接待、业务接待、信访接待等相关服务。

日常办公事务管理:接听电话、办公环境管理、档案管理、车辆安排、日程安排等。

检查督办:在授权范围内对工作进行检查督办,促进工作的有序推进。

领导临时交办的事务:临时陪同领导外出,代表领导参加会议、慰问员工等。

突发性事务:紧急突发事件产生的相关事务工作。

(二)智谋补偿助手

秘书参谋咨询的职能体现了秘书作为决策中心(领导部门)智谋补偿助手的作用。

在决策过程中,秘书在职责范围内需要积极主动地调查研究,并整理、提炼海量的信息,为领导部门提供事实、理论、法律等的决策依据以及有参考价值的信息。遇到重大事件或特殊情况,秘书还要在授权范围内出谋划策,提出有针对性的解决方案供领导选择借鉴。这些工作考验着秘书的信息鉴别、时局把握、情势衡量、探索创新等能力,对秘书的综合素质提出了较高要求。

秘书是具有高度智谋性的工作,在时间上对领导者的时间进行补偿,在知识上对领导者的知识进行扩容,在思维上使领导的思维进一步发散。秘书作为领导的智谋补偿助手,虽然区别于独立的"顾问团""智囊团",却是领导者智慧的延伸。

(三)信息集散枢纽

秘书是决策中心(领导部门)的信息集散枢纽。

第一,在工作中,为领导提供信息是秘书的重要职责。秘书在事务处理过程中,能从接听电话、接待来访、文书管理等广泛而又琐碎的工作中获得大量一线信息,加上秘书工作从多渠道收集的信息,经过整理及提炼,及时向领导提供或汇报工作的进展,能让领导在百忙之中高效地掌握组织运转情况。

第二,秘书有上情下达和下情上报的职责。上级部门的决策与指令等一般要通过秘书(部门)进行传达,下级部门遇到的问题或提出的意见和建议也要通过秘书(部门)向上级部门递送。秘书(部门)作为一个信息集散中心,能较好地掌握上下流通的信息,了解部门或单位的动态。当领导授权需要秘书拟写方案、辅助决策或解决问题时,秘书能够准确地将有价值的信息迅速挖掘出来,利用自己的信息储存撰写或提出有效的方案供领导参考借鉴、科学决策。

第三,秘书能够利用自己信息集散中心的优势,在职责范围内经营必要的人际关系,搭建内外互联、四通八达的信息网络中心,更广泛地收集信息、感知变化,使领导"耳聪目明"。

信息的收集、整理、提炼、分布是一个复杂的过程,需要秘书持之以恒,沙里淘金,保证信息的真实性和适用性,使信息集散枢纽发挥决策中心强有力的支撑作用。

(四)沟通协调桥梁

秘书是上级下级、组织内外沟通协调的桥梁。由于沟通协调的对象或问题可能分布在组织各个层级、各类事务中或发生于任意时间中,秘书(部门)作为信息集散枢纽以及上下级、组织内外的交叉点,在辅助领导处理沟通协调事务上具有天然的优势和便利。

一方面,秘书工作的辅助地位能在职责范围内为领导处理大量的沟通协调工作,使领导事务进一步精简和净化,减少工作上的障碍,节省大量时间和精力,提高管理效率;另一方面,上级部门下达决策或指示时,由于决策、指示一般精炼简洁、直指目标,下级部门未必能完全理解其中的全局意识、长远目光,局限于具体情况及局部利益的部门或个人可能会对决策或指示产生怀疑,秘书作为中介进行处理能推进决策、指示更好地贯彻执行。同样,下级部门的工作问题、矛盾、误解、抱怨等,经过秘书的缓和或化解,也有助于建设紧密团结、精诚合作的团体,使组织内部和谐稳定,步调一致。出于错综复杂的原因，一些推诿扯皮等不便于领导直接用权威下压的情况，秘书则可摆事实、讲道理，以更近的距离和更平和的语气来进行沟通协调，以获得对方的认可。

秘书这座沟通协调的桥梁必须是时刻疏通的，在注意沟通协调方法的同时，以强烈的责任心，通过对单位之间、部门之间、领导之间、员工之间以及领导与员工之间的联络、平衡、调解等工作，促进真诚合作，提高工作效率。

(五)公共关系窗口

秘书工作是一个国家机关、企事业单位、社会团体对外联络、接洽的"窗口"。

这个"窗口"虽然不能代替专门的公关部门，秘书也不能代替专职的公关人员，但秘书工作信息集散枢纽和沟通协调桥梁的作用，使秘书在工作中必须维持和经营各种公共关系。而在没有设置独立公关部门、没有专职公关人员的单位中，秘书人员更应自觉认识到在公共关系工作中的责任，不仅要做好各方面联络、接洽的工作，还要帮助领导(部门)密切与政府部门、新闻媒体、社区公众、合作单位、客户、员工等的关系，树立并维护组织单位和领导的良好形象，提高本单位的知名度、美誉度以及正面积极的影响力。

秘书工作这个公关"窗口"能反映组织的工作作风。人们往往认为，秘书的态度就是领导的态度，秘书处理工作的水平也能在一定程度上反映领导水平的高低优劣。作为秘书人员，在具体事务的处理过程中，要增强岗位工作的公关意识；在个人职业形象上，要注意个人形象代表单位整体形象，要有组织形象意识；在对外联络、洽谈时，要谦虚谨慎，具备环境预警意识。

≫ 任务小结

【任务关键词】

1.秘书的职能。

2.秘书综合事务管理的内容和特点。

3.秘书参谋咨询的内容和特点。

4.秘书检查督办的内容和特点。

5.秘书沟通协调的内容和特点。

6.秘书工作的作用。

【讨论】

在过去十几年中，随着信息技术的快速发展，秘书工作经历了显著的转变。传统的打字、文件管理和日常行政支持逐渐被电子邮件、电子日程安排和高级信息管理所取代。当下，数字技术的发展不仅提高了工作效率，也扩大了秘书的职责范围，使其更多地参与到决策支持和战略规划中。在数字技术持续进步，尤其是受到人工智能、大数据分析和云计算应用等影响的当下,你认为未来五年内秘书工作可能会发生什么样的变化?

请搜集相关资料,讨论近五年秘书在工作内容、技能要求以及与组织内其他成员的协作方式等方面可能会发生的变化。

❋⚙【职业发展】

在数字化时代,秘书的角色不断演变,要求秘书不仅要掌握传统的行政技能,还需要学习和应用新技术、新思维,以适应快速变化的工作环境。以下是现代秘书应当具备的能力,可能需要学习的新技术或新思维,以及它们的作用。

1. 数据分析能力

秘书需要掌握如何使用数据分析工具,如 Excel 高级功能、SQL 数据库查询、数据可视化软件(如 Tableau)等来处理和分析数据。这些工具可以帮助秘书从大量数据中提取有价值的信息,进行趋势分析和预测。数据分析能力使秘书能够为领导提供基于数据的决策支持,提高决策的准确性和效率。

2. 信息技术应用能力

随着云计算、人工智能和物联网等技术的发展,秘书需要熟悉这些技术的应用,如使用云存储服务(如 Google Drive、Dropbox)进行文件共享,利用人工智能助手(如 AI chatbots)提高客户服务效率,以及通过物联网设备进行资产管理。这些技术的应用可以极大地提高工作效率,实现远程办公和自动化管理。

3. 多任务处理能力

秘书需要学习时间管理和优先级设置的技巧,如使用时间管理软件(如 Toggl、Rescue Time)来跟踪任务进度,以及利用任务管理工具(如 Asana、Microsoft To Do)来组织和分配工作。这些工具和技巧有助于秘书在面对多个任务时,能够有效地分配时间和资源,确保关键任务得到优先处理。

4. 持续学习能力

秘书应培养持续学习的习惯,通过在线课程平台(如 Coursera、edX)学习新技能,如数字营销、项目管理、领导力发展等。这些新技能不仅能够帮助秘书适应新的工作要求,还能够为其职业发展开辟新的道路。

5. 战略思维能力

秘书需要学习如何运用战略规划工具和框架,如 SWOT 分析、PEST 分析、平衡计分卡等来分析组织内外部环境,参与制定长期战略。这些工具和框架有助于秘书从宏观角度理解组织的发展方向,为战略决策提供支持。

6.沟通协调能力

在数字化环境中,秘书需要掌握数字沟通工具的使用,如视频会议软件(如Zoom、Microsoft Teams)、即时通信工具(如Slack、WeChat Work)等,以及社交媒体平台(如LinkedIn、Twitter)的运用,以提高跨部门和跨地域的沟通效率。此外,秘书还需要学习如何管理和维护在线社区,促进团队成员之间的交流和协作。

现代秘书在数字化时代的岗位要求中,不仅要具备传统的秘书技能,还需要学习和应用新技术、新思维。这些新技术和新思维的应用,不仅能够提高秘书的工作效率和决策质量,还能够增强秘书在组织中的战略价值和影响力。通过不断学习和适应新技术,现代秘书能够在组织中发挥更大的作用,推动企业的发展和创新,同时也为自己的职业发展创造更多机会。

任务三　秘书的形象管理

？问题1:秘书为什么要管理自己的职业形象?

秘书如何管理
个人形象

【任务导读】

小飞,这位新晋秘书,总是以一身运动装扮出现在公司,他的活力和开朗为他赢得了同事们的喜爱。然而,他的着装风格在这家金融服务公司里显得格外突兀。张主任,秘书处的资深领导,对小飞的职业形象管理感到十分担忧。

一天,公司安排了一次与重要客户的会议,小飞负责接待。客户是一位西装笔挺的中年男士,他对小飞的运动装扮显得有些惊讶。会议结束后,客户私下向张主任提出了对小飞着装的疑虑,这让张主任意识到了问题的严重性。

张主任决定找小飞进行一次深入的谈话。于是他邀请小飞到办公室,神情严肃。

张主任:"小飞,你今天在会议室的表现很出色,但是你的着装引起了客户的一些疑虑。"

小飞显得有些不解:"张主任,我觉得只要工作能力够强,穿着不是那么重要。"

张主任叹了口气:"在金融服务行业,专业形象是我们赢得客户信任的重要因素。你的着装可能让客户怀疑我们公司的专业性。"

小飞皱了皱眉头,显得有些不服:"但是,我在面试时就是这样打扮的,公司还是选择了我。"

张主任耐心地解释:"面试时,领导们看中的是你的潜力和能力。但在日常工作中,我们需要展现出与公司业务相符的专业形象。这不仅是对客户的尊重,也是对自己职业发展的投资。"

小飞沉默了,他开始反思自己的行为。张主任继续说:"我理解你对舒适感的追求,但作为秘书,我们需要适应不同的场合。你愿意尝试改变吗?"

小飞终于点了点头:"张主任,我明白了。我愿意尝试调整我的着装,以更好地适应公司文化和业务需求。"

从那天起,小飞开始逐步改变自己的着装。他换上了整洁的衬衫和皮鞋,虽然一开始有些不习惯,但他发现自己在客户面前更加自信,也更容易获得他们的信任。

一、秘书职业形象管理的必要性

在职场的舞台上,秘书不仅是行政工作的执行者,更是企业文化和形象的塑造者。管理职业形象对于秘书而言,不仅关乎个人的职业发展,也影响着企业的整体形象和社会认知。

(一)企业文化的传播者

通过秘书的日常行为和形象展现,企业文化的核心理念和精神内涵得以在企业内部和对外交往中得到生动诠释。秘书的职业形象如同一面镜子,反映出企业的内在气质和外在风貌。他们不仅是企业文化的传播者,更是企业文化的实践者和维护者。通过秘书的专业行为和得体表现,企业的价值观念和经营理念得以在细微之处得到体现和弘扬,从而增强企业的凝聚力和向心力,塑造企业的良好形象,促进企业的持续发展和成功。

(二)企业形象的塑造者

秘书的职业形象直接关系到企业形象的塑造与维护。作为企业日常运营中的重要角色,秘书的专业与得体不仅在内部传递着企业的严谨与效率,更在与外界的互动中成为企业形象的直观体现。他们的行为举止、沟通方式和着装打扮,无不展现出企业的专业性和服务理念。一个具备良好职业形象的秘书,能够有效地提升客户和合作伙伴的信任与尊重,为增强企业形象、促进商业合作奠定坚实基础。

(三)个人形象的体现

个人形象不仅仅是秘书外表的体现,更是其专业能力、工作态度和内在素质的综合映射。一个精心塑造的职业形象,能够有效地传达秘书的专业性和可靠性,增强客户和同事的信任感。在高度竞争的职场环境中,一个鲜明的个人品牌如同一张无形的"名片",使秘书在众多竞争者中脱颖而出。通过持续地维护和提升这一形象,秘书不仅能够巩固自己在当前职位上的地位,还能够为未来的职业跃迁和更广阔的市场机遇打下坚实的基础。因此,职业形象管理对于秘书而言是一项至关重要的自我投资,它直接影响着秘书个人职业生涯的长远发展和成功与否。

(四)社会影响的放大器

在当今数字化和全球化的背景下,秘书的职业形象不仅影响企业内部运作,还在更广泛的社会层面产生影响。一个良好的职业形象可以传播社会正面价值观,而不良的形象则可能带来负面影响。古人云:"不积跬步,无以至千里;不积小流,无以成江海。"这说明了个人行为对社会风气的积累效应。秘书应意识到自己的职业形象对社会有着不可忽视的影响,并努力成为正面价值观的传播者。

秘书职业形象的管理是一项多维度的任务,它不仅关系到个人的职业发展,也是对企业文化、企业形象和社会影响负责的表现。通过不断学习和实践,秘书可以成为企业文化的优秀传播者、企业形象的杰出塑造者、个人品牌的成功典范,以及社会正面价值观的有效推广者。正如史蒂夫·乔布斯所说:"你的工作将填满生活的大部分,唯有热爱工作,认为自己的工作是成功的,才能认为自己是成功的。"秘书的热情和对职业形象的重视,将是其职业生涯成功的关键。

二、秘书职业形象管理的原则

秘书职业形象指的是为适应秘书工作环境而展现出来的外在仪表、行为方式和内在气质,具体包括外貌、着装、礼仪、言谈、精神气质、品德修养、专业技能以及知识结构等方面。

在市场经济时代,良好的职业形象能在职场中的公众面前形成吸引力、感召力和竞争力,高效服务于岗位职责和工作目的。秘书是信息集散中心,也是沟通协调的桥梁,日常工作需要面对职能相关的内部、外部人员。作为秘书,保持良好的职业形象能够更好地得到领导、客户的认可和信任,如果个人形象管理不好,可能会使个人在工作中的努力付出被掩盖,影响领导、客户对自己职业能力的信任。一定程度上说,秘书的职业形象还代表着企事业单位的形象,因此,秘书有必要根据职业特点和环境要求进行适当的职业形象设计或管理,使个人形象与单位团体的形象和谐统一,更高效地实现秘书的职责。

受到企业文化、职业类型和具体工作环境、工作场合等的约束,秘书职业形象的管理一般需要遵守以下三个原则。

(一)适应工作环境

1.适应企业文化

企业文化是指导企业行为和决策的价值观和信仰体系,它对秘书的职业形象管理有着深远的影响。秘书的形象应与企业文化相契合,以体

秘书职业妆
的原则

现企业的核心价值和工作风格。例如,在一家强调创新和灵活性的初创公司,秘书可能需要展现出较为年轻、活力的形象,如穿着时尚的商务休闲装,发型和配饰可以有一定的个性化元素,以彰显公司的活力和创新精神。而在一家历史悠久、注重传统的金融机构,秘书则需要维持更为正式和保守的形象,如穿着正式的西装套装,保持简洁的发型和妆容,以传达专业和稳重的形象。

2.适应工作性质

秘书的工作性质多种多样,从行政管理到客户服务,每种工作性质都要求秘书展现出与之相适应的职业形象。对于需要频繁与客户面对面交流的销售支持秘书而言,专业而亲切的形象至关重要。这包括穿着整洁得体的正装、保持友好的微笑和专业的仪态,以及在沟通中展现出对客户需求的高度敏感度和解决问题的能力。而对于主要负责内部管理的行政秘书,形象管理则更注重效率和专业,如保持工作区域的整洁有序,以及在沟通中展现出高效和有条理的形象,以提高工作效率和内部协调能力。

3.适应工作场合

工作场合的不同对秘书的职业形象管理提出了不同的要求。在正式的商务会议中,秘书需要展现出专业和正式的形象,如穿着深色的西装、佩戴低调的首饰,并使用专业的笔记本记录会议内容,以展现对会议的重视和对与会者的尊重。而在较为轻松的内部团队会议或社交活动中,秘书可以展现出更为轻松和友好的形象,如穿着色彩较为明亮的商务休闲装,与同事进行轻松的交流,以促进团队的凝聚力和工作氛围的轻松。

4.适应职务级别

秘书的职务级别不仅决定了其职责范围,也影响了其职业形象的塑造。高级秘书或行政助理需要展现出更为成熟和权威的形象,这包括穿着高品质的职业装、保持严谨的发型和妆容,在言谈举止中展现出自信和专业,以赢得同事和客户的尊重和信任。而初级秘书则需要展现出学习进取和乐于助人的形象,如穿着整洁大方的工作服,保持热情友好的态度,积极协助同事和领导,以展现其愿意学习和成长的态度。

(二)美化个人形象

1.外形美化

秘书在美化个人形象时,首先要美化自己的外形,涉及穿着打扮、个人修饰和礼仪举止。秘书应选择适合自己身材和肤色的服装,保持得体的妆容,以及展现优雅的仪态。例如,穿着合身的西装套裙,搭配简约的首饰,可以展现秘书的专业与优雅。美丽大方的形象管理不仅能够提升个人的自信心和职业满意度,对企业来说,能够强化企业的正面形象,有助于给客户留下良好的第一印象。同时,在社会层面,秘书展现出的美丽与大方传递了积极向上的职业态度,有助于提升行业的标准。

2.健康自信

秘书美化个人形象时要保持健康自信,拥有良好的身体状态和心理状态。通过定期锻炼、合理饮食,秘书能够展现出健康自信的形象。例如,秘书可以通过每天的晨跑或瑜伽来保持活力,通过学习新技能和新知识来增强自信。健康自信的秘书在工作中更加高效,能够更好地应对压力和挑战。对于企业而言,员工的健康自信能够提高工作效率和团队凝聚力;对于社会而言,健康的工作风貌能够激励更多人关注职业健康,形成积极的社会氛围。

3.精力充沛

精力充沛也是秘书美化个人形象的重要内容,它能够体现秘书的工作效率和职业热情。秘书可以通过保证充足的睡眠、合理安排工作和休息的时间来保持精力。在工作间隙进行简短的伸展运动或散步,也能有效缓解疲劳、保持精力。精力充沛的秘书能够更好地应对工作中的多重任务,保持工作效率,同时也能够在工作中展现出积极向上的态度,激励团队成员。

(三)体现服务意识

秘书的职业形象管理不仅应展现个人的专业素养与魅力,更需体现强烈的服务意识,这正是秘书工作核心价值的体现。以下是秘书职业形象管理体现服务意识的两个方面。

1.以礼相待,展现尊重

秘书在职业形象管理中首先要做到的是以礼相待,无论是对内部员工还是外部客户,都应展现出尊重和礼貌。这不仅体现在言语上的客气,更体现在行为上的体贴和周到。例如,秘书在接待来访客人时,应主动问候、提供帮助,并确保客人得到及时的关注和服务。这种尊重体现在秘书的每一个微笑、每一次点头以及每一次握手中,这些细节无不传递出秘书对服务工作的重视和对客户的尊重。

2.聚焦工作,服务为先

秘书的职业形象管理要注意不要过分博取关注。秘书的妆容和着装应当保持专业和得体,避免过于张扬或华丽,以免分散他人对工作本身的注意力。妆容应以自然、清新为主,避免过于浓重或艳丽,以免给人不专业的印象。着装方面,秘书应选择适合职场环境的服装,既不过于随意,也不过于华丽,以免影响职业形象的中性和专业性。例如,选择简约大方的商务装,避免过于繁复的配饰和夺目的颜色,以确保自己的形象得体。通过这样的形象管理,秘书能够更好地融入工作环境,专注于提供高质量的服务,而不是成为不必要的焦点,从而维护秘书职业形象的专业性和企业的整体形象。

通过遵循以上原则,秘书能够在职业形象管理中传递出尊重、热情和专业的服务理念,从而提升个人职业形象,增强企业服务品质,赢得客户的信赖和支持。这种以服务为核心的职业形象管理,不仅对秘书个人的职业发展有着积极的影响,也对企业的长远发展和社会的良好形象建设具有重要意义。

问题2：我们已经知道了秘书职业形象管理是必要且重要的，那么秘书的职业形象应该如何管理呢？

【任务导读】

秘书日常
职业妆的误区

在一家知名企业的秘书处，张主任正在和秘书刘玲进行一次私下的谈话。刘玲以其精致的打扮而闻名，每天从头发到鞋子，她都精心打理，无一不展现出她的时尚品位。

张主任温和地说："刘玲，我注意到你每天都打扮得很精致，这很好。但我想知道，你是否觉得这样的形象管理对你的工作有所帮助？"

刘玲显得很自信："当然，张主任。作为秘书，我们的形象代表着公司。我认为管理好自己的职业形象是我们应该做的。"

张主任点了点头，但随即表情变得严肃："我理解你的观点，但我也听到了一些同事的反馈。他们对你的第一印象都是关于你的外表，而不是你的工作能力。你不觉得这样有些本末倒置了吗？"

刘玲的脸色一变，显得有些委屈："我……我以为只要外表得体，就能给客户留下好印象。"

张主任认真地说："刘玲，秘书的职业形象管理不仅仅是外在的打扮。它是个人内在素质和外在表现的综合体现。你的专业能力、沟通技巧、工作效率，这些都是你职业形象的一部分。我们需要让客户记住的，不仅是你的外表，更是你的专业服务。"

刘玲沉思了一会，说："我明白了，张主任。我之前可能确实有些误解。那么，我该怎么做才能让大家更关注我的工作能力呢？"

张主任回忆起往事："让我给你举个我以前的同事的例子。她非常注重外表，总是穿着华丽的衣服，戴着昂贵的首饰。但她的工作表现却很一般，经常错过重要的邮件，安排会议也常常出错。最终，她的外表并没有为她赢得尊重，反而让她失去了同事们的信任。"

刘玲震惊地问："那她后来怎么样了？"

张主任："她后来意识到了问题，开始专注于提升自己的工作技能。她减少了对外表的过度关注，转而投入到工作中。逐渐地，她的努力得到了认可，她也成了我们团队中不可或缺的一员。"

刘玲若有所思："我懂了，职业形象应该为职业需求服务，而不是成为工作的负担。"

张主任用鼓励的语气说："没错，刘玲。你的外表已经很出色了，现在你需要做的是让人们看到你的内在价值。专注于提升你的专业技能，让工作成果说话。这样，你的职业形象才能真正地为你的职业生涯加分。"

刘玲的眼中闪烁着新的光芒，她明白了张主任的意思。从那以后，她开始更加注重自己的工作表现,而不是单纯地追求外表的华丽。

三、秘书职业形象管理的主要内容

(一)着装规范

着装是职业形象最直观的体现。秘书应了解并遵守企业的着装规范,选择适合自己职位和企业文化的服装。这通常意味着需要穿着整洁、得体的商务装,避免过于休闲或过于精致的装扮。着装的选择应考虑颜色搭配、面料质感和整体风格,以展现出专业和自信的形象。

秘书职业
着装的原则

秘书职业外形的塑造对于职场新人来说是一个重要的课题。首先,秘书形象必须清洁整齐。如男士没有满身的烟味、邋遢的胡须、皱巴巴的衣服、四处滋生的毛发,这是对身边每一个人的尊重。

其次,秘书形象必须专业。专业外形需要专业服装来打造。服装能够帮助人们建立自信,帮助穿衣者沉着自如、优雅得体地表现。社会心理学家估计,对他人第一印象的93%是由服装、外表修饰和非语言的信息组成的。合适的服装能够增加着装人的成就感,让着装人表现得自豪、沉着、优雅、出众。作为秘书,服饰的选择是塑造职业形象的重要内容。

秘书着装一般采用职业装,不能穿着休闲装、运动装开展工作,不能标新立异,也不能过于追求潮流和个性化。秘书应当根据身材、肤色、体型等条件选择合适的职业装,塑造干练、朝气蓬勃的形象。职业装的颜色整体上不应多于3种。

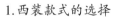

【知识链接】

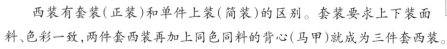

一、男士西装的选择

西装,通常是企业从业人员和政府机关从业人员在正式场合的首选着装。

秘书职业着装
的选择(男士)

1.西装款式的选择

西装有套装(正装)和单件上装(简装)的区别。套装要求上下装面料、色彩一致,两件套西装再加上同色同料的背心(马甲)就成为三件套西装。

2.西装颜色面料的选择

在正式交际场合使用的西装,色调应比较深,一般是蓝色、灰色居多;面料最好用纯毛面料,或者是含毛比例比较高的混纺面料,达到悬垂、挺括、透气的效果,显得比较高档、典雅。在半正式交际场合,如在办公室参加一般性的会见,可穿色调比较浅一些的西装。

3.衬衫的选择

穿西装时,需要搭配各式衬衫。在正式交际场合,衬衫的颜色最好是白色的。衬衫袖应该比西装袖长出1~2厘米,衬衫领应该高出西装领1厘米左右,衬衫下摆必须扎进裤内。衬衫必须是长袖的才可以系领带,长袖衬衫系领带限于室内活动,如果外出一定要穿上外套;若不系领带,衬衫最上面的扣子不要扣上,领口应开。

4.领带的选择

领带是西装的灵魂。经常更换不同的领带,能给人以耳目一新的感觉。领带在颜色上首先要与西装的颜色保持同色系,其次与衬衫的颜色保持同色系。西装、领带和衬衫的颜色要遵循由浅入深或者由深入浅的原则。领带长度以到皮带扣处为宜。如穿马甲或者毛衣时,领带应放在它们后面。如果使用领带夹,一般夹在衬衫的第四、五个纽扣之间。

5.鞋袜的选择

庄重的西装要配深褐色或黑色的皮鞋。鞋的质量很重要,应保持皮鞋发亮、不皱。袜子的颜色应比西装深一些,首选黑色,质地首选纯棉、纯毛的。

二、穿西装的注意事项

穿西装要拆除商标,即购买回来的西装一定要拆除左衣袖上的商标、纯羊毛标以及其他标志。

保持西装外形的平整洁净。西装要定期干洗,穿着前熨平整。

注意内衣的搭配。西装的标准穿法是西装里面直接穿衬衫,而衬衫之内不穿棉纺或者毛织的背心、内衣。

慎穿毛衫。在西装上衣之内,原则上不穿毛衫。如果冬季实在寒冷难忍,也只宜穿一件薄型"V"领的单色羊毛衫或者羊绒衫。

正确系好西装纽扣,总的原则是"扣上不扣下"。

西装口袋的装饰作用多于实用价值,所以不能让口袋显得鼓鼓囊囊,使西装整体走样。穿西装正装时,要遵循"三色原则",即全身上下的颜色不能多于三种。鞋子、皮带、公文包应该是一个颜色,且首选黑色。

三、女士套裙的选择

套裙,是西装套裙的简称。上身为一件女式西装,下装是一条半截式的裙子。套裙不仅会使着装者看起来精明、干练,而且还能烘托出白领丽人独具的个人魅力。

秘书职业着装的选择(女士)

1.套裙的基本类型

一种是用女式西装上衣和随便一条裙子进行自由搭配组合成的"随意型",一种是女式西装上衣和裙子成套设计、制作而成的"标准型"。

2.套裙的质地

在正式场合穿着的套裙,应该由高档面料缝制,上衣和裙子要采用同一质地的素色面料。在造型上讲究为着装者扬长避短,所以提倡量体裁衣。上衣注重平整、贴身,样式简洁大方。裙子要以窄裙为主,并且裙长要到膝或者过膝。

3.套裙的色彩

套裙的色彩以冷色调为主,应当清新、雅致,以体现着装者的典雅、端庄和稳重。常采用藏青、炭黑、茶褐等色彩,最好不选鲜亮抢眼的颜色。

4.鞋袜的选择

最好选用黑色的高跟、半高跟的船式牛皮鞋,和套裙色彩一致的皮鞋也可以选择,但最好不要选择色彩鲜艳的皮鞋。袜子以单色的尼龙丝袜最为合适,可以选用肉色、黑色、浅灰和浅棕等几种常规色彩。还要注意的是鞋和裙之间的颜色是否协调,鞋和裙的色彩必须深于或略同于袜子的色彩。

四、套裙穿着注意事项

一是要合体。裙子最长可以达到小腿的中部,上衣的袖长要覆盖手臂。二是要穿得端正。衣扣一律全部系上,不允许部分或全部解开,更不允许当着别人的面随便脱下上衣。三要注意场合。套裙适用于正式的商务交往,其他情况没必要一定穿套裙。四是要和妆容相协调。要化淡妆,色彩要协调,配饰要少。五是兼顾举止。套裙最能够体现女性气质,要求举止优雅,注意仪态。六是要穿衬裙。穿套裙的时候一定要穿衬裙,特别是丝、棉、麻等薄型面料的浅色衬裙。

五、配饰

在秘书职业形象管理中,配饰的选择对于塑造专业和得体的形象至关重要。以下是男士和女士在选择配饰时应注意的事项。

秘书职业
着装的配饰

男士:

1.简约为主:男士的配饰应保持简洁,避免过于复杂或夸张的设计,以免分散注意力。

2.腕表:腕表是男士最重要的佩饰之一,应选择设计经典、功能实用的款式,金属或皮质表带更为专业。

3.领带夹:领带夹可以固定领带,避免领带在活动中摇摆不定,展现整洁的形象。

4.袖扣:如果穿着法式衬衫,适当的袖扣可以增添一丝精致感。

5.腰带:腰带应与鞋履颜色相协调,选择简约款式,避免过大的腰带扣。

6.眼镜:如果佩戴眼镜,应选择框架简洁、颜色低调的款式。

7.首饰:首饰应保持低调,避免佩戴过多或过于显眼的首饰。

女士:

1.适度装饰:女士的配饰可以稍微丰富一些,但仍需保持专业和得体,避免过于繁复或闪耀的装饰。

2.首饰:选择小巧精致的耳环、项链和手链,避免过于夸张或发出响声的首饰,以免在正式场合造成干扰。

3.腕表:腕表应选择简洁大方的款式,可以是石英表或机械表,但应避免过于运动或休闲的设计。

4.胸针:一枚优雅的胸针可以增添职业装的精致感,但应避免过大或过于夺目。

5.手袋:选择款式简洁、容量适中的手提包或公文包,颜色最好与鞋履相协调。

6.围巾/丝巾:在需要时,可以用围巾或丝巾增添色彩、塑造风格,但要确保颜色和图案与职业装搭配得当。

7.眼镜:如果佩戴眼镜,选择框架简约、颜色低调的款式,避免过于花哨的设计。

对于男士和女士而言,配饰的选择都应遵循"少即是多"的原则,身上的饰品最好同时不超过3件,以保持整体形象的协调性和专业性。同时,应考虑到工作环境的文化和期望,确保配饰的选择符合职业形象的要求,可以佩戴精致小巧的饰品,如点状耳环、细项链等,不要戴太夸张、太突出的饰物。

(二)个人修饰

个人修饰包括发型和妆容等细节。无论男性秘书还是女性秘书,发型都应保持整洁干净、简约大方。男性秘书通常选择短发或中短发,避免过长或夸张的发色和造型,以展现专业形象;女性秘书则倾向于选择低马尾、盘发或波波头等简单而优雅的发型,同时确保发型不遮挡视线,避免过于复杂或难以维持的样式,以保持清晰的职业形象。女性秘书的职业妆容应保持自然,避免过于浓重或艳丽;男性秘书也要注意面部修饰,保持整洁。

(三)仪态和体态

良好的仪态和体态能够传递出秘书的自信和专业。秘书应保持正确的站姿和坐姿,避免懒散或紧张的姿态。在与人交往时,应保持眼神交流,微笑待人,以及使用得体的手势,这些都是展现秘书良好职业形象的重要方面。秘书的妆容、着装都是能够显现良好职业形象的重要方面,再配合良好的举止,职业形象就更加完整了。其要领如下。

秘书的站、坐、行、蹲等举止,应当保持大方、得体、优雅的风格,塑造良好的形象和风度。如果存在一些不良的行为习惯,应当努力纠正克服。

站姿要求头正、颈直、腰挺,平视前方,双肩放松,挺胸收腹,两臂自然下垂,久站时两腿自然分开与肩部同宽,但不宜超过肩宽;与人站立交谈时,手势动作幅度不可过大;不可背靠墙壁、桌子斜站立,也不可双手插在裤兜里。

就座时应保持平稳,如果穿着裙装,可以先将裙摆整理并拢后再坐下,占用的座位面积建议不要超过椅面的三分之二;坐下后腰背挺直,双肩放松,女士两膝并拢,男士膝部可稍微分开,但不可超过肩宽;双手自然置于扶手之上,或放在双腿上,或将双手叠放掌心向内并放于腿上,切忌将双手夹在两腿之间或放在臀下;两腿不可采用"二郎腿"的姿势,女士不可分开两腿。

男性和女性在走路时各有其自然和适宜的步伐,通常以稳重和协调为主,无须过分强调步伐的大小或速度;走路时应当目光平视,头正颈直,挺胸收腹,两臂自然下垂摆动,身体平稳,肩头小幅自然晃动,抬脚落足利落,脚尖向前,步距恰当;走路切忌八字步,或与他人勾肩搭背。

下蹲时姿势优雅,注意保护隐私部位;下蹲的基本姿势是,右脚前移至左脚前8厘米处,两腿并拢下蹲,左腿呈半跪姿,左膝盖靠近右小腿,上身后移,左脚后跟上提与臀部相接,右腿弯曲,全身重心落在左前脚掌上;女士在下蹲时,如果穿着领口较低的上衣,应该用手适当遮掩胸部;下蹲时不可东张西望,以免使人产生误解;不可采用弯腰曲背翘臀的姿势,也不可双腿并下,这两种姿势均影响美观。

(四)个人卫生

个人卫生是外在形象管理的基础。秘书应保持身体清洁,避免使用过于浓烈的香水,以维持清新的形象。手部卫生尤其重要,因为秘书在工作中会频繁接触文件、与人握手,保持手部的清洁和整洁是基本的职业要求。秘书在职业形象管理中,个人卫生的维护尤为关键,尤其是在公共场合,这一点对于秘书的专业形象至关重要。以下是秘书在公共场合应特别注意的个人卫生管理。

1.手部卫生

在公共场合,尤其是办公室环境中,手部卫生是预防疾病传播的第一道防线。秘书在处理文件、使用办公设备或与人握手后,都应及时清洁双手。建议在办公室内设置便利的洗手设施,或随身携带免洗洗手液,以便在没有水源的情况下也能快速清洁双手。此外,秘书的双手应避免触摸面部,尤其是眼睛、鼻子和嘴巴,以减少细菌和病毒的传播风险。

2.个人物品的清洁

秘书在工作中频繁使用的个人物品,如手机、键盘、鼠标、笔记本等,都可能成为细菌滋生的温床。因此,定期使用消毒湿巾擦拭频繁使用的个人物品表面是维持个人卫生的重要措施。此外,办公室桌面的清洁也不容忽视,应保持桌面整洁,避免堆积杂物,定期清洁桌面和椅子,以营造一个卫生、有序的工作环境。

通过这些个人卫生管理措施,秘书不仅能够保护自己和同事的健康,还能够在职场中树立起良好的职业形象。这种对个人卫生细节的关注,体现了秘书的专业态度和对工作环境的尊重,有助于提升工作效率和职业信誉。

(五)语言和声音

虽然语言和声音看似不属于外在形象,但它们实际上是秘书职业形象的重要组成部分。在秘书的职业形象管理中,语言和声音的运用是传递专业形象的关键因素。秘书在沟通时所使用的语言应清晰、准确、礼貌,能够直接传达信息,避免产生误解。使用礼貌的语言不仅可以体现秘书的教养和尊重,还能够营造和谐的工作氛围,促进有效的沟通。秘书应避免使用口头禅或非正式的俚语,这些可能会让对话者感到不专业或不尊重。

此外,秘书在说话时的语速和音量同样重要,应控制语速和音量,以展现出专业和自信。适中的语速可以确保信息的清晰传达,同时也给予听者足够的时间来理解和反应。过大或过小的音量都可能影响沟通效果,音量过大可能显得咄咄逼人,过小则可能导致信息无法被准确接收。秘书应根据沟通的场合和对象适当调整自己的音量,确保信息能够被有效传达。

语调的平稳性也是展现秘书专业和自信的重要方面。平稳的语调能够传达出冷静和自信的形象,有助于增强说服力。秘书在处理紧急情况或面临压力大的情况时,应努力保持语调的稳定,避免情绪波动影响沟通的效果。

总之,秘书在职业形象管理中对语言和声音的要求是多方面的。通过清晰、准确、礼貌的语言,适中的语速和音量,以及平稳的语调,秘书不仅能够提升自己的专业形象,还能够更有效地完成工作任务,为企业建立良好的内外沟通桥梁。

>>> 任务小结

【任务关键词】

1.秘书职业形象管理的必要性。

2.秘书职业形象管理的原则。

3.秘书职业形象管理的内容。

【实践练习】

秘书职业形象设计与管理

作为一家科技公司的秘书,你的工作环境要求既专业又现代,能够体现创新和活力。日常的工作场合包括与研发团队沟通、参与产品发布会、协助组织内部培训以及与客户进行视频会议等。此外,公司文化鼓励个性表达和创意思维,因此你的职业形象设计需要在保持专业的同时,还要展现出一定的个性与时尚。

实训要求:

1.根据上述工作环境描述,设计一套适合工作日穿着的职业装,包括上衣、裤子或裙子、鞋子以及必要的配饰。

2.描述一种适合该工作场合的日常妆容或面部修饰方案,要求既能展现专业度,又不失现代感。

3.选择并解释可以体现个性和创意的配饰,如首饰、手表或眼镜等,并说明其与整体形象的搭配原则。

【辨析题】

秘书小李负责公司的日程安排、邮件处理和会议记录。今天,小李需要回复一封来自重要客户的邮件,该客户询问下周产品演示会的安排;接着,小李收到了一封内部邮件,通知所有部门经理参加本周五下午的紧急会议,但他注意到总经理的日程表上当天下午已被预订;小李还必须完成上个月会议记录的整理和归档,但他发现有几份记录缺失了。

小李首先回复了客户的邮件,确认了产品演示会的时间和地点,并告知客户总经理将出席;接着,他注意到总经理周五下午已有安排,于是他联系发邮件的部门经理,说明了情况,并提议调整紧急会议的时间;同时,小李开始联系与缺失的会议记录相关的人员,请求他们尽快提供所需文件。

小李的做法是否正确? 如果不正确,正确的做法应该是怎样的?

【案例分析】

案例分析1:

小诗是北京某公司总经办的秘书,她的上司是公司负责研发的副总张扬。张总不仅是个工作狂,而且非常霸道。他向小诗交代工作时,总是用一种似乎不耐烦的口吻说话:"打一下这个!"或者"复印三份!"从来不会说"请帮我打一下这个"或"劳驾帮我把这个复印三份"。小诗非常不习惯张总这种封建家长式的工作作风,每次接受工作之后,她总要在心里骂一句:"我是秘书,又不是你的丫鬟!"她多次提出要求更换上司,但每次都被办公室主任严厉批评。昨天下午,张总路过她的办公桌时,将一份文件往她桌上一扔:"复印一份!"她怀着一肚子怨气复印完之后,也把复印件往张总的办公桌上一扔。没料到文件撞翻了桌上的水杯,闹得满桌子到处淌水……后来,她被"炒鱿鱼"了。

1.小诗被"炒鱿鱼",她的主要问题是什么?

2.碰上这样的上司,小诗应该怎么做?

案例分析2:

小琳是北京某公司总裁办的秘书。由于机械加工行业的利润率越来越低,所以,公司决定开发系列纳米产品,以形成新的利润增长点。这天,公司召开临时董事会,讨论投资纳米产品项目的问题。由于大多数董事过去都是从事机械加工的,对"纳米"没什么了解,所以,尽管技术总监用原子、电子负荷等理论解释了好久,大家仍感到云里雾里。眼看着会议陷入僵局,总裁有些坐不住了,这时,坐在他身后负责会议记录的小琳悄声问他是否可以让自己解释一下什么是纳米。总裁马上点头,于是,小琳用非常通俗的语言解释了什么是纳米、纳米产品的功效……会议达到了预期的目标。会议结束时,总裁宣布让小琳负责公司整个纳米项目的协调工作。

1.秘书小琳为什么能在董事会会议冷场的情况下"救场"？

2.本案例中的秘书小琳是怎样做好辅助工作的？

❀【职业发展】

一、女士日常职业妆的化妆步骤

1.洁肤：首先进行皮肤清洁，观察是否需要使用美目贴、修整眉毛，以确保妆容的干净，并与眼部和眉形相协调。

2.润肤与调肤：接下来，涂抹适量的润肤产品，帮助调整肌肤状态，为上妆做好准备。

3.粉底：选择与肤色较为接近的粉底液色号，均匀涂抹，这样可以使粉底更加自然且贴合肌肤。对于眼部等纹路较多的部位，使用湿粉扑，以推、压、按、抹的方式从上至下或从左至右细致涂抹，确保粉底轻薄且均匀。

4.眼部：细致描绘眼影，精准勾画眼线，并使用睫毛膏增强眼部轮廓。

5.修容：日常职业妆修容的关键在于打造自然轮廓。首先，选用比肤色深1~2个色号的修容产品，使用修容刷或斜角刷轻扫颧骨下方、耳际线、颈部和下颌线等自然阴影区域。然后，重点晕染以避免出现色块，确保过渡自然。进行鼻梁修容时，从眉头沿鼻梁两侧轻扫至鼻尖，再晕染以减少线条感。同时，注意光影平衡，在面部高点如鼻梁、眉骨、眼下三角区和下巴轻扫高光产品。

6.眉毛：根据脸型和眉形，适当描画眉毛，使眉形更加立体且和谐。

7.腮红：在脸颊部位轻扫腮红，与暗影自然衔接，增添面部活力。

8.唇部：先用唇线笔勾勒唇形，再涂抹唇膏，完成唇妆。

9.粉状提亮与暗影：使用提亮粉和暗影粉进行面部修容，增强面部轮廓的立体感。

10.定妆：使用粉刷轻沾定妆粉，进行快速且轻薄的定妆，对于需要更细致定妆的部位，如眼部，可以使用粉扑均匀按压，确保妆容持久。注意，油性皮肤易溶妆，需要仔细定妆。

11.检查妆面：最后，全面检查妆容，确保妆容自然且持久。

二、女士日常职业妆的注意事项

1.粉底不宜过厚，要轻薄自然。

2.眼影不宜过浓，最好偏冷色系。

3.唇妆不宜过艳，以自然色系为主。

三、男士面部修饰

男性秘书在面部修饰上，应当注意以下九个方面，以保持职业形象。

1.清洁：保持面部清洁是基本要求，应每日使用洁面产品清洗面部，去除油脂和污垢,避免毛孔堵塞和皮肤问题。

2.剃须:定期剃须以保持面部整洁。根据个人胡须生长速度,可以选择每天或每隔一天剃须,确保在工作场合展现干净利落的形象。

3.保湿:使用适合自己肤质的保湿产品,如面霜或乳液,以维持皮肤水分,避免干燥或过度油腻。

4.口气清新:保持口腔卫生,定期刷牙并使用口腔清洁产品,如漱口水或口香糖,以确保口气保持清新。

5.眉毛整理:保持眉毛整洁,可以适当修剪过长的眉毛,但避免过度修饰,保持自然状态。

6.避免使用化妆品:除非有特殊需要,一般男性秘书不需要使用化妆品,如粉底、遮瑕膏等,以免给人不专业的印象。

7.皮肤问题处理:如有皮肤问题,如痤疮、皮炎等,应及时就医治疗,避免用手触摸面部,减少感染风险。

8.眼部卫生:保持眼部清洁,如果有眼镜,要定期清洁眼镜片和框架。

9.适当修饰:在需要的场合,可以适当使用一些男性护肤品,如润唇膏、面部喷雾等,以提升面部的整体状态,也可以适当使用发蜡、发胶等产品来整理发型,但应避免使用过多,造成油腻感。

通过以上的面部修饰注意事项,男性秘书可以在保持自然的同时,展现出专业和整洁的形象。

项目二
秘书的职业心态

知识目标：
- 理解秘书的角色意识。
- 熟悉秘书职业定位的方法和过程。
- 掌握秘书市场竞争力定位的要素及内容。

能力目标：
- 能够有效管理各类角色期望。
- 能够选择适当的协调策略解决职业角色冲突。

素质目标：
- 形成维护和提升个人职业品牌的意识。
- 培养和保持积极健康的心态。

【阅读与思考】

在繁忙的都市中,一家企业的办公室里,小周,一位入职刚2个月的助理秘书,最近感到前所未有的压力。她的错误似乎越来越多,工作效率也在下降。每当午休时间,同事们都出去放松,她却总是一个人沮丧地待在办公室里。

这一天,她的同事李秘书注意到了小周的异样。李秘书是一位在公司工作多年的资深员工,以其优秀的专业能力和良好的职业心态著称。她走到小周的桌前,轻声问道:"小周,你最近似乎不太开心,发生了什么事吗?"

小周抬头看着李秘书,眼中闪过一丝犹豫,但最终还是将自己的困扰倾诉出来:"我最近总是犯错。上个月我负责组织一次紧急会议,但由于对公司内部流程不熟悉,没能及时通知所有相关人员,结果几位关键部门的负责人缺席,导致会议无法按计划进行;还有上周,因为太忙了,我忘了把一份合同存档,结果需要的时候怎么找也找不到,我觉得项目团队急得都快要骂我了……我现在见到我们部门王经理总是忍不住地紧张,站在他面前怎么都不自在,话也说不清楚,他还说我为什么从来没对工作提过建议,因为我怕我的意见根本不会被采纳啊!我觉得现在我在秘书部门很尴尬。这些事我都没敢跟别人说,我知道大家工作都很忙……李秘书,我不知道自己是否适合这份工作。我感觉自己做不好任何事情,我是不是选错了职业……"

李秘书认真地听着,然后温和地说:"小周,首先,我想告诉你,每个人在职业生涯中都会遇到困难和挑战。你不是第一个,也不会是最后一个。作为秘书,我们的角色是多面的,我们需要处理各种任务,与不同的人打交道。这要求我们有很强的适应能力和快速学习的能力。所以你得知道,你在工作中扮演一个什么样的角色,你身边的人希望你能够跟他们达成一种什么样的合作。这样,知道自己缺什么,你就不会慌。"

小周点点头,李秘书继续说:"认清了自己在职业中的角色,你还得给自己定位。你需要明确自己的短期目标和长期目标。问问自己,你想从这份工作中得到什么?你的职业理想是什么?一旦你有了清晰的目标,你就会更有动力去克服眼前的困难。"

小周沉思了一会儿,然后说:"我明白了,我需要知道自己现在的角色,也需要想清楚自己将来的方向。但是,我该如何调整自己的状态呢?我感觉我快要被压力压垮了!"

李秘书微笑着回答:"是的,对于秘书来说,心态管理是非常重要的。不过,首先,你需要认识到,压力并不总是坏事,适度的压力可以激励我们成长和进步。其次,学会放松和自我关怀。找到一种可以让你放松的活动,比如运动或者和朋友聚会。当然,你还得保持积极的心态,把每一个挑战都看作一个学习和成长的机会,想想,如果你的工作没有任何难度,也不会遇到任何的瓶颈,那这份工作对你的成长还有意义吗?"

小周的眼睛逐渐亮了起来,她似乎找到了一丝希望。李秘书继续鼓励她:"记住,小周,作为秘书,我们的价值不仅在于我们完成的任务,还在于我们如何面对挑战、如何与他人沟通,以及我们如何管理自己的情绪和心态。你已经具备了很多优秀的品质,现在只需要学会如何更好地管理自己。"

在接下来的日子里,小周开始尝试李秘书的建议。她学会了在忙碌中找到放松的方法,并且逐渐建立起积极的心态。她开始意识到,秘书的工作不仅仅是一份职业,更是一种生活方式,需要不断地学习和适应。

随着时间的推移,小周的工作表现有了显著的提升。她不再害怕犯错,而是将每一个错误都视为成长的机会。她的同事们也开始注意到她的变化,她变得更加自信和从容。

思考:阅读完小周的故事,请同学们回忆一下自己是否曾经有过类似的心情呢? 秘书在达成职业要求的基础上,还要学会管理自己的心态。这既是秘书职业生涯中的课题之一,也是个人成长的重要部分。现在,就让我们从以下三个问题开始,开启探索秘书职业心态的求知之旅:

1.秘书的角色意识包含哪些内容?

2.秘书如何进行职业定位?

3.秘书有哪些行之有效的心态管理方法?

任务一　秘书的角色意识

问题:秘书的角色意识包含哪些内容?

秘书的
角色意识

【任务导读】

在一家充满活力的科技公司,小唐是办公室的一名秘书。他总是带着温暖的笑容,乐于助人,但他的工作评价却总是不高不低。

一天,公司突然有一个紧急会议需要召开,小唐负责通知所有相关人员。他立刻行动起来,给每位同事发送了邮件,并在办公室里四处奔走,确保每个人都知道会议的消息。

同事小李问他:"小唐,你刚才发的邮件我都看到了,但是你跑来跑去的,会议室的准备工作做得怎么样了?"

小唐:"哦,我还在准备呢,我想先确保大家都知道会议的事情。"

"你是不是忘了,会议室的投影仪坏了,需要修理。"

"哎呀,真忘了!"

当天下午,公司安排了一个重要客户来访,小唐负责接待工作。他热情地与客户交谈,提供了公司的许多趣闻轶事。

客户好笑地说:"小唐,你真的很有趣,但我们这次来主要是想了解一些产品细节。"

小唐:"哦,对不起,我以为你们只是想随便聊聊。"

小唐有点尴尬,他以为陪客户聊开心了就行,没准备产品介绍。

同事小李赶紧接过话说:"我来为大家介绍一下产品吧!"

在一次项目汇报会上,小唐负责整理和分发报告。他一边忙着整理,一边帮助其他同事处理紧急事务,结果忘了及时将报告送到会议室。

领导:"小唐,报告怎么还没准备好?"

小唐:"对不起,我在帮小王处理一个紧急问题。"

领导:"小唐,你的协助精神值得赞扬,但你忘了你的主要职责是确保会议顺利进行。"

小唐:"领导,对不起。"

领导:"小唐,我知道你工作很努力,但我们需要的不仅是努力,还需要效率和结果。你应该更加专注于你的职责,认清你的职业角色,而不是试图同时做好所有的事情。"

一、职业角色认知

(一)角色意识

角色意识是指个体对自己在社会和组织中所扮演角色的认知和理解。这种认知不仅包括对自己职责和行为规范的认识,还包括对角色所承担的社会期望和他人对自己角色看法的理解。角色意识是个体社会化过程的重要组成部分,它影响着个体的行为和互动方式。

在社会互动中,每个人都扮演着多种角色,如父母、子女、朋友、同事等,每个角色都有其特定的行为模式和社会期望。角色意识强的人能够更好地理解和适应这些角色,从而在不同的社会环境中表现出适当的行为。

例如,一个人的角色在家庭中可能是父亲,在公司中可能是部门经理,在社区中可能是志愿者。这三个角色有着不同的职责和社会期望。作为父亲,他需要关心孩子的教育和成长;作为部门经理,他需要领导团队达成工作目标;作为志愿者,他需要帮助组织社区活动。具有强烈角色意识的人能够清晰地认识到这些角色的差异,并在不同情境中切换相应的行为模式。

角色意识的形成和发展受到多种因素的影响,包括文化背景、教育经历、个人经验等。在组织中,角色意识的形成还受到组织文化、规章制度、同事关系等因素的影响。一个有效的组织会通过明确的职责分工、培训和沟通来帮助员工建立和强化角色意识。

总之,角色意识是个体在社会和组织中具备适应性行为的基础。它要求个体不仅要了解自己的角色职责,还要理解社会和他人的期望,以及如何在不同角色之间进行有效的切换和平衡。通过培养强烈的角色意识,个体可以更好地适应社会生活,提高人际交往的效果,促进个人和组织的发展。

(二)秘书的角色意识

秘书的角色意识是指在担任秘书职位时,对自身职责、角色和定位的清晰认识。一个具有角色意识的秘书能够更好地履行自己的工作职责,为上级领导和企业提供高效、专业的服务。如图2.1所示,秘书的角色意识主要包括八个方面。

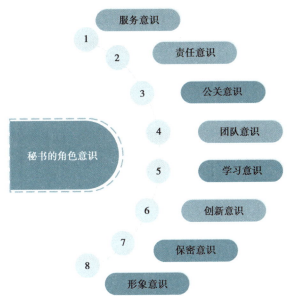

图 2.1　秘书的角色意识

服务意识:秘书作为领导的助手,应具备强烈的服务意识,全心全意为领导排忧解难,提供优质的服务。

责任意识:秘书要对自己的工作负责,认真对待每一项任务,确保工作的准确性和及时性。

公关意识:秘书对外交流要确保信息传达的正面性和有效性,塑造和维护公司的积极形象。

团队意识:秘书需要与领导和同事保持良好的沟通与协作,共同完成工作任务。

学习意识:秘书要不断学习新知识、新技能,提高自己的综合素质,以适应不断变化的工作需求。

创新意识:秘书要在工作中勇于创新,寻求更高效的工作方法,提高工作效率。

保密意识:秘书接触的很多信息都属于机密,因此要具备强烈的保密意识,确保信息安全。

形象意识:秘书要善于管理个人职业形象,确保言行举止符合公司标准,展现良好的企业形象。

秘书的角色意识专注于秘书这一特定职业角色在组织内部和外部互动中的认知和定位,不仅包含了对秘书职责的基本理解,还涵盖了对秘书工作在组织运作中独特价值的认识,以及秘书如何在多样化的工作场景中展现专业性和适应性。

首先,秘书的角色意识要求秘书清晰地认识到自己的工作不仅仅是执行日常行政任务,更要在组织中起到桥梁和纽带的作用。秘书是信息的集散地,负责确保信息的流通和处理,这对于维护组织内部的沟通效率和决策质量至关重要。秘书需要意识到自己在信息管理中的作用,并能够准确无误地处理各类文书、报告和数据。

其次,秘书的角色意识还体现在对组织内部动态的敏感性和对外部环境的适应性。秘书作为领导层的直接支持者,需要对组织的战略方向、管理决策和内部文化有深刻的理解。同时,秘书还要能够适应外部环境的变化,如市场趋势、法律法规的更新等,并及时将这些变化反映到日常工作中。

再者,秘书的角色意识强调秘书在组织中的形象代表作用。秘书的行为和言谈往往代表了组织的形象,因此在接待外部访客、组织会议和参与商务谈判等场合中,秘书需要展现出专业、得体的形象和行为。这要求秘书具备良好的职业素养和礼仪知识,能够在各种社交场合中恰当地表现自己。

此外,秘书的角色意识还包括对个人职业发展的自觉规划。秘书应该意识到,持续的学习和技能提升对于适应不断变化的工作要求至关重要。这不仅包括专业技能的提升,还包括对领导力、沟通能力和团队协作能力的培养。秘书应该主动寻求培训和发展机会,以提升自己的职业竞争力。

例如,一位秘书在准备公司年度大会的过程中,不仅要负责会议日程的安排和资料的准备,还要协调各部门的报告内容,确保会议的高效进行。在此过程中,秘书需要展现出对公司战略目标的理解和对各部门工作的熟悉,同时也要能够处理突发事件,如突发的日程变更或紧急信息的传递。

秘书的角色意识是秘书对于自己作为组织内部关键角色的深刻认知。这包括了对秘书工作职责的理解、对组织内外环境的适应性、对个人职业形象的维护,以及对职业发展的自觉规划。通过培养强烈的角色意识,秘书能够更好地履行职责,提升工作效率,为组织的发展作出积极贡献。

图2.2 秘书角色意识的特点

(三)秘书角色意识的特点

秘书角色意识的特点包括从属性、辅助性和服务性,如图2.2所示。这些特点不仅定义了秘书的工作范围和职责,也深刻影响了秘书如何认识和履行自己的角色。

1.从属性

秘书角色意识的从属性是指秘书在工作中通常处

于辅助地位,需要服从上级的指令和决策。这种从属性要求秘书具备高度的责任感和执行力,同时也要求秘书在心态上能够接受并尊重组织层级结构。秘书的角色意识需要包含对自身在组织中位置的清晰认识,以及对上级决策的理解和支持。这种认识使秘书能够在执行任务时保持高效和准确,同时也能够在必要时提出建设性的意见或建议,以促进组织目标的实现。

2.辅助性

秘书角色意识的辅助性体现在其工作的主要职责是支持和协助管理层及其他部门的工作。秘书的角色意识应当包含对这一辅助角色的深刻理解,意识到自己的工作对于组织运行的重要性。秘书不仅要在日常工作中提供行政和信息支持,还要在决策过程中发挥辅助作用,如准备会议资料、撰写报告等。这种辅助性要求秘书具备出色的组织能力和沟通技巧,同时也需要秘书具备灵活的心态,能够在不同的工作场景中迅速适应并提供有效的支持。

3.服务性

服务性是秘书角色意识的另一个核心特征,秘书需要为组织内部和外部的客户提供优质服务。秘书的角色意识应当包含对服务质量的高标准追求,以及对客户需求的敏感洞察。秘书在提供服务时,不仅要确保信息的准确传递和事务的高效处理,还要展现出友好和专业的态度。这种服务性要求秘书在心态上始终保持客户导向,不断寻求提升服务质量的方法,以增强组织的客户满意度和市场竞争力。

此外,秘书的角色意识特点还体现在其工作的多样性和复杂性上。秘书需要处理各种任务和挑战,这要求秘书具备广泛的知识和技能,以及能够快速学习和适应的能力。秘书的角色意识应当包含对自身工作多样性的认识,以及对持续学习和成长的重视。这种多样性和复杂性要求秘书在心态上保持开放和灵活,能够接受新的挑战并寻找解决问题的创新方法。

总之,秘书角色意识的特点要求秘书在心态上具备责任感、适应性、客户导向、多样性等。通过培养和强化这些角色意识的特点,秘书能够更好地履行自己的职责,在工作中展现出更高的职业素养和更强的工作能力。

二、职业角色期望管理

培养秘书的角色意识是秘书能够有效工作的基石,然而,仅有角色意识还不够,在此基础上,秘书还需要学会管理他人对角色的期望,这包括领导、同事和客户对秘书角色的期望。通过有效地管理这些期望,秘书能够建立良好的工作关系,保持稳定的工作情绪。

(一)领导对秘书角色的期望

1.高效的行政管理能力

领导期望秘书不仅能够高效地处理日常行政任务,而且能够主动预见和解决潜在的行政问题。这包括对时间的精确管理,确保所有会议和日程安排得当,以及对文件和资料的系统化管理,确保信息的快速检索和使用。领导期望秘书能够使行政管理工作变得无缝且透明,从而提升整个团队的工作效率。

2.出色的沟通协调能力

领导期望秘书在沟通协调方面能够做到准确无误,清晰地传达指令或反馈,同时也能够有效地调解不同部门或团队成员之间的沟通障碍。秘书应当成为组织内部沟通的枢纽,确保信息流通顺畅,减少误解和冲突,提升团队协作的效率。

3.策略性思考和问题解决方案

领导期望秘书在策略性思考方面能够提供有价值的见解,不仅在执行层面上提供支持,还能够在策略制定过程中发挥作用。秘书应具备分析问题、提出解决问题方案的能力,能够在必要时为领导提供策略建议,并对组织的战略目标有深刻理解,在决策过程中提供创新的思路和解决方案。

4.保密和职业道德

领导对秘书在保密和职业道德方面的期望非常高。秘书需要处理大量敏感信息,领导期望秘书能够严格遵守保密原则,不泄露任何关键信息。同时,秘书应展现出高度的职业道德,诚实可靠,公正无私。领导期望秘书成为团队中值得信赖的成员,其行为和决策能够体现组织的价值观和标准。

为了满足领导的这些期望,秘书可以采取以下措施。

一是持续提升专业技能。秘书应不断学习和提升自己的专业技能,包括行政管理、沟通协调、策略规划等,以确保自身能够满足领导对高效且专业工作的需求。

二是建立有效的工作流程。秘书应建立和维护有效的工作流程和系统,确保行政管理工作的高效和有序。这包括制定标准操作程序、使用先进的管理工具和技术,以及定期审查和优化工作流程。

三是积极参与策略讨论。秘书应积极参与组织的策略讨论和决策过程,提供有价值的见解和建议。秘书可以通过研究行业趋势、分析数据和案例,来增强自己的策略性思考能力。

四是维护高标准的职业道德,秘书应始终保持高标准的职业道德,对所有敏感信息进行严格的保密,公正无私地处理工作中的道德困境,树立良好的职业形象。

通过上述措施,秘书既能满足领导对其角色的期望,也能在这一过程中提升自己的职业能力和价值,以高效的工作为领导提供支持,帮助领导更好地实现管理目标和组织战略。

(二)同事对秘书角色的期望

要理解和管理同事对秘书角色的期望,秘书需要具备对组织内部人际关系和工作流程敏锐的洞察力。同事对秘书角色的期望通常涉及秘书在日常工作中的表现,以及秘书在跨部门合作中的协调和支持能力。

1.协作与支持

同事期望秘书能够在工作中提供有效的协作和支持。这包括在项目合作中提供必要的行政和信息支持,以及在日常工作中提供帮助和建议,成为一个可靠的团队成员,能够在需要时提供帮助,共同推动工作的进展。

2.清晰的沟通

同事期望秘书能够提供清晰、准确和及时的沟通。秘书在传达信息时应该避免产生歧义和误解,确保所有相关人员都能够获得所需的信息,在沟通中能够展现出专业性和条理性,以提高工作效率。

3.跨部门协调

在跨部门合作中,同事期望秘书能够发挥协调作用,促进不同部门之间的有效沟通和合作。秘书应该能够理解各部门的工作需求和目标,协助解决合作过程中可能出现的问题。

4.积极响应反馈

同事期望秘书能够对工作中的反馈和建议持开放态度,并且能够积极响应。秘书应该愿意接受同事的意见和建议,并根据反馈调整工作方式和策略,以提升工作质量。

秘书可以采取以下措施以满足同事的期望。

一是建立良好的工作关系。秘书应通过日常的互动和合作,与同事建立良好的工作关系。这包括主动了解同事的工作需求,提供必要的帮助,以及在合作中展现出团队精神和协作态度。

二是提高沟通效率。秘书应通过使用有效的沟通工具和技巧,提高沟通的效率和质量。这可能包括定期的会议、工作报告以及使用即时通信工具进行快速的信息交流。

三是展现协调能力。秘书在跨部门合作中应展现出优秀的协调能力,确保各部门之间的合作顺畅。秘书可以通过组织协调会议、制订合作计划和跟进项目进度,来促进不同部门之间的有效合作。

四是积极处理反馈。秘书应对同事的反馈和建议持开放态度,并积极地处理和回应。秘书可以通过定期征求反馈、参与讨论和改进工作流程,来不断提升自己的工作表现。

例如,在一个多部门合作的项目中,秘书可能需要协调来自销售、市场和技术部门的同事。秘书可以通过定期组织项目进度会议,确保所有相关人员都能够及时了解项目的最新情况,并解决合作中出现的问题。同时,秘书也可以通过收集同事的反馈,调整自己的工作方式,以更好地支持团队的工作。

(三)客户对秘书角色的期望

理解和管理客户对秘书角色的期望是确保服务质量和维护公司形象的关键。客户期望秘书能够在提供服务时展现出专业性、可靠性和亲和力,同时也期望秘书能够作为公司与客户之间的桥梁,传递信息和解决问题。

1.专业的形象和礼仪

客户期望秘书在接待和沟通时能够展现出专业的形象和良好的礼仪。这包括穿着得体、言谈举止得当,以及在处理客户需求时保持专业和礼貌的态度。

2.响应迅速且有效

客户希望秘书能够迅速响应他们的请求和问题,并提供有效的解决方案。秘书应能够在第一时间给予反馈,并采取行动解决问题,以减少客户的等待时间和不便。

3.信息的准确性和保密性

在处理客户信息时,客户期望秘书能够确保信息的准确性和保密性。秘书应能够准确记录和传递客户信息,并采取措施保护客户的隐私和数据安全。

4.问题解决和支持

客户期望秘书在遇到问题时能够提供及时的支持和解决方案。秘书应具备一定的问题解决能力,并能够协调内部资源,帮助客户克服困难。

秘书可以从以下方面管理和满足客户的期望。

一是建立专业的第一印象。秘书应注重个人形象和礼仪,确保在与客户初次接触时建立良好的第一印象。这包括确保工作环境的整洁、准备好必要的资料,以及在接待客户时展现出专业和友好的态度。

二是提高响应速度和效率。秘书应通过优化工作流程和使用高效的沟通工具,提高对客户请求的响应速度。例如,秘书可以使用客户关系管理系统来跟踪客户请求,并确保及时回复。

三是确保信息的准确传递。秘书在处理客户信息时应确保准确无误,并采取适当的保密措施。这可能包括使用加密的电子邮件、安全的文件存储和传输方式,以及定期进行信息安全培训。

四是提供持续的支持和沟通。秘书应为客户提供持续的支持,并保持沟通渠道的畅通。秘书可以通过定期跟进电话或电子邮件,了解客户的需求和反馈,并提供必要的帮助。

例如,当客户对公司的一项服务有疑问时,秘书应立即响应,提供详细的服务信息,并解答客户的问题。如果问题需要进一步的内部协调,秘书应承诺在规定的时间内提供反馈,并确保跟进解决。在整个过程中,秘书应保持专业和耐心,确保客户感到被重视和支持。

通过上述措施,秘书不仅能够管理和满足客户的期望,也能够增强客户对公司的信任和满意度,有助于建立长期的合作关系并维护良好的公司声誉。

秘书在管理来自领导、同事和客户的期望时,应采取积极主动和以目标为导向的心态。首先,秘书需要深入理解各类利益相关者的期望,并将其与个人职业目标相结合,确保在满足他人期望的同时,也为自己的职业发展铺路。其次,秘书应持续学习和提升专业技能,以适应不断变化的工作要求和行业趋势。然后,秘书应建立和维护专业网络,通过与同行的交流和合作,不断拓宽视野获取新知。最后,秘书应定期反思和评估自己的工作表现,通过寻求反馈来识别改进空间,并制订具体的行动计划。通过这样全面而平衡的视角,秘书能够有效地管理各类期望,实现个人与组织的共赢。

三、职业角色冲突与协调

秘书在日常工作中扮演着多种角色,这些角色的职责有时会相互冲突,给秘书带来挑战。角色职责的冲突可能源于秘书需要同时满足管理层的期望、协助同事的需求以及处理客户的问题。在这种情况下,秘书需要采取有效的协调策略,同时在心态上进行适当的调整,以确保工作顺利进行。

(一)角色识别与优先级设定

当秘书的职业角色发生冲突时,在心态上,应当保持客观和理性;在行动上,应当迅速分析自己的角色:首先,列出所有角色职责,评估任务紧急性和重要性;同时,与上级沟通,了解他们对工作的期望和优先级;其次,根据任务的紧急性和重要性,以及管理层的期望,对任务进行排序,并制订相应的工作计划;最后要注意调整,保持灵活性,以便应对可能出现的突发情况。

秘书的
职业心态

这一步骤对处理角色职责冲突至关重要,它要求秘书首先清晰地识别自己的多重角色,并设定合理的优先级。秘书需要超越个人情感,从组织的需求和目标出发,对各项任务进行评估和排序,这样才能更有效地管理自己的工作,确保在满足管理层期望的同时,也能够协助同事和处理客户问题。这种清晰的角色识别和优先级设定不仅有助于提高工作效率,还能够减少因角色冲突带来的心理压力,从而保持积极的工作心态。

(二)有效沟通与协调

在完成角色识别与优先级设定后,秘书应立即展开有效沟通与协调工作。这一步骤要求秘书展现出积极主动的沟通姿态和团队合作精神,以确保信息的清晰传达和各方需求的有效协调。具体而言,秘书应主动与管理层、同事和客户进行开放沟通,确保任务的优先级和期望得到广泛理解。同时,秘书需要根据任务的优先级协调资源。当遇到意见不一致或资源冲突时,秘书应采取积极策略解决冲突。

在这一步骤中,秘书应保持合作和适应性心态。合作心态使秘书能够视自己为团队的一部分,更好地理解团队成员的需求,促进团队合作。适应性心态则使秘书能够灵活应对变化,及时调整计划和策略,满足不断变化的工作要求,这种心态对于处理紧急情况和意外挑战尤为重要。

(三)时间管理与任务分配

在处理角色职责冲突的过程中,时间管理与任务分配能够有效解决冲突。时间管理是指通过规划、组织和控制时间资源,以提高个人或组织的工作效率和生活质量。时间管理的目的是确保在有限的时间内完成既定的任务。任务分配是指将工作分解为具体的任务,并将其分配给合适的个人或团队。

首先,秘书需要根据任务的优先级制订详细的时间表,并为每项任务分配合理的时间。这样做有助于秘书集中精力,提高工作效率。同时,秘书应根据团队成员的能力和可用资源来合理分配任务,这不仅能够减轻个人的工作负担,还能够提高团队的整体效率。

面对工作中可能出现的意外情况,秘书应保持灵活应对的态度,根据实际情况调整时间表和任务分配。这种灵活性对于应对突发事件尤为重要,它要求秘书能够及时调整计划和策略,确保所有工作都能得到妥善处理。通过保持效率和灵活应对的态度,秘书能够更好地管理个人时间,合理分配任务,从而确保工作的高效和顺利进行。

以秘书小刘为例。小刘作为销售部门的秘书,需要为每周的销售会议预留时间,并确保所有相关的准备工作都能在会议前完成。为了确保时间管理的有效性,小刘需要为每项任务设定明确的目标和完成标准。比如,小刘可能会设定在周五之前完成所有销售报告的整理和分析。而为了提高工作效率,小刘可以根据团队成员的能力和可用资源来分配任务,比如可以将一些数据录入工作分配给实习生,而自己则专注于分析和汇报工作。当然,工作中总会有一些意外情况发生,有时是某个重要客户突然要求提前会面,那么她可能需要重新安排自己的日程,以满足客户的需求;有时在准备重要的客户演讲时,发现演讲嘉宾临时有事无法参加,面对这种情况,就得迅速调整计划,联系其他专家作为替补,并重新安排演讲内容的准备工作。小刘的灵活心态让她能够适应工作中的变化和不确定性,在面对挑战时保持冷静和专注,及时调整计划和策略,以应对突发事件。

(四)情绪管理与自我关怀

情绪管理是指个人识别、理解、接受并控制自己的情绪,以促进情绪健康和个人效率的过程。自我关怀是指个人采取行动来维护自己的身心健康,包括身体、情感和精神层面的关照。具体行动如下。

1.情绪识别

秘书首先需要识别和理解自己的情绪状态。当面对压力和挑战时,能够及时察觉自己的情绪变化是情绪管理的第一步。例如,当秘书在处理一项紧急任务感到焦虑时,要意识到这种情绪可能会影响自己的工作效率和决策能力。

2.压力释放

秘书应该找到健康的方式来释放压力,如进行短暂的休息、散步或深呼吸练习。这些活动有助于缓解紧张情绪,恢复清晰的思维。例如,在感到压力时可以选择离开办公桌,进行几分钟的伸展运动,帮助自己放松。

3.自我激励

秘书可以通过设定具体的小目标并适时奖励自己,以维持积极的工作态度。完成每个小目标后给予自己一些正面反馈,可以提升自己的工作动力和满足感。例如,秘书可以为自己设定每天应完成的目标,并在达成后奖励自己一杯喜欢的饮品。

4.寻求支持

当情绪压力较大时,秘书不应独自承受,而应寻求同事、朋友或家人的支持。分享个人的感受和经历,可以获得情感上的慰藉和建议。例如,在感到压力特别大的时候,可与同事或导师进行交流,寻求职业指导和心理支持。

在这个步骤中,秘书应保持的心态是自我同情和自我关怀。自我同情意味着秘书对自己的困境和挑战持有理解和接纳的态度,而不是自我批评或否定。这种心态有助于秘书在面对失败和压力时保持积极和坚韧。自我关怀则强调秘书应关爱自己,认识到个人的价值不仅体现在工作成果上,更涵盖了个人的福祉和幸福。通过保持这种心态,秘书可以在高压和快节奏的工作环境中保持心理健康和情绪平衡,从而在工作中保持最佳状态。

(五)持续反思与改进

持续反思与改进是一个不断循环的过程,要求个人或组织定期评估自己的行为、决策和结果,从中学习并作出相应的调整以提高效率和效果。在秘书的角色期望中,这一过程尤为重要,因为秘书的工作涉及多方面的协调和管理,需要不断地适应和优化工作方式。具体行动如下。

1.定期自我评估

秘书应定期回顾自己的工作,识别哪些地方做得好,哪些地方需要改进。这可以通过日常的反思日记、周总结或月度回顾来实现。例如,秘书每周花一定时间回顾自己的工作,记录下成功处理的任务和遇到的挑战。

2.寻求反馈

秘书应该主动向同事和领导寻求反馈,了解自己的工作表现被他人如何看待。这种外部视角可以帮助秘书更全面地了解自己的工作效果。例如,秘书可以定期向其直属领导汇报工作,并询问具体的反馈和建议。

3.制订改进计划

根据自我评估和反馈,秘书需要制订具体的行动计划来改进工作。这可能包括学习新技能、调整工作方法或改善人际关系。例如,当秘书发现自己在时间管理方面有待提高,那么就该参加时间管理的培训课程。

4.实施和调整

秘书应将改进计划付诸实践,并根据实际情况进行必要的调整。持续的改进是一个动态的过程,需要秘书保持灵活性和适应性。例如,在实施新的时间管理技巧后,如果发现某

71

些方法并不适合自己的工作风格,那么秘书就该调整策略,以更好地适应自己的需求。

通过这些行动,秘书可以更清楚地认识到自己的强项和弱点,从而更有针对性地进行个人发展;在不断变化的工作环境中,持续改进有助于秘书快速适应新情况,灵活应对各种挑战;通过识别和分析错误,秘书可以避免再次犯同样的错误,减少未来的失误;随着自我的不断提升和取得成功,秘书的自信心将得到增强,这不仅有助于增强工作动力,还能提升工作满意度。

持续反思与改进有助于秘书获得更好的问题解决技巧,提高应对复杂情况的能力。这个过程鼓励秘书不断学习新技能和新知识,从而实现个人职业发展。持续反思与改进的过程培养了一种成长心态,即相信通过努力和学习可以不断进步。在这个步骤中,秘书应保持的心态是开放和成长的。开放心态意味着秘书愿意接受新的想法和方法,不拘泥于旧有的工作模式。这种心态有助于秘书更好地适应变化,接受新的挑战。成长心态则强调秘书将问题和失败作为成长和学习的机会,而不是不可逾越的障碍。通过保持这种心态,秘书可以从每一次经验中学习,不断提升自己的工作能力和职业素养。

>>> 任务小结

【任务关键词】

1. 角色意识。

2. 秘书的角色意识。

3. 秘书角色意识的特点。

4. 领导对秘书角色的期望。

5. 同事对秘书角色的期望。

6. 客户对秘书角色的期望。

7. 职业角色冲突与协调。

【讨论】

讨论主题:秘书职业压力的多维分析与应对策略。

讨论目标:

(1)让学生识别和讨论在当前社会经济背景下,秘书职业的压力来源。

(2)探索减轻秘书压力的方法。

讨论流程:

1. 背景介绍

教师简要介绍当前社会经济背景对职业环境的影响,特别是对文秘工作的影响。

2. 压力来源识别

小组讨论:学生分成小组,多渠道搜索资料并列出他们认为的秘书职业的压力来源。

可能的方面如下。

技术变革：对新技能和软件的快速适应。

工作量：多任务处理和工作量的管理。

角色期望：管理层和同事对秘书角色的不同期望。

沟通挑战：与不同层级和背景的人有效沟通。

职业发展：晋升机会和职业路径的不确定性。

工作与生活平衡：长时间工作和高压环境下保持个人生活的质量。

3.压力影响分析

小组分享：每个小组分享他们识别的压力来源，并讨论这些压力如何影响秘书的工作表现和心理健康。

4.应对策略探讨

头脑风暴：学生分组讨论并提出应对上述压力的策略。可以从这几个方面论述具体可操作的方法。

个人层面：时间管理、情绪调节、自我关怀、终身学习等。

组织层面：提供培训、建立支持系统、工作流程优化、灵活工作安排等。

技术层面：利用自动化工具减少重复性工作、提高效率。

5.行动计划制订

学生基于讨论结果，制订行动计划。

6.经验分享与反馈

个人分享：学生分享他们制订的行动计划，并讨论如何将这些计划应用到实际工作中。

教师反馈：教师提供反馈，强调实际应用中可能遇到的挑战和解决方案。

7.总结

教师总结讨论要点，强调秘书职业压力管理的重要性。

学生将讨论过程和结果制作成思维导图。

✎【实践练习】

"角色冲突与个人成长"工作坊

目的：帮助文秘专业的学生识别和处理在学习或生活中遇到的角色冲突，并通过持续反思与改进的方法促进个人成长。

1.角色识别与冲突分析

个人角色清单：学生列出自己在学习和生活中承担的不同角色（如学生、朋友、家庭成员、兼职工作者等)。

冲突识别:学生思考并记录下这些角色之间可能发生的冲突,例如时间分配、责任履行等。

2.情绪与压力管理

情绪日记:学生记录一周内的情绪变化和压力源。

压力源分析:分析情绪和压力的来源,讨论如何通过适当的情绪表达和放松技巧来管理。

3.时间管理与任务分配

时间日志:学生记录一周内的时间使用情况。

优先级排序:学生根据任务的紧急性和重要性对任务进行优先级排序,并讨论如何更有效地分配时间。

4.持续反思与改进

个人反思:学生对过去一周的角色冲突处理方式进行反思,识别成功的做法和需要改进的地方。

行动计划:基于反思的结果,学生制订具体的行动计划来优化角色冲突的处理方式。

5.自我关怀与支持系统构建

自我关怀清单:学生列出自我关怀的行动,如定期运动、保证充足睡眠等。

支持系统构建:讨论如何建立一个支持系统,包括寻求朋友、家人或专业人士的帮助。

6.总结与分享

经验分享:学生分享在实践过程中的心得体会和学习到的技巧。

总结反馈:教师总结学生的表现,提供反馈和建议。

✿❁【职业发展】

以心转境　提升情绪管理软实力①

过去的一年,中国经济形势逐步回升向好的同时,也经历了很多曲折和波动,居民就业和消费不及预期。网上不少帖子吐槽"每日挣扎在工作不爽,抗拒上班,又不敢失业的憋屈情绪"之中,更有网友直言"打工赚钱压力山大,一天下来身心俱疲"。想要化解职场苦闷并不容易,面对依然充满不确定性的未来,企业不仅需要过硬的生产经营能力,还要

---

① 鲍明刚.以心转境　提升情绪管理软实力[J].企业管理,2024(1):28-30.

着重修炼员工情绪管理的软实力。

1.情绪管理成为当下"硬要求"

2023年,部分企业面临经营困难、业绩下滑、经济性裁员等,使得不少被波及者或多或少产生了情绪问题或心理问题。有的企业因为给员工降薪谈不拢,导致彼此小情绪爆发,一方顺手直接抄起了灭火器……闹情绪解决不了问题,灭火器砸坏了也浇不灭彼此心中狂燃不息的愤怒之火。经济复苏过程复杂漫长,增速放缓带来的压力仍在持续,如果不能适时提升情绪管理能力,负面情绪的火苗总是会伺机再次燃起。

如果不注意情绪管理,一不留神就容易"心被境转"。复旦大学罗长远等2023年的一项实证研究显示,人们的心理健康会顺应经济周期变化,经济增速下滑会导致国民心理健康水平下降。这又会通过员工福利水平下降、工作满意度降低、个人及家庭经济负担加重等进行传导,使得不良情绪难以排解。在全球知名人力资源管理咨询机构美世咨询公司(Mercer)的一项最新研究中,61%的员工在参加调研前的四周内,因情绪而影响到工作或日常生活,38%的员工在调研前四周内出现明显的情绪低落。心理健康被美世确定为2024年企业必须关注的四个关键领域之一。

同时,相对于"青春一去不复返""拼命养家糊口"的"70后""80后",年轻的"90后""00后"正在成为职场生力军。他们具有更强的自我意识和个性特征,重视"气场合""被尊重",拒绝PUA(网络用语,意指精神操控)和"画大饼",对不认同的要求直接拒绝,被网友戏称是"整顿职场"。新生代对个体价值、人际关系的全新追求,需要企业实行更加关注员工精神层面和心理层面的柔性管理。

今天的职场,情绪管理的软能力已经成为一种新的"硬要求"。

……

2.优化机制,提升目标管理能力,获得更多心流体验

"拥抱变化"不容易,"快乐地拥抱变化"更不容易。相对于稳定期或增长期的组织,在变革期、动荡期且面对较大风险不确定性环境的组织,需要更加用心地进行相关机制设计。一方面要有利于组织应对风险,另一方面要更加有效地激发员工在风险环境下的潜力与热情,增强员工应对挑战的智慧与勇气。例如,不确定性高的环境下,如果员工工资高,一旦经营困难,企业主会扛不住;而工资低了,员工就会生活困难、压力大、扛不住。这就需要合理地设计薪酬结构,同时还要高度重视其他非经济性报酬的影响——没有钱是万万不能的,但是有钱也不是万能的。越是压力大的困难时期,越要关注员工的被重视感、工作的意义感和价值感等心理层面因素。就绩效管理而言,如果双方仅仅是劳动力层面的供需关系,一旦风吹草动就一拍两散了,企业根本留不住人。因此,要重视结果导向,更要重视过程管理,尤其是企业和员工共同参与的目标制定、绩效沟通、绩效反馈、绩效辅导等各个环节的工作——在绩效反馈环节重视员工的被尊重感,在目标管理环节增强员工的参与感、责任感并合理设置目标水平以增强信心,必要时缩短绩效反馈的周期,增加彼此沟通交流的机会。

积极心理学家彭凯平给过一个缓解不良情绪的建议,就是找点事情去做。使命愿景不应是挂在墙上的画,组织的目标管理就是将使命愿景转化为具体行动的过程。有效的目标管理,需要大家齐心协力围绕组织的共同目标,分解确定各自的行动,同时充分重视员工的参与感、自主感与责任感。更重要的是,有效的目标管理需要将复杂困难的任务,分解为适度挑战的、有可能达成的、能够提供及时明确的自我反馈的行动体系,而这些因素都有利于员工从工作中获得更多心流体验。有效的目标管理能力,不仅可以帮助组织提升绩效,还可以帮助员工缓解情绪压力和焦虑行为,增强成就感和价值感。

3.开发心力资源素质模型,以心转境,增强韧性与复原力

俗话说,"江山易改,禀性难移"。但在充满变化与不确定性的环境下,大家比的恰恰是改变"跟不上变化的禀性"的能力。基于传统人力资源管理胜任力模型的员工培训,往往假定冰山底层即"心"的部分难以培养开发,因此这部分不作为培训发展的重点而主要用于人才选拔。员工培训则重点针对冰山以上的知识技能部分。但面对更加复杂、更难以预测的未来发展环境,原有的知识技能很快会过时,难以满足明天的需要,而在创新探索过程中,员工也往往面临更多的挫折,高成就动机的员工可能因此回避困难和挑战以避免失败。在新的环境下,传统的基于"昨天会不断继续"假设的能力素质模型面临更高的失效风险。

因此,企业需要在员工培训中纳入更多适应不确定性要求的、与情绪管理能力相关的维度,例如抗逆力、心理复原能力、心理韧性等,对于企业能否走得更长、更远,这些往往比知识、技能更重要。在培训开发中,企业可以针对高层领导者引入重点针对素质模型底层——"心"的部分的专念领导力训练,帮助管理者增强情绪自我觉察能力和正确应对不良情绪的能力,超越固有情绪与思维模式,提升非线性环境下的直觉洞察力,从而增强创新能力,实现"双环学习",即通过追问组织行为的前提假设是否恰当,克服"习惯性防卫"造成的思维与情绪认知障碍,谋求从行为的前提变量(即行为的前提假设)上取得根本性改善。

4.提供心理辅助,减少负面情绪危害,增强情绪健康

为帮助员工增强心理健康,企业可以为员工提供EAP项目、减压室、心理咨询服务、情绪觉知训练、情绪管理与心理健康讲座,设计丰富多彩的文体活动,积极开展各种团队建设活动等,培养积极阳光乐观的团队氛围和工作环境,帮助受不良情绪困扰的员工尽快走出困境,避免情绪恶化给个人和组织带来负面影响。

除心理健康和情绪管理支持项目外,企业还可以帮助员工提升风险应对能力,增加更多的风险援助项目,如疾病管理项目、援助基金、风险救助计划以及补充商业保险、医疗保险等,助力员工减轻风险压力,缓解焦虑和紧张情绪。此外,有条件的企业还可以制定系统的健康干预项目,为员工制订精准专业的健康促进方案,进行科学有效评估,形成

健康管理闭环。

不确定性蕴含着风险,但是机遇也往往隐藏在不确定性中,增强心力,提升情绪管理能力,培养开发企业心力资源,能够帮助企业与员工化危为机,在不确定性中突破自我,实现超越。

任务二　秘书的职业定位

?问题:秘书如何进行职业定位?

【任务导读】

小刘是一名优秀的毕业生,他凭借自己出色的成绩和口才,在众多竞争者中脱颖而出,成功应聘为一家知名企业的经理秘书。得到这份工作后,小刘感到无比自豪,他认为自己的起点很高,未来一定前途无量。

刚开始工作时,小刘充满干劲,他协助经理管理公司的多个部门,觉得自己仿佛成了这些部门的"小领导"。他开始习惯于对部门的工作指手画脚,认为自己的职位足以让他指挥他人。然而,他没有意识到,这种高高在上的态度逐渐引起了同事们的不满。

"这份报告需要今天完成,没问题吧?"小刘对着市场部的负责人说,语气中带着不容置疑的肯定。

市场部负责人皱了皱眉,但还是勉强答应了。这样的情况在其他部门也时有发生,小刘似乎并没有察觉到大家对他的不满正在慢慢积累。

终于有一天,不满达到了临界点,几个部门的负责人联合起来向经理反映小刘的问题。经理听了大家的描述后,感到非常意外,他把小刘叫到了办公室。

"小刘,我听说你最近在协助管理各个部门时出现了一些问题?"经理严肃地问道。

小刘一脸困惑,他觉得自己一直尽职尽责,不明白问题出在哪里。"经理,我做错了什么吗?"他问。

经理叹了口气,说:"小刘,你很优秀,但是你要明白,作为秘书,你的职责是协助我管理公司,而不是去指挥各个部门。你的定位错了,心态自然也就错了,这样工作怎么可能不出问题呢?"

小刘听了经理的话,内心感到十分震惊。他意识到自己可能没有正确地进行职业定位。

"小刘,作为我的秘书,你的工作是多方面的,但最重要的是协助我,而不是取代我去做决策。"经理语重心长地说。

小刘点点头，表示理解。

经理继续解释："你的定位应该是一个协调者、一个沟通者，更是一个支持者。在协助管理各部门时，你需要做的是理解各部门的需求，传达我的指示，而不是直接发号施令。"

"那我具体应该怎么做呢?"小刘迫切地想要知道如何改正自己的错误。

经理给出了具体的建议："首先，你需要深入了解每个部门的职能和工作流程，这样你才能更有效地进行协调。其次，当部门间出现分歧时，你要扮演一个中立的调解者角色，帮助他们找到共识，而不是偏袒任何一方。"

小刘认真记下经理的每一句话。

"再者，"经理补充道，"你要成为我与各部门之间的桥梁，将一线的实际情况反馈给我，同时也要把我的决策和想法准确地传达给各部门。"

小刘回应道："我明白了，我之前太急于表现自己，却忽视了团队合作的重要性。"

经理点头表示赞许："最后，不要忘记持续学习和提升自己。作为秘书，你需要具备广泛的知识和技能，这样才能更好地协助我工作。"

小刘深受鼓舞，他感谢经理的指导，并承诺将这些宝贵的建议付诸实践。

在随后的工作中，小刘开始积极地与各部门沟通，不再是单向的指挥，而是双向的交流。他努力了解每个部门的具体情况，成为一个真正的协调者和沟通者。在处理部门间的分歧时，他总是耐心倾听各方意见，公正地提出建议，帮助大家找到解决问题的最佳方案。同时，小刘也更加注重自身的学习和成长，不断提升自己的专业能力和综合素质。他的改变很快得到了同事们的认可，大家发现小刘不再是那个只知道指挥的"小领导"，而是一个值得信赖和依靠的工作伙伴。

一、秘书的自我定位

(一)自我定位的含义

自我定位是个人在职业发展过程中对自己的认知、评估和定位的过程。对于秘书而言，自我定位涉及对个人职业兴趣、能力、价值观和职业目标的深入理解。它是个人职业规划的起点，帮助秘书明确自己在职场中的发展方向和目标职位。自我定位的内涵非常丰富。

第一，自我定位不仅是对当前职业状态的认识，更是对未来职业路径的规划。它要求秘书对自己的优势和劣势有清晰的认识，明确自己在秘书职业领域的定位，并通过提升自己的知识和技能来实现职业发展和个人成长。

第二，自我定位的含义还包括对个人职业价值观的探索。秘书需要识别自己对工作的期望，包括希望在工作中实现的成就、对工作环境的偏好、对工作与生活平衡的需求等。这些价值观将指导秘书在职业选择和发展中做出决策。

第三,自我定位还涉及对外部职业市场的理解。秘书需要了解行业趋势、职位需求和职业发展前景,以便将自己的职业规划与市场需求相匹配。通过深入理解自我定位的含义,秘书可以为自己的职业生涯制定更明确、更实际的目标,为个人的职业发展奠定坚实的基础。

第四,自我定位是个人在职业旅程中对自身角色、能力和期望的深刻认知。这一过程不仅涉及对个人技能和专业知识的评估,还涉及对个人情绪、心态及其在职业表现中作用的理解。自我定位的核心在于识别和理解个人的内在动机、情感倾向和心理状态,并将这些因素与职业行为和目标相结合。

第五,自我定位还涉及对个人情绪智力的认识。情绪智力是指个人识别、理解、管理自己情绪的能力,它是影响职业成功的关键因素之一。通过准确的自我定位,秘书可以提升情绪智力,更好地控制情绪波动,保持稳定的心态,反而有助于在职场中展现出色的表现。

第六,自我定位还意味着对个人期望和目标有清晰的认识。个人应该思考自己希望在工作中实现什么,以及如何通过努力达到这些目标。这种自我认知有助于秘书在面对职业挑战时保持积极的心态,即使在逆境中也能够坚持不懈,继续前进。

自我定位的含义超越了职业规划的范畴,它要求个人深入探索自己的情感和心态如何影响工作态度和职业选择。例如,一个积极乐观的人可能更适合高压和快节奏的工作环境,而一个内向沉思的人可能更倾向于需要深度思考和独立工作的职业。通过自我定位,个人可以更好地理解自己的情绪反应和心态变化,从而选择最适合自己的工作环境和职业路径。

自我定位是一个涉及个人情绪、心态和职业行为的复杂过程。通过深入了解自己的情感倾向和心理状态,秘书可以更好地选择适合自己的职业环境,实现个人价值和职业发展。自我定位不仅帮助秘书在职场中找到正确的方向,还有助于秘书维持积极的情绪和心态,从而在职业生涯中取得成功和满足。

自我定位还是一个涉及深层心理认知的过程,它要求个人对自己的内在特质、情绪反应和心态模式有深刻的理解。心理学领域的知识、名言和案例为我们提供了丰富的视角来探讨自我定位的含义。

心理学中的自我概念(self-concept)是指个人对自己的认知和理解,它包括了个人如何看待自己的特质、能力、情感和行为。自我概念是自我定位的基础,因为只有了解自己是谁,才能确定我们在职业中的角色和位置。根据心理学家卡尔·罗杰斯的自我理论,个体的自我概念是由自我理想(self-ideal)和自我形象(self-image)之间的一致性决定的。当两者之间的差距较小时,个体会体验到更高的自我价值和满足感。

心理学家威廉·詹姆斯曾说:"最深刻的真理的最深刻的特征是,它们是悖论的,而且必须被悖论地理解——它们包含着看似相反的元素。"这句话强调了自我定位中内在矛盾的存在,以及个人需要在这些矛盾中找到平衡点。秘书在自我定位过程中,可能会发现自己既有强烈的职业抱负,也有对工作生活平衡的需求。理解并接受这些看似矛盾的需求,可以帮助秘书找到一个既能实现职业目标又能保持个人福祉的职业路径。

以心理学家亚伯拉罕·马斯洛的需求层次理论为例,一个秘书可能在满足了基本需求(如生理需求和安全需求)之后,寻求更高层次的需求,如尊重需求和自我实现需求。在自我定位过程中秘书可能会发现,通过提升自己的专业技能和承担更多的责任,不仅能够获得同事和领导的尊重,还能够在工作中实现自我潜能,从而获得职业满足感。

通过心理学的知识,秘书可以更全面地理解自我定位的含义。自我定位不仅是对个人职业能力的评估,更是对个人情绪、心态和内在需求的深入探索。通过这一过程,秘书可以更好地理解自己的情感反应和心态变化,选择最适合自己的工作环境和职业路径,实现个人价值和职业发展。自我定位使秘书能够在职业生涯中保持积极的情绪和心态,从而在面对挑战和机遇时做出明智的选择。

(二)自我定位的方法和过程

自我定位的方法和过程对于秘书来说是一个系统性的自我探索活动。它不仅涉及对个人能力和外部环境的分析,还包括对个人价值观、情感和心态的深入了解。以下是秘书进行自我定位的方法和过程的详细阐述。

1. 自我反思

自我定位的第一步是进行深入的自我反思。秘书需要花时间思考自己的兴趣、激情、优势、弱点以及职业满意度。这可以通过日常的日记记录、定期的自我评估或与信任的朋友和家人讨论来进行。在自我反思的过程中,秘书应该诚实地面对自己的情感和心态,识别出影响职业选择和工作表现的内在因素。

2. 能力与技能评估

秘书应该对自己的专业技能和能力进行客观评估。这包括对教育背景、工作经验、技术熟练度以及人际沟通能力的考量。通过参加在线技能评估测试或职业能力培训,秘书可以获得更准确的自我能力画像。同时,秘书也可以向同事和领导寻求反馈,了解他们对自己的看法。

3. 价值观澄清

价值观是驱动个人行为和决策的深层次信念。秘书需要澄清自己的职业价值观,包括工作的意义、成功的定义以及对组织文化的期望。这可以通过参加工作坊、阅读相关书籍或与职业顾问交谈来实现。明确自己的价值观有助于秘书在未来的职业选择中作出符合内心的决策。

4. 环境分析

自我定位还需要秘书对外部职业环境进行分析。这包括对行业趋势、职位需求和潜在职业发展机会的研究。秘书可以通过阅读行业报告、参加职业发展研讨会或与行业内的专业人士交流来获取信息。了解外部环境有助于秘书将自己的职业规划与市场需求相对接。

5.设定职业目标

基于自我反思、能力和技能评估、价值观澄清和环境分析的结果,秘书可以设定具体的职业目标。这些目标应该是具体、可衡量、可实现、相关性强和有时限的(SMART原则)。设定目标的过程可以帮助秘书明确自己的职业方向,为未来的职业发展制定清晰的路线图。

6.行动计划制订

有了职业目标之后,秘书需要制订实现这些目标的行动计划。这包括了确定需要学习或提升的技能、寻找职业发展的机会以及制订时间表。行动计划应该是灵活的,能够根据个人情况和外部环境的变化进行调整。

7.持续评估与调整

自我定位是一个持续的过程,秘书需要定期评估自己的职业发展进度,并根据需要进行调整。这可能涉及重新评估个人兴趣、更新职业目标或调整行动计划。持续评估与调整有助于秘书保持对职业发展的控制,并确保个人情绪和心态的积极。

通过上述方法和过程,秘书可以进行有效的自我定位,为自己的职业生涯制订明确的方向和目标。自我定位不仅有助于秘书在职场中找到合适的位置,还能够促进个人情绪和心态的积极发展,从而实现职业满足感和个人成长。

【测一测】

以下是基于自我定位与心态管理关系的一套测试题,旨在帮助学生了解自己的情感和心态,并指导他们如何进行有效的自我定位。

自我定位与心态管理测试题

请根据你的实际情况,对以下问题给出最符合你的答案。选项评分标准为:

1分表示"非常不符合";

2分表示"不太符合";

3分表示"一般";

4分表示"比较符合";

5分表示"非常符合"。

情感认知部分

1.我能够清晰地识别自己在特定情境下的情绪反应。　　　　　　　　　　（　　）

2.我知道哪些因素最容易引起我的负面情绪,并尝试避免它们。　　　　（　　）

3.我能够合理地表达自己的情绪,而不会在工作中失控。　　　　　　　（　　）

评分示例:

问题:我能够清晰地识别自己在特定情境下的情绪反应。 (　　)

情境:假设你在准备期末考试时感到压力巨大,难以集中精力复习。

如何判断和打分:

如果你能够意识到自己的焦虑或紧张,并采取行动(如制订详细的复习计划、寻求同学或老师的帮助)来应对,那么你可以给这个问题打4分或5分。

如果你在这种情况下感到不知所措,没有意识到自己的情绪变化,或者没有采取有效的应对措施,那么你可以给这个问题打1分或2分。

如果你通常能够识别自己的情绪,但在这种情况下没有做到,或者你意识到了情绪但没有采取措施,那么你可以给这个问题打3分。

心态探索部分

4.我对自己的能力和潜力持有积极的信念,并努力提升自己。 (　　)

5.面对工作中的挑战,我通常保持乐观和解决问题的态度。 (　　)

6.我乐于接受学习新知识和技能,以促进个人成长。 (　　)

评分示例:

问题:我对自己的能力和潜力持有积极的信念,并努力提升自己。 (　　)

情境:当你被要求参加一个你不熟悉的小组项目时。

如何判断和打分:

如果你相信自己能够快速学习新知识,并积极参与项目,寻找资源和方法来增加自己的贡献,那么你可以给这个问题打4分或5分。

如果你对自己的能力感到怀疑,或者在没有尝试的情况下认为自己无法适应新领域的挑战,那么你可以给这个问题打1分或2分。

如果你有时感到自信,有时又感到不确定,但总体上你愿意尝试并学习新东西,那么你可以给这个问题打3分。

自我意识部分

7.我经常反思自己的工作/学习满意度,并寻找提升的方法。 (　　)

8.我了解自己的压力点,并采取措施进行有效管理。 (　　)

9.我能够在工作和生活中找到满足感和成就感。 (　　)

评分示例:

问题:我经常反思自己的学习满意度,并寻找提升的方法。 (　　)

情境:在完成一门课程的学习后,你回顾自己的学习过程和成果。

如何判断和打分:

如果你定期评估自己的学习满意度,并且当感到不满意时,你会寻找改变的方法,比如调整学习方法或寻求额外的辅导,那么你可以给这个问题打4分或5分。

如果你很少考虑自己的学习满意度,或者即使不满意也不愿意采取行动,那么你可以给这个问题打1分或2分。

如果你有时反思学习满意度,但不一定采取行动,或者你正在寻找提升满意度的方法但还没有实施,那么你可以给这个问题打3分。

情绪与心态的平衡部分

10.我能够在理性分析和情感需求之间找到平衡。   ( )

11.我能够有效地处理工作中的负面情绪,保持积极的心态。 ( )

12.我能够在面对不确定性和压力时,调整自己的心态并保持冷静。 ( )

自我定位与心态调整部分

13.我的自我定位有助于我理解自己的情绪反应和心态。   ( )

14.我能够识别并调整可能导致负面情绪或消极心态的信念和假设。( )

15.我利用自我定位的发现来制定情绪和心态管理策略。   ( )

测试结果解释:

50分以下:你可能需要在情感认知和心态管理方面投入更多的关注。尝试更多地了解自己的情感反应,探索积极的心态,并寻找适合自己的自我定位方法。

50-60分:你已经有一定的自我认知和情绪管理能力,但还有提升空间。可以通过进一步的自我反思和学习,增强自我定位的准确性和心态的积极性。

60~70分:你对自己的情感和心态有较好的理解,并且在自我定位方面做得不错。继续保持,并寻找更多机会来发展个人职业规划。

70分以上:你在自我定位和心态管理方面做得很好。你对自己的了解深刻,能够有效地管理情绪和心态。继续利用这些优势来推动你的职业发展。

(三)自我定位的重要性

自我定位是个人发展的根本,它不仅塑造了个人的职业轨迹,还深刻影响着个人情绪和心态的管理。自我定位是一种内在的导航系统,帮助个人在生活的各个阶段和面对不同选择时,做出与自身价值观、能力和愿望相一致的决策。

首先,自我定位有助于个人建立清晰的自我形象。通过了解自己的长处、短处、兴趣和价值观,个人可以更准确地评估自己在社会和职业环境中的位置。这种自我认知是情绪稳定和积极心态的基础。当个人对自己有一个真实且积极的看法时,他们更有可能保持自信和乐观,即使在面对挑战和压力时也能保持坚韧和动力。

其次,自我定位促进目标的设定和实现。明确自己的职业和个人目标可以使个人更加专注于实现这些目标,并为之制订具体的行动计划。这种目标导向的心态有助于个人保持动力和专注,同时也能够提高应对挫折和失败的能力。当个人清楚自己的方向和追求时,更能够管理自己的情绪,保持积极的心态,并在困难面前展现出更强的适应性和恢复力。

再者,自我定位有助于个人建立和维护健康的人际关系。了解自己的沟通风格、情感需求和界限,可以使个人在与他人的互动更加真诚和有效。这种自我意识有助于建立互信和尊重的关系,减少冲突和误解。在积极的关系支持下,个人更容易管理自己的情绪,保持稳定的心态,并在社会网络中获得更多的资源和机会。

最后,自我定位对于个人的生活满意度和幸福感至关重要。当个人的工作和生活选择与其内在的自我定位相一致时,他们更有可能感到满足和快乐。这种内在的一致性有助于个人维持长期的积极心态,减少焦虑和抑郁的风险。通过不断地自我定位和调整,个人能够更深入地理解自己的需求和愿望,从而在生活中发现更多的意义和目标。

综上所述,自我定位对于情绪和心态管理的重要性不容忽视。它不仅为个人提供了明确的方向和目标,还帮助个人建立积极的自我形象,维护健康的人际关系,并提高个人的生活满意度。通过深入了解自我,个人可以更好地管理自己的情绪,培养积极的心态,并能够在生活的各个领域获得更加丰富和充实的体验。

二、秘书的市场竞争力定位

(一)市场竞争力定位的含义

市场竞争力定位是指在职业市场中,个人或组织根据自身的优势和特点,确定自己在市场中的位置和角色。对于秘书而言,这意味着要清晰地认识到自己在秘书职业领域中的竞争力,并根据市场需求和个人职业目标来调整自己的技能和特质,以便在激烈的职场竞争中脱颖而出。

市场竞争力定位不仅是对个人能力的评估,更是对个人在职业市场中相对地位的认识。它要求秘书不仅了解自己的强项和弱点,还要了解行业标准、竞争对手的情况以及潜在雇主的期望。通过这种定位,秘书可以更有针对性地提升自己的专业技能,增强个人品牌形象,从而在职场中获得更好的发展机会。

(二)秘书市场竞争力定位的要素及内容

1.秘书市场竞争力定位的要素

市场竞争力定位的要素包括了多个方面,对于秘书来说,以下是一些关键的要素:

专业技能:秘书需要具备扎实的文字处理、数据分析、会议组织等基本技能,同时也要掌握最新的办公软件和技术工具。

沟通能力:秘书在工作中需要与各种人打交道,因此优秀的书面和口头沟通能力是必不可少的。

组织和协调能力:秘书经常需要处理多任务和紧急情况,因此强大的组织能力和协调能力对于保证工作流畅至关重要。

适应性和学习能力:随着工作环境的不断变化,秘书需要能够快速适应新情况,并持续学习新知识和技能。

个人品牌：秘书的个人品牌包括了专业形象、工作态度和职业声誉等方面，这些都是提升市场竞争力的重要因素。

2.秘书市场竞争力定位的方法

为了在市场中准确定位自己的竞争力，秘书可以采取以下方法。

市场调研：通过研究行业报告、招聘广告和职业发展文章，秘书可以了解当前市场对秘书职位的需求和趋势。

技能评估：秘书应当定期评估自身专业技能，识别个人优势与需提升的领域。

参与培训和认证：通过参加专业培训和考取相关证书，秘书可以提升自己的专业水平，并在简历上增加亮点。

建立网络：通过参加行业活动和社交聚会，秘书可以扩大自己的职业网络，了解行业内的动态和机会。

个人品牌塑造：秘书应该通过社交媒体、专业论坛和公开演讲等方式，积极塑造和推广自己的个人品牌。

在不同行业和公司规模中，秘书的市场竞争力定位存在显著差异，这些差异主要体现在以下四个方面。

一是行业特性。如在金融和法律行业，秘书通常需要具备更高的专业素养和保密意识。这些行业中的秘书需要熟悉行业术语、法规及合规要求，因此其市场竞争力定位往往体现在专业知识和风险管理能力上。在科技行业的秘书可能需要对新兴技术和产品有基本的了解，以便更好地支持技术团队和管理层，市场竞争力定位可能更侧重于技术理解能力和创新思维。而在教育和非营利组织中，秘书的工作可能更侧重于组织活动、协调资源和社区参与，市场竞争力定位可能更强调沟通协调能力和公共服务意识。

二是公司规模。大型企业的秘书往往需要处理更复杂的行政任务和跨部门协调工作。在这些公司中，市场竞争力定位可能更侧重于项目管理能力、高级沟通技巧和领导力。

中小型企业的秘书可能需要承担更多角色和职责，从行政管理到客户服务都可能涉及。在这种情况下，市场竞争力定位可能更侧重于多任务处理能力、适应性和个人效率。

初创企业的秘书可能需要具备更强的创业精神和灵活性，因为初创企业通常面临快速变化和资源有限的挑战。市场竞争力定位可能更强调创新解决方案、快速学习和适应变化的能力。

三是地理位置与文化。不同地区的文化和商业环境也会影响秘书的市场竞争力定位。例如，在高度国际化的城市，秘书可能需要具备多语言能力和跨文化沟通技巧，而在重视本地文化的地区，对本地市场和商业惯例的了解可能更为重要。

四是个人品牌与网络。秘书的市场竞争力定位还与其个人品牌和专业网络有关。

在某些行业,建立广泛的职业联系和良好的职业声誉可能对提升市场竞争力至关重要。

综上所述,秘书的市场竞争力定位受到行业特性、公司规模、地理位置和个人品牌等多方面因素的影响。了解这些差异有助于秘书根据自身情况和目标市场进行有效的职业规划和能力提升,从而在多样化的职业环境中保持竞争力。

【微型案例】

在繁忙的都市中,李薇坐在办公室的角落,望着窗外的车水马龙,心中却感到一片迷茫。作为一名秘书,她的日常工作重复而单调,她开始怀疑自己的价值和未来的发展方向。每当夜幕降临,同事们陆续离开,李薇总会陷入深深的自我反思。

"我真的只能做这些吗?"李薇在一次与好友的晚餐中吐露心声,"我感觉自己的工作没有挑战、也没有成长,我好像被困在了一个死循环里。"

好友小王认真地听着,然后说:"薇薇,你有没有想过,或许你可以主动去寻找一些新的挑战?比如学习新技能,或者了解一下你们行业的新动态?"

这番话像一束光照进了李薇的心中。她开始利用业余时间学习第二外语,并积极关注行业动态。在一次偶然的机会中,她参加了一个国际项目的协调工作。虽然起初她感到有些吃力,但她的语言天赋和沟通能力很快就让她在团队中脱颖而出。

"李薇,你的法语说得真不错,这次的客户反馈非常好,我们团队需要更多像你这样的人。"项目经理的肯定让李薇感到前所未有的成就感。

随着时间的推移,李薇不仅在工作中变得更加自信和主动,她的情绪也变得更加稳定。她学会了如何管理自己的压力,将每一个挑战都视为一个成长的机会。她开始主动参与公司的战略规划会议,并提出自己的见解和建议。

"你知道吗?我开始享受我的工作了,我觉得自己每天都在进步。"李薇在一次聚会上兴奋地分享着自己的变化。

最终,李薇不仅在公司内部获得了更多的认可和机会,她的个人品牌也在行业内逐渐建立起来。她成了一个具有国际视野和多语言能力的高级行政助理,她的职业道路也因此变得愈发宽广。

李薇的故事告诉我们,通过自我反思和市场调研,每个人都可以找到属于自己的市场竞争力定位。这个过程不仅能够带来工作上的提升,更能够促进个人心态和情绪的积极转变。在不断地学习和成长中,我们可以打破自我设限,迎接更加精彩的职业生涯。

三、秘书的职业品牌建设

(一)秘书职业品牌建设的含义和内容

在当今竞争激烈的职场环境中,个人品牌建设已成为职业发展的重要组成部分。对于秘书而言,职业品牌建设是指通过一系列有意识的行为和策略,塑造和传播个人在职场中的独特形象和价值主张。这不仅包括专业技能和工作成果的展示,还涵盖了个人的工作风格、职业道德和社交能力等方面。秘书职业品牌建设的内容如下。

1.专业形象

秘书需要建立一个专业可靠的形象,这包括着装得体、言谈举止得当以及在工作中展现出的专业能力和效率。

2.个人特质

个人特质是秘书职业品牌的核心组成部分,它体现了秘书在工作中的独特风格和态度。例如,一位秘书以其出色的组织能力和对细节的关注而著称,这使其在策划公司活动时总能精确地考虑到每一个细节,从而确保活动的顺利进行。该秘书的这种个人特质不仅在同事中传为佳话,也为其赢得了客户的信任和赞誉。

3.工作成果

工作成果是秘书职业品牌建设的直接证明。例如,一位秘书成功地协助公司完成了一项重要的并购项目,该秘书不仅参与了谈判过程,还负责整合双方的行政流程。这一成果不仅展示了该秘书的专业能力,也体现了其在团队合作和项目管理方面的卓越表现。通过在行业会议和专业论坛上分享这一经验,该秘书的职业品牌得到了进一步的强化。

4.网络声誉

在数字化时代,网络声誉对于秘书的职业品牌同样至关重要。例如,一位秘书通过积极参与LinkedIn上的专业讨论,分享行业见解和最佳实践,逐渐建立了自己的网络影响力。该秘书的专业帖子得到了广泛的阅读和分享,这不仅提升了该秘书的知名度,也为其赢得了行业内的认可和尊重。

【知识链接】

通过社交媒体平台提升个人秘书品牌的影响力需要一个系统化和战略性的方法。以下是一些关键步骤和策略,可以帮助秘书专业人士在社交媒体上建立和增强个人品牌。

1.明确个人品牌定位

认知自我:了解自己的专业优势、核心技能和职业目标。

明确定位:确定自己在秘书领域的独特定位,比如专注于特定行业的秘书服务或特定技能(如多语言能力、高级组织技能等)。

2.创建一致性的在线形象

视觉一致性:在不同的社交媒体平台上使用相同的头像、封面图片和设计风格,以增强品牌识别度。

语言和风格一致性：保持一致的语气和写作风格，确保在所有内容和互动中体现出专业性和个人特质。

3.制定内容策略

高质量内容：分享与秘书工作相关的专业知识、行业动态、案例分析和个人见解。

故事讲述：通过讲述个人职业经历、成功案例和背后的故事来展现个人品牌的价值和特性。

内容多样化：使用不同形式的内容，如博客文章、视频、图像和直播，以吸引更广泛的受众。

4.活跃互动与社区建设

参与讨论：在行业相关的社交媒体群组和论坛中积极参与讨论，提供有价值的见解和建议。

回答问题：在LinkedIn、知乎等平台上回答与秘书工作相关的问题，建立专业可靠的形象。

建立网络：关注与自己品牌定位相符的行业领袖、同行和潜在客户并进行互动。

5.定期发布和更新

发布日历：制订内容发布计划，保持定期更新，以维持受众的关注度和参与度。

最佳时间：研究并确定目标受众最活跃的时间段，以优化内容的可见性和互动率。

6.监测和分析

数据跟踪：使用社交媒体分析工具监测关键指标，如关注者增长、互动率和内容表现。

调整策略：根据数据分析结果调整内容策略和发布时间，以提高效果。

7.利用多种社交媒体平台

多平台运营：除主流平台如微博、微信、LinkedIn，还可以根据目标受众和内容特点选择其他平台，如小红书、知乎等。

跨平台推广：在一个平台上创建的内容可以在其他平台上进行适当调整后再次发布，以扩大影响力。

8.专业发展和持续学习

学习新技能：不断学习使用新的社交媒体工具，以保持品牌的现代性和相关性。

参加行业活动：参与线上和线下的行业活动，提升个人在行业内的知名度和影响力。

通过上述策略，秘书专业人士可以在社交媒体上建立一个强大、专业且有吸引力的个人品牌，从而提升自己在秘书行业的影响力和市场竞争力。

通过上述例子,我们可以看到,秘书职业品牌建设是一个多维度的过程,它要求秘书在个人特质、工作成果、网络声誉等方面进行综合考虑和努力。一个坚实的职业品牌不仅能够帮助秘书在职场中脱颖而出,还能够为其带来更多的职业发展机会和更高的职业满意度。通过有意识地塑造和维护自己的职业品牌,秘书可以更有效地管理自己的职业心态,实现个人价值和职业目标的统一。

(二)秘书职业品牌建设的方法和过程

秘书职业品牌建设是一个长期且持续的过程,它伴随着个人职业生涯的成长而逐步发展。以下是根据秘书职业发展的不同阶段提出的品牌建设方法,以及秘书在此过程中应有的心态和情绪对待方式。

1.初入职场:探索与学习阶段

(1)方法与过程

建立基础:创建专业的在线形象,包括LinkedIn个人资料、个人博客或网站。

积极学习:通过参加行业培训、研讨会和网络课程,不断提升专业技能。

网络拓展:通过参与行业活动和社交媒体互动,建立初步的职业网络。

(2)心态与情绪

开放心态:对于新知识和新技能持开放态度,乐于接受挑战。

耐心与坚持:理解品牌建设需要时间,不急于求成,保持耐心和坚持。

好奇心:对行业动态保持好奇,积极探索未知领域。

在秘书职业发展的早期阶段,个人品牌建设的关键在于探索和学习。新入行的秘书应该专注于了解行业动态,通过参加专业培训和研讨会来提升自己的专业技能。例如,一位初入职场的秘书可能会参加办公软件的高级课程,或者参与组织内部的项目管理培训,这些经历不仅增强了该秘书的职业技能,也为其日后在社交媒体上分享专业知识和经验打下了基础。在这个阶段,保持开放的心态和对新知识的好奇心至关重要,同时也需要耐心和坚持,因为品牌建设是一个逐步积累的过程。

2.职业成长:专业技能提升阶段

(1)方法与过程

深化专业:通过实践和案例分析,深化对秘书工作的理解。

内容创造:开始撰写专业文章或制作视频,分享个人经验和见解。

品牌差异化:找出自己的与众不同之处,如特定领域的专业知识或独特技能。

(2)心态与情绪

自信:对自己的能力和价值有信心,勇于展示自己的专业形象。

专注:专注于个人品牌的核心价值和专业领域,避免分散注意力。

适应性:面对职业挑战和市场变化,保持灵活和适应性。

随着职业的成长,秘书开始在特定领域积累经验和专业知识,这时品牌建设的重点转向深化专业技能和内容创造,分享自己的工作心得和成功案例。通过这些内容,秘书不仅能够帮助同行解决实际问题,也能够逐步建立起自己在行业内的专业形象。在这个阶段,秘书需要有自信地展示自己的专业能力,并且保持专注,不断提升自己在核心领域的竞争力。

3.职业稳定:品牌巩固与扩展阶段

(1)方法与过程

品牌维护:定期更新个人资料和内容,保持品牌的活跃度。

影响力扩大:通过参与行业论坛、公开演讲等方式,扩大个人影响力。

建立合作:与其他行业专家和组织建立合作关系,共同推动行业发展。

(2)心态与情绪

成熟稳重:在取得一定成就后,保持谦逊和稳重,不骄不躁。

持续创新:即使在职业稳定期,也要保持创新精神,寻求新的突破。

乐于分享:愿意分享自己的知识和经验,帮助他人成长,提升个人品牌的价值。

进入职业稳定期后,秘书应该着手巩固和扩展自己的个人品牌。例如,秘书可以在行业会议上发表演讲,分享自己对于秘书职业未来发展的见解,或者与其他领域的专家合作,共同撰写关于职场效率提升的文章。在这个阶段,秘书应该保持成熟稳重的心态,不骄不躁,同时保持持续创新的精神,寻求新的突破和发展。

4.职业转型:品牌重塑与发展阶段

(1)方法与过程

重新定位:根据新的职业方向,重新评估和定位个人品牌。

学习新技能:学习与新方向相关的技能和知识,以支持品牌重塑。

跨界合作:探索与其他领域的合作机会,实现品牌的跨界发展。

(2)心态与情绪

勇气:面对职业转型的不确定性,勇于尝试和改变。

乐观:保持积极乐观的态度,相信自己能够成功适应新环境。

灵活应变:在转型过程中,灵活应对各种挑战和机遇。

在职业转型期,秘书可能需要重塑和发展自己的个人品牌。这可能意味着学习新的技能,或者将自己的专业知识应用到新的领域。例如,一位经验丰富的秘书可能会选择转型成职业培训师,通过在线课程和工作坊教授秘书技能。在这个过程中,秘书需要有勇气面对新的挑战和不确定性,保持乐观的态度,并灵活应对各种变化和机遇。

通过以上的方法和过程,秘书可以在不同职业阶段建立和发展个人品牌。在每个阶段,正确的心态和情绪管理对于品牌建设的成功都至关重要。从初入职场的学习和探索,到职业成长中的专业提升,再到职业稳定期的品牌巩固和扩展,以及职业转型期的品牌重塑与发展,秘书需要不断地自我提升和适应变化,以实现个人品牌的长期发展和成功。

(三)秘书职业品牌建设的重要性

秘书职业品牌建设不仅是提升个人市场价值的策略,更是个人职业心态管理的重要手段。通过有意识地塑造和维护个人品牌,秘书能够更清晰地认识到自己的职业定位和发展方向,从而在心态上保持积极和主动。

首先,职业品牌建设要求秘书进行自我反思和评估,这有助于秘书识别自己的优势和劣势,明确自己的职业兴趣和长期目标。这种自我认知是心态管理的基础,它能够帮助秘书树立对现实的期望,制订合理的职业规划,从而减少职业发展的迷茫和焦虑。

其次,通过持续地在社交媒体和专业平台上分享知识和经验,秘书能够建立起积极的职业形象。这种形象的塑造不仅能够提升外界对秘书的认可,还能够增强秘书自身的自信心和职业自豪感。在分享的过程中不断回顾和总结自己的工作经验,这有助于秘书维持学习和成长的心态,积极应对工作中的挑战和变化。

然后,职业品牌建设还能够为秘书提供社会支持和资源。一个良好的职业品牌能够吸引同行、领导和潜在雇主的关注,为秘书带来更多的职业机会和合作可能。这种外部支持对于秘书的心态管理至关重要,它能够提供额外的动力和激励,帮助秘书在面对职业挫折和压力时保持坚韧和乐观。

最后,职业品牌建设是一个持续的过程,它要求秘书不断地更新自己的知识和技能,以适应不断变化的工作环境。这种持续的学习和改进有助于秘书保持适应性和灵活性,这是心态管理的关键要素。秘书通过不断地提升自己,能够更好地应对职业生涯中的不确定性和变化,从而实现个人价值和职业目标的统一。

秘书应该将职业品牌建设视为个人职业心态管理的重要工具。通过有意识地塑造和维护个人品牌,秘书不仅能够提升自己的职业竞争力,还能够在心态上保持积极和乐观,更好地应对职业生涯中的各种挑战和机遇。因此,秘书应该投入时间和精力,通过持续的学习和实践,不断地提升自己的职业品牌,以实现个人和职业的共同成长。

≫ 任务小结

【任务关键词】

1.自我定位的含义。

2.自我定位的方法和过程。

3.自我定位的重要性。

4.市场竞争力定位的含义。

5.秘书市场竞争力定位的要素及内容。

6.秘书市场竞争力定位的方法。

7.秘书职业品牌建设的含义和内容。

8.秘书职业品牌建设的方法和过程。

9.秘书职业品牌建设的重要性。

【讨论】

在现代社会,人们常常面临着来自学习、工作以及个人生活的各种压力。这些压力可能会对个人的心理健康造成影响,导致情绪问题。然而,当个人在学习或工作方面取得成绩时,这种成就感可能会带来积极的心理效应。

根据你的个人经历,讨论以下问题:

1.取得学习或工作上的成绩是否曾经帮助你减轻压力? 请举例说明。

2.成绩带来的积极情绪是否具有持久性? 请举例说明。

❋⚙【职业发展】

如何有效建立个人品牌? ①

如何有效建立个人品牌? 我们可以借鉴品牌成功背后的一些原则,将其应用于构建我们的职业生涯和实现个人抱负。

1.知道自己想要什么。成功的品牌知道自己代表什么,都拥有一个核心的价值观,因此能够将产品从商业性和功能性转向人文关怀。在建立"个人品牌"层面,这同样重要。

2.紧随时代变化。商业世界的发展速度越来越快,这意味着你要与时俱进,了解所在行业的变化,对它们有自己的看法,成为一名真正的专家。

3.令人难忘的代码。我们在这里谈论的是品牌代码或独特的品牌资产——重复和强化的视觉、语言和体验的代码。如果执行得当,它们有能力引发一连串积极的联想和感受。对于建立个人品牌,代码可以是一个个性化的细节,一个让人联想到你的小举动,例如开会总是第一个出现、穿出一种明显属于你的风格等。

4.利用沟通的力量。一切都在于沟通,不管你是否有意。因此,这意味着你如何对待他人、如何合作、是否在开会时打开摄像头等,这些都能反映出你的一些情况。

5.持续提升。伟大的品牌会使用多种长期和短期指标来追踪它们的进程,并在必要时进行纠正。为此,你需要一个诚实的好朋友和长远的眼光,帮助你不断进步。

---

① 佚名.如何有效建立个人品牌?[J].董事会,2023(7):7.

任务三　秘书的心态管理

？问题：作为秘书，有哪些行之有效的方法能够管理好工作心态呢？

【任务导读】

在繁忙的办公室里，李娜坐在她的桌前，面对着堆积如山的文件和不断闪烁的电子邮件通知，感到一阵焦虑和压力涌上心头。作为公司的秘书，她负责协调日常行政工作，但她发现自己经常陷入消极的情绪，这严重影响了她的工作效率和质量。

一天，李娜的领导张先生注意到了她的状况，便找她进行了一次谈话。

张先生："李娜，我注意到你最近似乎有些不在状态，经常加班，工作效率也有所下降，发生了什么事？"

李娜："张先生，我很抱歉。我感觉自己总是跟不上工作的节奏，每天都有处理不完的任务，我害怕犯错，这种压力让我喘不过气来。"

张先生："我理解你的感受。不过，你要知道，心态管理对于我们的工作至关重要。你有没有尝试过一些放松或者调整心态的方法？"

李娜摇了摇头，张先生继续说道："我建议你试试时间管理技巧，比如制订工作计划，优先处理重要任务。同时，不要忘记给自己设定休息时间，短暂的休息可以帮助你恢复精力。"

受到张先生的建议启发，李娜开始尝试改变。她学习了时间管理的技巧，每天早上制订工作清单，并根据任务的紧急性和重要性进行排序。她还尝试了冥想和深呼吸练习来缓解紧张情绪。

几周后，李娜发现自己的心态有了显著的改善。她不再那么容易感到焦虑，工作效率也有了提升。一天，她与同事小王分享了自己的变化。

小王："李娜，最近你看起来状态好多了，是有什么秘诀吗？"

李娜："其实，我之前总是被工作压得喘不过气来，但后来我开始学习心态管理。我制订了工作计划，每天先处理最重要的任务，而且我还学会了在紧张的工作中找到放松的方法。"

小王："听起来真的很有帮助。我也觉得自己有时候压力太大，也许我也应该试试。"

李娜的故事告诉我们，心态管理对于秘书工作至关重要。通过有效的时间管理和情绪调节技巧，秘书可以更好地应对工作中的压力和挑战，提升工作效率和职业满意度。心态管理不仅能够帮助秘书克服消极情绪，还能够促进个人的职业成长和发展。

一、秘书心态管理的重要性

心态是个体对特定情境或整体生活的态度和感受的总和,它可以是积极的、消极的或者是中立的。积极的心态通常与乐观、自信、希望和韧性等情绪相关联,而消极的心态则可能包括悲观、焦虑、沮丧和绝望等情绪。心态的好坏直接影响个人的情绪反应和行为选择。

例如,面对一项紧急的工作任务,拥有积极心态的秘书可能会将其视为展示自己能力和提升个人价值的机会,因此他们会更加专注和高效地完成工作。相反,拥有消极心态的秘书可能会感到压力过大,担心自己无法按时完成任务,这种担忧可能导致他们在执行任务时分心或效率低下。

心态对秘书的工作表现有着显著的影响。积极的心态有助于秘书保持高效率和高质量的工作表现,因为积极的情绪能够激发动力、增强创造力和提升解决问题的能力。而消极的心态则可能导致工作表现下降,因为消极情绪会消耗精力、降低注意力并影响决策能力。

以一项团队协作任务为例,拥有积极心态的秘书更可能主动承担责任,与团队成员有效沟通,共同推动任务的完成。他们的积极态度还能够鼓舞团队士气,提高整个团队的工作效率。而拥有消极心态的秘书可能会在团队中传播负面情绪,影响团队合作氛围,从而降低整体的工作成效。

鉴于心态对工作表现的重要影响,管理心态对秘书来说至关重要。有效的心理管理技巧能够帮助秘书在面对工作压力和挑战时保持积极和乐观的心态,从而提高工作表现和职业满意度。

例如,秘书可以通过时间管理、任务优先级排序和有效沟通等策略来减轻工作压力。此外,秘书还可以通过锻炼、冥想、正念练习或寻求职业发展和心理辅导等途径来提升自己的心理韧性和应对能力。

心态管理是秘书职业发展的重要组成部分。拥有积极的心态,秘书不仅能够提升自己的工作表现,还能够为团队和组织带来正面的影响。因此,秘书应该重视心态管理,通过不断学习和实践,掌握有效的心理管理技巧,以应对职业生涯中的各种挑战。

【知识链接】

心态,作为个体对现实情境的心理评估和情感反应,是心理学研究中一个重要的概念。它不仅影响个体的情绪体验,还深刻地影响着个体的行为选择和决策过程。在工作场所,心态的作用尤为显著,它直接关联到工作绩效、职业发展和组织效能。

一、积极心态与行为激活

积极心态,如乐观和自我效能感,与行为激活理论紧密相关。根据这一理论,积极情绪能够增强个体的动机,激发探索和尝试新策略的行为。社会认知理论也强调了自我效能在个体行为中的作用,认为个体对自己能力的信念能够影响其面对挑战时的努力程度和持久性。在职场中,持有积极心态的秘书更可能展现出主动性,积极参与工作,寻求成长和提升的机会。

二、消极心态与行为抑制

相反,消极心态,如焦虑和无助感,与行为抑制机制有关。心理分析理论认为焦虑是一种信号,提示个体避免潜在的威胁和不安全情境。然而,过度的焦虑可能导致行为抑制,阻碍个体的决策和行动。在工作环境中,消极心态可能导致秘书回避挑战,减少创新尝试,从而影响工作效率和质量。

三、心态对决策的影响

心态还影响着个体的决策过程。前景理论认为个体在面对风险和不确定性时,会受到损失厌恶的影响,倾向于选择避免损失的选项。积极心态的个体更可能展现出风险寻求的行为,愿意为了潜在的高回报承担风险。而消极心态的个体可能过分强调潜在的负面后果,导致过于保守的决策。

四、心态与人际关系

在人际关系方面,心态同样发挥着重要作用。情感评价理论认为人们倾向于寻求与当前情绪状态一致的信息和行为。拥有积极心态的秘书在人际交往中更可能展现出友好和合作的态度,而消极心态可能导致敌对和防御性的行为。这些互动模式进一步影响团队氛围和协作效率。

五、心态管理的重要性

鉴于心态对行为和决策的深远影响,心态管理成为提升工作表现和职业发展的关键策略。根据压力与应对理论,有效的应对策略能够帮助个体减轻压力,维持积极的心态。这包括认知重构,即将消极的思维模式转变为积极的视角;情绪调节技巧,如正念冥想和放松训练;以及社会支持,通过建立良好的工作关系和团队合作来增强个体的应对资源。

二、秘书心态管理的内容和策略

(一)秘书的工作环境和压力源

秘书的工作环境通常是多任务、快节奏且要求高度专业性的。这一职位要求秘书不仅要处理日常的行政工作,还要应对突发事件、协调多方沟通,并为管理层提供决策支持。在这样的工作环境下,秘书面临着多种压力源,这些压力源可能来自工作本身、工作环境、个人生活以及职业发展等多个方面。

1.工作本身的要求

秘书的工作本身要求高度的准确性和效率。他们需要处理大量的信息,确保文件的准确无误,同时还要管理复杂的日程安排和会议组织。例如,准备一份重要的会议记录,秘书需要在有限的时间内准确记录所有关键信息,并确保会议的顺利进行。这种对细节的关注和对时间的严格管理要求,往往会给秘书带来不小的工作压力。

2.工作环境的压力

秘书所处的工作环境也可能成为压力源。办公室政治、人际关系的复杂性以及上级的高期望都可能给秘书带来额外的压力。例如,秘书可能需要在不同的部门和团队之间进行协调,这不仅要求他们具备出色的沟通技巧,还需要他们能够妥善处理各种人际关系和潜在的冲突。

3.个人生活的影响

个人生活的挑战,如家庭责任、健康问题或个人关系,也可能对秘书的工作产生影响。工作与生活的平衡对于秘书来说是一个持续的挑战。例如,一位秘书可能需要在工作和照顾家庭之间找到平衡,这可能会分散其注意力,影响工作效率。

4.职业发展的不确定性

职业发展的不确定性和竞争压力也是秘书面临的压力源之一。随着工作环境的不断变化和技能要求的提高,秘书需要不断学习新技能和知识以保持竞争力。例如,随着数字化办公的普及,秘书可能需要学习新的信息技术和软件应用,以适应工作的需求。

我们可以根据艾里克森的心理社会发展阶段理论来理解秘书在不同生活阶段可能面临的压力和挑战。这一理论认为,个体在不同的生命周期阶段会面临不同的心理社会任务。对于秘书来说,这些阶段可能如下。

早期职业生涯阶段:在这一阶段,秘书可能专注于建立自己的职业身份,寻求工作技能和独立性。他们可能会感受到来自工作表现和职业定位的压力。

建立家庭和职业稳定阶段:在这一阶段,秘书可能会面临工作与家庭责任的平衡问题,需要在职业发展和个人生活之间找到平衡点。

中年危机与再生阶段:随着年龄的增长,秘书可能会对自己的职业成就感到不满,寻求新的挑战和成长机会。他们可能会经历职业转型或寻求新的职业发展路径。

后期反思与传承阶段:在职业生涯的后期,秘书可能会反思自己的成就和贡献,寻求将知识和经验传承给下一代。

通过理解这些心理社会任务,秘书可以更好地识别和应对工作中的压力源。例如,一位处于中年阶段的秘书可能会通过参加专业培训和网络建设活动来应对职业发展的不确定性,同时通过有效的时间管理和家庭支持来平衡工作和家庭责任。

(二)心态失衡的原因

秘书在工作中可能会遇到心态失衡的情况,这种失衡通常是由多种因素引起的。以下是一些主要的原因。

1.工作压力

秘书的工作性质要求他们处理大量的信息和任务,这可能导致工作压力。例如,秘书可能需要在短时间内准备会议资料、安排日程,并同时回应多个部门的需求。这种高强度的工作负荷可能导致秘书感到压力巨大,从而影响他们的心态。

2.角色冲突

秘书在组织中扮演着多重角色,这可能导致角色冲突。例如,秘书可能在满足领导的期望和处理同事的请求之间感到矛盾。这种冲突可能导致秘书感到困惑和焦虑,难以平衡各方的期望。

3.职业发展瓶颈

在职业发展过程中,秘书可能会遇到发展瓶颈,如晋升机会有限或职业路径不明确。例如,一位经验丰富的秘书可能发现自己的职位长时间没有变动,感到职业发展停滞不前。这种情况可能导致秘书对未来感到不确定和沮丧。

4.人际关系问题

秘书需要与各种人打交道,人际关系问题可能影响他们的心态。例如,秘书可能与某个难以合作的同事发生冲突,这种负面的人际互动可能导致秘书感到紧张和不满。

5.工作与生活平衡

秘书在努力工作的同时,也需要处理个人生活的问题。例如,秘书可能在照顾家庭和满足工作要求之间挣扎,这种平衡的困难可能导致秘书感到内疚和压力。

6.职业认同感缺失

秘书可能对自己的职业价值和成就感到怀疑,这可能导致职业认同感的缺失。例如,秘书可能觉得自己的工作不被重视或缺乏认可,这种感觉可能导致他们对自己的职业选择产生怀疑。

7.情绪管理困难

秘书在工作中可能会遇到各种情绪挑战,如愤怒、失望或挫败感。例如,秘书可能因为一个项目的失败而感到沮丧,如果他们没有有效的情绪管理技巧,这种情绪可能会影响他们的整体心态。

8.组织文化和领导风格

组织文化和领导风格也可能影响秘书的心态。例如,在一个高压和竞争激烈的工作环境中,秘书可能会感到持续的压力和不安。相反,在一个支持和鼓励的工作环境中,秘书可能会有更好的心态和工作表现。

9.个人价值观与工作不符

当秘书的个人价值观与工作环境或组织目标不一致时,他们可能会感到心态失衡。例如,秘书可能非常重视工作生活平衡,但如果他们的组织强调长时间工作,这可能导致秘书感到冲突和不满。

10.职业倦怠

长期的工作压力和情感消耗可能导致职业倦怠。例如,秘书可能因为长时间处理重复和压力性的任务而感到疲惫和失去工作热情。

总之,秘书心态失衡的原因多种多样,可能涉及工作压力、角色冲突、职业发展、人际关系、工作生活平衡等多个方面。理解这些原因有助于秘书采取针对性的策略来管理和调整心态,从而提升工作表现和职业满意度。

(三)秘书心态失衡的类型

在秘书的职业生涯中,心态失衡是一个复杂的现象,它可以归结为五种主要类型。

1.焦虑与压力型失衡

这种失衡类型与认知行为理论中的焦虑概念有关,其中个体对即将到来的事件或任务持有负面预期。这种预期可能导致生理和心理上的紧张状态,影响工作表现。

例如,秘书可能会因为担心无法满足截止日期或完成工作任务而感到紧张和不安,尤其是在准备重要会议时,对细节出错的担忧可能导致反复检查,进而影响工作效率。

2.职业倦怠型失衡

职业倦怠是心理学中的一个概念,描述了长期工作压力和情感消耗导致的疲惫、去个人化和成就感降低的状态。这种失衡与工作满意度、工作投入和个人健康有关。

例如,秘书可能会感到精疲力尽,对工作失去热情。当他在连续加班后,可能会感到身体不适,对工作的兴趣和激情明显减退。

3.角色冲突型失衡

角色冲突型失衡源自社会心理学中的角色理论,指个体在不同社会角色之间的期望发生冲突。这种冲突可能导致个体感到困惑和焦虑,难以平衡各方的期望。

例如,秘书可能会在工作要求和个人生活需求之间感到矛盾,他可能因为工作要求而无法参加家庭聚会,因而感到内疚和焦虑。

4.自我怀疑型失衡

自我怀疑型失衡与心理学中的自我概念有关,是指个体对自己的能力和价值持有负面看法。这种失衡可能与个人成就、职业发展和自我期望有关。

例如,秘书可能会对自己的工作成果持怀疑态度,担心无法达到预期标准,当他在完成工作后,可能会不断寻求他人的认可,以确认自己的工作是合格的。

5.变革抵抗型失衡

变革抵抗型失衡与组织行为学中的变革管理理论相关,其中个体对新的工作流程或组织结构变化持有抵触态度。这种失衡与个体对新环境的适应能力、接受新事物的意愿和变革管理策略有关。

例如,秘书可能会对新的工作流程或组织结构变化持抵触态度,当公司引入新的办公软件后,可能会因为不熟悉操作而感到不安和抗拒。

这些心态失衡的类型提供了识别和解决问题的线索。通过提供适当的支持和资源,如心理健康服务、职业发展机会和工作生活平衡策略,可以帮助秘书更好地管理心态,促进其职业成长和个人福祉。此外,组织可以通过建立开放的沟通渠道、提供培训和发展计划以及培育积极的组织文化来减少心态失衡的发生。

【测一测】

以下是一项旨在评估文秘专业在校学生可能存在的心态失衡情况的测试题。测试者应根据自己最近的学习和生活体验,诚实回答以下问题。每个问题的评分标准为:1分表示"非常不同意",2分表示"不同意",3分表示"中立",4分表示"同意",5分表示"非常同意"。

通过这套测试题,同学们可以更好地了解自己可能存在的心态失衡情况,并根据测试结果采取相应的应对措施。同时,学校和教师也应提供必要的支持和资源,帮助学生应对学习和生活中的挑战。

文秘专业学生心态失衡测试题

学习压力型失衡

1.我经常担心自己无法在截止日期前完成作业和项目。　　　　　　　　　（　）

2.我在准备考试时感到非常紧张和焦虑。　　　　　　　　　　　　　　（　）

3.我觉得课程难度大,难以跟上学习进度。　　　　　　　　　　　　　（　）

职业前景焦虑型失衡

4.我对自己的未来职业发展感到不确定和担忧。　　　　　　　　　　　（　）

5.我担心自己的专业技能不足以在就业市场上竞争。　　　　　　　　　（　）

6.我对找到实习或工作机会感到焦虑。　　　　　　　　　　　　　　　（　）

角色冲突型失衡

7.我在处理学业和个人生活(如家庭、社交活动)之间感到冲突。　　　　（　）

8.我难以平衡学习任务和兼职工作(如果有)。　　　　　　　　　　　（　）

9.我在满足家庭期望和个人职业目标之间感到压力。　　　　　　　　　（　）

自我效能感缺失型失衡

10.我对自己的学习能力和成绩缺乏信心。　　　　　　　　　　　　　（　）

11.我经常需要他人的鼓励和肯定来激励自己学习。　　　　　　　　　（　）

12.我对自己的专业选择和职业路径感到怀疑。　　　　　　　　　　　（　）

适应性挑战型失衡

13.我对新学期的课程变化和教学方式感到不安。　　　　　　　　　　（　）

14.我发现自己难以适应新的学习工具和技术。 （ ）

15.我在面对学习环境和教育方法的变化时感到具有挑战。 （ ）

测试结果解释：

15~30分：你的心态相对稳定，你可以很好地管理自己的学习和生活压力。继续保持积极的心态，并在必要时寻求支持。

31~45分：你可能在某些方面经历了心态失衡。建议你关注自己的心态变化，并采取适当的应对策略，如时间管理和放松训练。

46~60分：你可能正在经历较为明显的心态失衡。考虑寻求同学、朋友或学校辅导员的支持和建议，以帮助你更好地应对压力。

61~75分：你可能在多个方面面临心态失衡的挑战。强烈建议你寻求专业的心理健康支持，并与导师或学院辅导员讨论可能的学习计划调整。

（四）秘书心态失衡的应对策略

针对秘书工作中常见的五种心态失衡类型，以下是一系列应对策略，旨在帮助秘书管理和调整自己的心态。

1.焦虑与压力型失衡应对策略

放松训练：放松训练是一种通过深呼吸、渐进性肌肉放松或冥想等方法来减轻身体紧张和心理压力的技巧。这种策略基于生理和心理之间的相互作用，通过放松身体来减少心理的焦虑感。

例如，一位秘书在准备重要会议前感到紧张，该秘书可以通过进行几分钟的深呼吸练习来平复自己的情绪，从而以更清晰的头脑面对接下来的任务。

2.职业倦怠型失衡应对策略

自我关怀：自我关怀是指个体对自己的健康和福祉给予关注和照顾。这包括保证充足的休息时间、进行有意义的休闲活动以及培养健康的生活习惯。

例如，一位经历职业倦怠的秘书决定每周安排一次瑜伽课，以帮助自己放松身心，找到工作之外的乐趣和满足感。

3.角色冲突型失衡应对策略

时间管理能够高效地安排和调节个人时间分配，以提升工作效能和生活标准。通过优先级排序和任务规划，秘书可以更好地平衡工作和个人生活的需求。

例如，一位秘书在工作和家庭责任之间感到冲突，该秘书通过使用电子日历和待办事项列表来更好地安排时间，确保工作和家庭活动都获得适当的关注和投入。

4.自我怀疑型失衡应对策略

正面反馈寻求：正面反馈寻求是指主动寻求他人对自己工作成果的积极评价，以增强自信和自我效能感。这种策略基于社会支持理论，认为他人的正面评价可以提升个体的自我效能感。

例如，一位对自己的工作成果持怀疑态度的秘书，可以定期与领导或同事进行沟通，寻求对其工作表现的正面反馈，从而增强自己的工作信心。

5.变革抵抗型失衡应对策略

适应性培训：适应性培训是指帮助个体适应新的工作环境、流程或技术变化的培训。这种策略基于学习理论，认为通过教育和实践，个体可以学习新技能，减少对变革的抵抗。

例如，一位对新办公软件感到抗拒的秘书，可以通过参加专门的培训课程来熟悉软件的功能和操作，从而减轻对新变化的不安感。

除上述具体策略，秘书还可以采取一些通用的心态管理技巧，如认知重构（重新评估和挑战消极思维模式）、建立支持网络（与同事和朋友建立积极的关系，以获得情感支持和建议），以及持续的个人发展（通过学习新知识和技能来提升自己的职业竞争力）。

总之，通过理解和应用这些策略，秘书可以更有效地应对工作中的心态失衡，提高自己的职业表现和生活质量。同时，组织也应该提供必要的支持和资源，帮助秘书应对压力。

(五)秘书心态的培养和维护

秘书在日常工作中面临的挑战和压力要求他们必须培养和维护积极的心态，培养和维护的方法不尽相同，以下是五种便于操作的培养和维护方式。

1.自我意识与情绪管理

秘书需要培养自我意识，学会识别和理解自己的情绪。运用情绪管理技巧，如正念冥想或情绪日记，可以帮助秘书更好地处理负面情绪。

例如，在每日工作结束时，可以花几分钟写下当天的情绪变化和触发因素，这有助于秘书了解自己的情绪模式，并在必要时采取措施来调整情绪。

2.目标设定与时间管理

设定清晰的短期和长期目标，并制订详细的行动计划。使用时间管理工具，如待办事项列表和日程表，可以帮助秘书有效地安排工作和个人时间。

例如，秘书可以每周为自己设定一个需要完成的小目标，并使用日历来规划每天的任务。这种方法可以帮助秘书保持专注，并确保按时完成任务。

3.持续学习与专业发展

秘书应该持续学习新知识和技能，以适应不断变化的工作要求。参加在线课程、研讨会和行业会议都是提升专业能力的有效途径。

例如，参加高级商务英语课程，以提高自己的沟通能力；定期阅读行业新闻，保持对最新趋势的了解等。

4.建立支持网络与社会支持

秘书应该建立一个由同事、朋友和家人组成的支持网络，以便在遇到挑战时获得帮助和鼓励，参与社交活动和专业团体也是扩展人际网络的好方法。

例如,秘书可以加入与行业相关的社交网络群组,定期与群组成员交流工作经验,分享并讨论面临的挑战。这种互动不仅能提供情感支持,还可能带来新的职业机会。

5.自我激励与成就庆祝

秘书应当学会自我激励,为自己的每一个小成就设立奖励机制。这不仅能够提升工作动力,还能帮助秘书保持积极的心态,在工作中找到更多的乐趣和动力。

例如,在完成一个复杂项目后,可以给自己放一天假,去做最喜欢的活动。这种奖励机制不仅能让秘书在紧张的工作之余得到放松,也能使之更加期待下一次有挑战的工作。在这种机制下,每一份努力都会有回报,而庆祝自己的成就,无论大小,都是对个人努力的认可,有助于增强自信心。

通过这些方法,秘书可以有效地培养和维护积极的心态。秘书应该将这些方法融入日常工作和生活,使之成为习惯,以实现长期的心态健康和职业成功。

三、心态的自我监控与调整

(一)自我对话与内在反馈

自我对话与内在反馈是一种心理策略,它涉及个体对自己内在的思考和对情感进行积极的沟通和调整。这种策略使个体能够通过内部的语言和图像来影响自己的行为和情绪状态。通过自我对话,个体可以鼓励自己、提供指导、设定目标,并在面对挑战时保持积极态度和持续动力。内在反馈是个体对自己行为和情绪的持续监控和评估,它帮助个体识别和调整那些可能阻碍目标实现的消极思维和情绪。这种自我调节的过程对于个人的成长、适应变化和实现职业目标至关重要。通过有效地运用自我对话与内在反馈,秘书可以更好地管理自己的心态,提升工作表现,并在职业生涯中保持稳定和进步。

秘书在日常工作中经常面临各种挑战和压力,这些情况可能会影响他们的心态和表现。为了有效地管理心态,秘书首先需要识别出自己的心态何时需要调整。这通常可以通过一些明显的信号来识别,例如,情绪波动、工作效率下降、睡眠质量变化或身体反应等。当秘书注意到这些信号时,他们就应该意识到需要采取行动来调整自己的心态。

一旦识别出需要调整心态的时机,秘书可以采用自我对话与内在反馈的方式来进行心态管理。自我对话涉及使用积极肯定的语言来替换消极的自我评价,例如,将"我做不到这个任务"转变为"这个任务很有挑战性,但我有能力一步步解决它"。此外,为自己的情绪贴上标签也是一种有效的策略,它可以帮助秘书意识到自己的情绪状态,并采取相应的调整措施。秘书还可以通过重构问题的方式来看待挑战,将问题视为成长和学习的机会,而不仅是看到潜在的失败风险。此外,重塑目标也是一种有用的方法,秘书可以将长期目标分解为可实现的短期目标,并为每个小成就设立奖励,以保持动力和积极性。

以李秘书为例,她正在准备一个重要的客户演示,但感到非常紧张和不安。通过识别自己的心态信号,如睡眠问题和工作分心,她意识到需要调整心态。李秘书采用了积极的自我对话,告诉自己"我已经为这个演示准备了很久,我知道我有能力做好"。她为自己的紧张情绪贴上标签,并将其视为对演示成功的关注。通过将演示视为一个展示专业能力的机会,她重构了问题,并为自己设定了一个短期目标:完成演示草稿,并在完成后奖励自己一个小甜点。这个过程不仅帮助李秘书克服了紧张情绪,还提高了她的工作效率和满意度。

自我对话与内在反馈是强大的心态管理工具,能够帮助秘书在面对挑战和压力时维持积极的态度和专注的状态。

(二)环境调整与能量管理

环境调整与能量管理是一种心态管理策略,通过优化个人工作环境和有效管理个人能量来提升工作效率和维持积极心态。这种策略认为,外部环境和内在能量水平对个体的心态和表现有显著影响。

环境调整涉及对工作空间进行物理和心理的优化,以创造一个有利于专注和创造力的环境。能量管理则是指秘书通过有效的时间规划和活动安排,来保持和提升自己的身心能量,确保在面对工作挑战时能够保持最佳状态。具体的做法如下。

优化工作环境:秘书可以通过调整工作空间的布局、光线、温度和噪声水平来创造一个舒适和高效的工作环境。例如,保持桌面整洁、选择适当的照明和使用降噪耳机。

能量水平监控:秘书应该意识到自己的能量周期,识别出一天中精力最旺盛和最容易疲劳的时段,并据此安排工作任务。

休息与恢复:在工作日中安排短暂的休息时间,进行身体活动或冥想,可以帮助秘书恢复精力,预防长时间工作而引发的疲劳。

健康生活习惯:保持良好的饮食、运动和睡眠习惯,对于维持稳定的能量水平至关重要。

假设张秘书发现自己在下午工作时常感到精力不济,影响工作效率,那么她可以采取环境调整与能量管理的策略来改善这一状况。

首先,张秘书对工作环境进行了优化。她调整了办公室的灯光,确保有足够的自然光照射到工作区域,同时调整了座椅,使其更加符合人体工程学。她还发现,周围的噪声让她难以集中注意力,于是她开始在完成需要高度专注的任务时使用降噪耳机。

其次,张秘书开始监控自己的能量水平。她注意到自己在午饭后往往会感到疲倦,因此她决定在这个时间段安排一些较为轻松的任务,如回复电子邮件或整理文件。

为了恢复精力,张秘书还在工作日中安排了几次短暂的休息。每隔一小时,她会起身走动几分钟,做一些简单的伸展运动,或者进行几分钟的深呼吸练习。这些活动帮助她缓解了紧张感,恢复了精力。

最后,张秘书更加注重自己的健康生活习惯。她开始吃更健康的食物,每天坚持30分钟的有氧运动,并确保每晚获得充足的睡眠。这些改变让她感到精力更加充沛,能够更有效地应对工作中的挑战。

通过这些实践,张秘书不仅改善了自己的工作环境,还学会了如何有效管理自己的能量水平。

(三)心理锚定与情绪调节

心理锚定是一个心理学概念,是指将特定的感觉、情绪或心理状态与一个独特的触发点(锚)联系起来。这个锚可以是一个词语、一个动作、一个声音或者任何其他可以快速激活特定情绪状态的信号。情绪调节则是指个体管理和改变自己情绪体验和表达的过程,以适应不同的情境和目标。具体的实践途径如下。

情绪管理

创建心理锚:秘书可以选择一个或多个代表积极情绪的心理锚。这可以是一个激励性的短语、一个舒缓的图像或者一个具有特殊意义的物体。

锚定练习:通过重复练习,在特定情境下使用心理锚来引发积极的情绪反应。这可以通过在安静的环境中闭上眼睛,回想与心理锚相关的经历和感觉来实现。

情境应用:在实际工作中,当秘书感到压力或情绪低落时,可以迅速激活心理锚,以提振情绪和恢复专注力。

多样化锚点:为了适应不同的情境,秘书可以创建多个心理锚,每个锚点对应不同的情绪状态或目标。

以周秘书为例,周秘书在工作中经常需要处理紧急和压力大的任务。她发现在这些时候,自己容易感到焦虑和紧张。为了更好地管理这些情绪,周秘书决定尝试心理锚定与情绪调节的策略。

首先,她选择了一个心理锚——"平静"。她决定将这个词语与一个舒缓的深呼吸练习联系起来。在接下来的几天里,周秘书在每天早晨和晚上都会花几分钟时间进行深呼吸练习,并在吸气时默念"平静",在呼气时想象自己释放掉所有的压力和紧张。

通过这种重复的练习,周秘书成功地将"平静"这个词语锚定为自己的心理锚。几周后,当她在工作中遇到紧张的情况时,她只需轻声说出"平静",并进行几次深呼吸,就能感受到自己的情绪迅速稳定下来。

此外,周秘书还创建了其他的心理锚,如"专注"和"自信"。她为"专注"选择了一个清晰的桌面图像作为锚点,每当需要集中注意力时,她就会想象自己的桌面,感受到一种清晰和专注的情绪。对于"自信",她选择了一个过去的成功经历作为锚点,每当需要增强自信时,她就会回想起那次经历,感受自己的力量和能力。

通过心理锚定与情绪调节,周秘书不仅学会了如何在压力下保持冷静,还提高了自己的情绪调节能力,这使得她在面对工作中的挑战时更加自信和高效。

(四)正念练习与存在意识

正念练习是一种训练个体将注意力集中在当前时刻的练习,目的是以一种接纳和无评判的态度观察自己的思想、感觉和身体感受。存在意识则是指个体对自己在时间和空间中的存在有深刻的认识和感知,这种意识有助于个体保持清晰和平静的心态,即使在压力或混乱的环境中也能保持冷静和专注。

正念练习和存在意识可以通过简单的呼吸练习、静坐、散步以及观察周围环境等方式来培养,要注意正在进行的活动的细节和感受,从而增强对当下时刻的认识和体验。

例如,刘秘书在工作中经常感到压力重重,她发现自己很难在紧张的工作环境中保持冷静和专注。为了改善这种状况,她决定尝试正念练习与存在意识的培养。

刘秘书开始每天早晨进行十分钟的冥想。她安静地坐在办公室的一角,闭上眼睛,专注于自己的呼吸。随着呼吸的流动,她观察到自己的思绪开始平静下来,身体感到放松。通过这种练习,她学会了如何在忙碌的一天开始前找到内心的宁静。

在日常生活中,刘秘书也开始正念练习。她在吃早餐时,仔细品味每一口食物的味道和质地。在上班途中,她注意观察周围的风景,聆听城市的声音。这些简单的活动帮助她保持对当前的意识,减少了对未来的担忧和对过去的纠结。

当工作中出现紧张情况时,刘秘书会利用存在意识来帮助自己保持冷静。她会暂时停下手头的工作,进行几次深呼吸,然后将注意力集中在自己的身体上,感受自己的坐姿和脚与地面的接触。这种简单的练习使她能够从压力中抽离出来,以更清晰的头脑面对工作。

(五)职业辅导与心理支持

职业辅导是指专业人士通过一系列的方法和技术,帮助个体明确职业目标、提升职业技能、解决工作中的问题及规划职业发展路径。心理支持则涉及提供情感支持、应对策略和心理干预,以帮助个体管理和缓解工作压力、情绪困扰和心理障碍。

职业辅导与心理支持是秘书在面对职场挑战和心理压力时,寻求专业帮助和指导的重要途径,这种支持可以帮助秘书解决具体问题。秘书可以寻找专业的职业辅导机构或个人,进行职业规划、技能提升和职业转型等方面的咨询;或通过与心理咨询师的定期会谈,探讨自己的情绪问题、压力源和应对策略;还可以通过职业团体或社交网络,与其他专业人士交流经验和资源。

【知识链接】

识别消极心态并采取相应的应对策略,秘书可以有效地管理自己的情绪和行为,从而提高工作效率和职业满意度。心态管理是一个持续的过程,秘书需要不断进行自我反思与调整,以维持积极、健康的职业心态。

1.消极心态:拖延症
影响:拖延会导致工作积压,增加压力,降低工作效率和质量。

应对策略:

(1)设定明确的目标:将大任务分解为小步骤,设定具体、可实现的短期目标。

(2)使用时间管理工具:利用日程表、待办事项列表等工具规划工作,确保按时完成任务。

(3)消除干扰:识别并减少工作环境中的干扰因素,如关闭不必要的社交媒体通知。

2.消极心态:自我怀疑

影响:自我怀疑可能导致秘书在决策时犹豫不决,影响工作自信和效率。

应对策略:

(1)积累成功经验:记录并回顾自己过去的成功案例,提醒自己具备完成任务的能力。

(2)寻求反馈:向同事和上级寻求正面反馈,增强自信。

(3)持续学习:通过培训和学习提升自己的专业技能,增强对工作的信心。

3.消极心态:过度竞争

影响:过度竞争可能导致工作关系紧张,影响团队合作和工作氛围。

应对策略:

(1)培养合作精神:重视团队合作,与同事分享信息和资源,共同解决问题。

(2)设定合理的期望:理解工作中的竞争是正常的。

(3)专注于个人成长:将注意力从与他人的比较转移到个人技能和职业目标的提升上。

4.消极心态:职业倦怠

影响:长期的职业倦怠会导致工作热情下降,影响工作表现和个人健康。

应对策略:

(1)保持工作与生活的平衡:合理安排工作和休息时间,确保有足够的时间进行放松和充电。

(2)寻找工作的意义:思考工作对自己和他人的意义,找到继续前进的动力。

(3)寻求变化:如果可能,尝试新的工作职责或项目,以激发新的工作热情。

5.消极心态:恐惧失败

影响:恐惧失败可能导致秘书避免挑战和风险,限制个人和职业的成长。

应对策略:

(1)接受失败为学习机会:将失败视为成长和学习的一部分,而不是终点。

(2)设定可实现的目标:设定合理的目标,逐步提升难度,增强面对挑战的信心。

(3)建立支持网络:与理解和支持自己的同事和朋友交流,分享担忧和挑战。

▶▶▶ 任务小结

【任务关键词】

1.秘书心态管理的重要性。

2.秘书心态失衡的原因。

3.秘书心态失衡的类型。

4.秘书心态的培养和维护。

5.心态的自我监控与调整。

✐【实践练习】

心态自我监控与调整实践练习

通过这些练习,学生可以更好地理解自己的情绪和心态,建立自我监控机制,学会有效识别和调整自己的心态,从而提高学习和生活的效率,应对挑战。

练习一:心态日记

目的:通过记录日常情绪和心态变化,提高自我认知。

步骤:

1.准备日记本:选择一个笔记本或电子设备作为心态日记。

2.每日记录:每天选择固定时间,记录当天的情绪状态、遇到的挑战、成功和失败的经历。

3.反思分析:分析情绪变化的原因,识别哪些因素导致了心态的波动。

4.调整策略:基于分析结果,制定心态调整的策略。

持续时间:持续4周,以观察心态变化的模式。

练习二:正念冥想

目的:通过正念冥想,提高当下的意识,减少焦虑和压力。

步骤:

1.选择环境:找一个安静舒适的地方进行冥想。

2.设定时间:每天固定时间,如早晨起床后或睡前。

3.冥想练习:进行5~10分钟的正念冥想,专注于呼吸,观察思绪而不作评判。

4.记录感受:冥想后记录身体和心里的感受。

持续时间:每天进行,至少持续2周。

练习三:情绪调节卡片

目的:创建一套个性化的情绪调节工具,帮助快速调整心态。

步骤:

1.制作卡片:使用卡片或便签,写下或画出能够带来正面情绪的图像、话语或活动。

2.分类整理:将卡片按照情绪类型分类,如放松、激励、安慰等。

3.使用卡片:在感到情绪波动时,选择相应的卡片进行心态调整。

4.反馈调整:根据使用效果,不断更新和完善卡片内容。

持续时间:长期使用,定期更新。

练习四:目标设定与追踪

目的:通过明确目标和追踪进度,增强动力和自我效能感。

步骤:

1.设定目标:制订短期和长期学习目标,确保目标具体、可衡量。

2.制订计划:为每个目标制订详细的行动计划。

3.进度追踪:使用表格或图表记录每天的进度和成果。

4.定期评估:每周评估目标完成情况,调整计划以适应变化。

持续时间:持续整个学期或学习周期。

练习五:积极心态训练

目的:培养积极的思维方式,提高应对挑战的能力。

步骤:

1.识别负面思维:注意自己在面对困难时的自动负面思维。

2.挑战负面思维:用事实和逻辑质疑这些负面思维。

3.替换积极思维:用积极、建设性的思维替换负面思维。

4.实践应用:在日常生活中不断练习,形成习惯。

持续时间:持续数月,直至形成稳定的积极思维模式。

注意事项:

个性化:鼓励练习者根据自己的特点和需求调整练习内容。

持续性:心态的调整需要时间,鼓励持续练习。

反馈:定期收集反馈,以优化练习方法。

支持:提供必要的支持和指导,帮助克服练习中的困难。

✿【职业发展】

曾国藩处世哲学对秘书心理的影响①

一、处世哲学对秘书冷静心理的影响

"每逢大事有静气。"指的是每当每次遇到大的事情之前先要冷静下来。这是曾国藩沉浮官场数十载总结出的做事原则。年轻时的曾国藩于官场沉浮,难免会有心烦意乱的时候,他向唐鉴先生去求教。唐鉴送给他一个"静"字,只有静下心来,才能有效地处理各种各样的军国事务。所以曾国藩每天都会独自静坐一会儿,许多处理事务的办法都在此中取得。特别是在遇到一些棘手的问题时,他更不会随便去作出判断,往往要经过几番静静的考虑之后,才会拿出一个办法来。不仅在处理大事上如此,处理细小的事情更是要事前冷静。

秘书的心理状态对工作的影响尤其重要,不妨每日面对复杂的工作时先休息一会儿,静下心来反复思考解决问题的方法,以最佳的状态来解决复杂的事务。秘书不同于其他职业,每天需要面对复杂的事务,除了需要出色的专业技能外,还需要拥有强大的心理素质。作为一名优秀的秘书保持冷静、镇定的头脑尤为重要。秘书的工作十分琐碎却不能出现一点错误。如果因为忙中出错,那么这些小事也可能演变成"大事"。秘书需要调节自身的心理状态,保持冷静的状态。如果一个秘书自乱阵脚,那他又如何为领导提供良好的解决意见。秘书的心理状态对工作的影响尤其重要,这时曾国藩的处世哲学对秘书心理具有重要的、积极的影响。

二、处世哲学对秘书抗压心理的影响

"天下事,有所激有所逼而成者居其半。"这一哲理指的是世界上可以成功完成的事情往往得益于外界带来的激励或压力。曾国藩认为,做事情需要外界的压力,以及内心激发的潜力,这样大部分能够成功地完成。可见心理状态和内外部因素对职场人士有多么重要,有时候成功是最后的一压之下激发的。所有的事情都要有充足的动力去完成。

这则哲理来源于毕业于耶鲁大学的中国留学生容闳。曾国藩对他抱有很大信心,非常希望他办厂办洋务,但在处理事务的过程中,容闳感到处处都有困难,很多事情难以解决,但是最后都坚持下来,告诉自己先从心理上去克服困难,有自信,有激励,有压力大半会成功。克服万难把总督交给的任务完美完成。这也说明在有所逼迫的条件下克服心理障碍,化作动力就能更好地完成任务,取得成功。秘书工作也是这样,面对复杂的任务,要调整好自身,充满动力去完成,坚持下去,就可能取得成功,成就自己的事业。

秘书人员的工作其实看似简单实则困难重重,但通过这句哲理名言,可以看出,成功

---

① 肖金雨.曾国藩处世哲学对秘书心理的影响[J].戏剧之家,2018(25):227.(有微调)

地办好每一件事都需要"尽力而为"。曾国藩做事情都是如此,这也是先从心理方面对自身施加压力,有了压力就有了动力,激发个人潜能,帮助完成那些看似不可能的任务。拥有自信的心理状态对提升秘书工作效率起着重要的作用,时刻保持有所激有所逼的心理可以帮助秘书人员高效地完成任务。同时也要保持自信不可有自卑忧郁、闷闷不乐的心理,也不可居功自傲、沾沾自喜,要把外界的压力和困难转化为前进的动力,促进事物的发展,也符合儒家的哲学观。曾国藩的处世哲学属于中国传统哲学的范畴,学习其处世哲学对秘书的抗压心理、理性心理、为人处世能力的提高有着重要的积极意义。

三、处世哲学对秘书临危不乱心理的影响

"乱极时站得住,才是有用之学。"这句话强调了有在危急时处理极其纷繁杂乱事务的能力,才是正确有用的知识。这说明秘书要有临危不乱的能力,才能够处理好职场中的事务。这是中国哲学的独到之处。

曾国藩和湘军之父罗泽南的关系亲如兄弟。罗泽南是湖南大儒,在武昌城下兵败中弹,他在临终前写信交给曾国藩提到近年和洋人战斗,有一些心得体会,现在要与曾国藩远别,希望其可以临危不乱,可以为国珍重。这则哲理也就来源于此。启示我们:作为秘书人员,面对烦杂事务时,应调整好心态,运用过硬的本领才是真正有用的。

这一哲理告诉秘书人员不要临危而乱,需要良好的应对心理。秘书人员工作复杂,常常会有一些紧急复杂的事务需要办理,这就要求职业秘书有灵活的应变能力,尤其面对突发情况,更要妥善解决问题。秘书人员要先调整好本人的心态,面对诸多问题只有临危不乱有解决问题的能力,分清主次的秘书才可以称作好秘书。首先,我们要从心理上认清这一点,不断查缺补漏,提高自身专业技能,平和心态,调整自身,不自乱阵脚,以最好的状态面对工作。同时要临危不乱,在繁忙的工作中抓住重点、理清思路对引导我们的工作具有重要的影响。这样才可称为合格有用的秘书。

项目三
秘书的人际关系

知识目标:
- 熟悉秘书的人际关系的类别。
- 理解秘书的沟通原则。

能力目标:
- 找出不同类别关系的沟通问题。
- 能应用秘书的沟通技巧分析诊改沟通协调中的问题。

素质目标:
- 培养表意准确、心态客观的沟通习惯。
- 树立正确的人际关系价值观。

【阅读与思考】

某集团的秘书小刘以其出色的文笔和勤勉的工作态度而备受领导的赏识,他在处理日常文书工作和领导安排的任务时,总是能够做到细致入微、准确无误,展现了优秀的个人专业技能。

然而,随着一次重要新品发布会筹备工作的到来,小刘的职业道路遇到了前所未有的挑战。这是小刘第一次负责筹备管理一个多部门协作的项目,对他来说,这不仅是一次挑战,更是一个展示自己能力的舞台。

当小刘接到这个任务时,领导满怀期待地对他说:"小刘,这次新品发布会就交给你了,我相信你能做得很好。这是你展示自己的一个好机会,也是检验你能力的一个挑战。"

"谢谢您的信任,我一定会全力以赴的。"小刘满怀信心地回答。

然而,在与其他部门协调工作时,小刘遇到了重重阻力。一些协办人员对他的严格要求感到不满,认为他太过苛刻,难以沟通。小刘感到很郁闷,但他并没有放弃,依然坚持自己的原则,努力推进发布会的准备工作。

终于有一天,领导找到了小刘,神情严肃地对他说:"小刘,我收到了很多关于你的投诉,大家都觉得你太过自我,不考虑其他部门的情况。"

小刘感到十分委屈,他辩解道:"领导,我只是想确保发布会的每一个细节都能做到最好,我还是坚持每一个环节都要严格以待。我认为并没有做错什么。"

领导叹了口气,耐心地说:"小刘,我知道你工作认真,但这次的新品发布会,不是你一个人能完成的,你必须适应团队协作的方式。作为秘书,你除了自己个人的任务,还得维护好工作关系,提高沟通效率。你不能只关注自己的工作,而忽视了团队合作。"

小刘有些不服气:"领导,我认为做事就应该认真负责,死磕细节,不应该把时间花到维护关系方面。所谓的关系并不能代替实际的工作。要是大家都在关系上汲汲营营的,那谁来办实事啊?"

领导摇了摇头,认真地说:"小刘,你的想法当然不错。然而,作为秘书,你的职责不仅仅是完成任务,更重要的是要维护良好的工作关系。个人的任务完成了,你发挥的是个人的能量;但是作为秘书,你不能仅仅满足于个人任务的胜任,还要架起四通八达的沟通渠道,调动更多的工作关系,为企业创造更大的价值。这种关系的维护和经营不是所谓的拉帮结派,而是秘书工作的重要组成部分,是发挥秘书职能的关键一环。就像一套复杂的机器,如果不做润滑保养,就会造成过高的损耗。在人工智能日益发展的今天,很多基础工作都可以被机器替代,但人与人之间的沟通和协作是难以被替代的。这需要你考虑到每个人的情绪、心理以及各种主客观因素。秘书的价值在于能够理解团队成员的需求,协调各方资源,解决问题,这是机器难以做到的。"

小刘沉默了,他开始反思自己的工作方式。领导继续说:"你还记得之前与产品开发部门的那次会议吗?你对他们提出的实施难点没有给予足够的理解和支持,而是坚持自己的要求。如果你能设身处地为他们着想,帮助他们找到解决问题的办法,那么你们之间的关系会更加融洽,工作也会更加顺利。"

小刘恍然大悟,他回忆起了那次会议。他当时对开发部门提出的技术难题表示了不满,却没有提供任何帮助或建议。他意识到,自己过于关注任务的完成,而忽略了同事们的感受和实际困难。他决心改变自己的工作方式,开始主动与其他部门的同事交流,了解他们的需求和困难,共同寻找解决问题的办法。

随着小刘的改变,他与同事们的关系逐渐融洽,发布会的筹备工作也变得顺利起来。最终,新品发布会取得了圆满成功,小刘不仅得到了领导的认可,更赢得了同事们的尊重和支持。

这次经历对小刘来说是一次宝贵的教训。他深刻地认识到,作为秘书,不仅要有专业的工作技能,更要有良好的人际关系和沟通能力。只有这样,才能在职场上发挥出最大的价值,为企业的发展作出更大的贡献。而这次发布会的成功举办,也成为小刘职业生涯中一个重要的转折点。

思考:相信小刘的工作经历让大家对"人际关系"这个词有了不一样的理解吧!正如小刘的经历所展示的,秘书在工作中不仅要面对各种任务和挑战,还必须学会处理复杂的人际关系,否则,秘书岗位所能创造的价值将会大大受限。接下来,我们不妨从以下三个方面来认识秘书的职业关系:

1. 秘书在工作中会面对哪些类型的人际关系?
2. 面对多样化的人际关系,秘书在沟通时应遵循哪些原则?
3. 秘书有哪些基于职业特点的沟通方法可以使用?

任务一　秘书的人际关系

❓问题:秘书在工作中会面对哪些类型的人际关系?

✐【任务导读】

小玲的人际关系启示录

小玲,一位充满朝气的文秘专业毕业生,带着对职场的憧憬和一丝不安,加入了一家知名企业,担任秘书。她每天都早早来到办公室,埋头苦干,处理文件、准备会议资料,她的勤奋和认真很快赢得了部门同事的好感。

　　尽管如此,小玲似乎总是特意将自己的工作局限在秘书部门内部。她对部门内部的工作流程和同事们的性格特点了如指掌,但她很少主动与其他部门的同事交流,对于公司的高层领导,也仅限于远远的敬仰。在她看来,只要做好手头的工作就足够了,她并不是个爱跟别人打交道的人。

　　李秘书是一位经验丰富的资深秘书,也是秘书部门的负责人,她欣赏小玲的勤奋和认真,也注意到了小玲的局限。

　　李秘书借着工作,温和地开始了她与小玲的谈话:"小玲,你最近的工作表现非常出色,你把部门内部的事务处理得井井有条。但是,作为秘书,你的工作范围远不止于此。"

　　小玲显得有些疑惑:"李秘书,我不太明白。我的主要工作不就是协助部门完成行政事务吗?"

　　李秘书耐心地解释:"当然,这是你工作的一部分。但是,秘书的角色还包括与公司内外部的各种人员建立和维护良好的关系。比如,当你需要协调一个涉及多个部门的项目时,如果你不熟悉其他部门的工作流程和负责人,你如何能够有效地推进工作呢?如果你没有在他们之中留下值得信任的印象,沟通协调时,他们也不一定愿意放下手头的工作来配合你啊!"

　　小玲沉思了一会儿,然后说:"我明白了,我需要更多地了解其他部门的工作。比如,如果我们有一个与客户合作的大型活动,我需要与市场部门紧密合作,了解他们的活动计划和需求。"

　　李秘书点头赞许:"没错,这是一个很好的开始。而且,你还需要与公司的供应商建立联系。例如,如果我们需要为会议订购文具或礼品,你需要知道如何与供应商沟通,确保质量和交货时间符合要求。"

　　小玲认真地记下了李秘书的建议,她开始意识到,秘书的工作不仅仅是处理文件,更应该通过经营健康的人际关系来促进工作有效完成。

　　李秘书继续说:"此外,与外部的关系也同样重要。比如,当公司需要举办一场行业交流会时,你可能需要与行业协会或其他企业的秘书联系,协调场地、日程安排等事宜。这些都需要你具备良好的沟通技巧和人际关系处理能力。"

　　小玲的眼神中透露出新的思考:"李秘书,我现在更加明白了。秘书的工作不仅要求我与内部同事保持良好的合作关系,还需要我能够与外部人员进行有效沟通。这样的工作才能真正发挥秘书的桥梁作用。"

　　李秘书满意地笑了:"很好,小玲。我相信你能够做得很好。记住,一个好的秘书,不仅要有专业的技能,还要有敏锐的观察力和出色的人际交往能力。这样,秘书工作的价值才能更好地体现出来。"

　　人际关系学大师、西方现代人际关系教育的奠基人戴尔·卡耐基,在调查了无数取得成功的故事之后认为,一个人事业上的成功,只有15%是由于他的专业技术,另外85%要靠人际沟通和处理关系的技巧。在职场中,人际关系的好坏会直接或间接地影响到个人的工作能力以及他人对自己的评价。那么,怎样才能处理好人际关系呢? 我们首先必须了解什么是人际关系。

一、人际关系

人际关系,简单来说就是人与人之间的交往;具体来说,人际关系是社会心理学的一个概念,有广义和狭义之分。广义的人际关系涵盖个人在生活、生产及其他社会活动中形成的所有的人与人之间的关系以及人与人之间关系的一切方面;狭义的人际关系则是指人们在社会实践中通过相互作用和相互影响而形成的直接的心理关系。

作为人们共同进行社会活动的一种特殊形式,人际关系是一种复杂的社会关系,分类方法也多种多样。如社会心理学家李维特根据时间的长短、权力的大小、行为规范和社会角色等标准,将人际关系分为长期人际关系与短期人际关系、依赖人际关系与独立人际关系、从属人际关系与平行人际关系三种类型;美国心理医生雷维奇利用"雷维奇人际关系测量游戏"方法,归纳出经常性互动者的八种人际关系:主从型、合作型、竞争型、主从竞争型、主从合作型、竞争合作型、主从合作竞争型、无规则型;社会心理学家舒茨根据人际需要的三维理论把人际关系分为主动与他人交往、期待他人接纳自己、支配他人、希望他人引导、主动表示友爱、等待他人对自己表示亲密六种类型;社会心理学家霍尼则将团体人际关系行为模式分为"逊顺型""进取型""分离型"三种类型。

在我国,依据关系形成的基础,人际关系可以分为以下三类。

血缘关系。是指以血缘或姻缘纽带而形成的人与人之间的关系。血缘关系是人与生俱来的关系,如父母与子女之间的关系、兄弟姐妹间的关系、宗族关系等,它是出现最早、对人影响最大,也是最牢固的一种关系,又被称为人际第一关系。

地缘关系。是指以人们所居住的空间地理位置关系而形成的人与人之间的关系,如邻里关系、社区关系、同乡关系等。一般来说,空间地理位置越接近,所形成的关系越密切。

业缘关系。是指人们通过职业或行业的活动而形成的人与人之间的关系。如同事关系、师生关系、干群关系、部属关系等。当投身行业或从事职业发生变化,业缘关系也会发生变化。随着职业变化的增多、职业活动范围的扩大,形成的业缘关系也会越来越多,它是人们在社会活动中建立起来的范围最广、最基本的一类人际关系。在业缘关系中,彼此竞争和相互合作并存,良好的业缘关系能直接或间接提高工作效率,对工作结果产生正面影响。

此外,按人际关系存在的状态,可以将人际关系分为正式关系和非正式关系。如上下级关系、同事关系、秘书和领导的关系,它们受到一定规范的制约,而且具有明显的等级差异,这是典型的正式关系;而球友、棋友等以兴趣爱好、情感为联系纽带的关系,没有明确的权利和义务的规定,属于非正式关系。

按人际关系存在时间的长短,可以将人际关系分为临时关系和持久关系。如乘客与票务员的关系,只存在于短暂的时空之中,是一种临时关系;而血缘关系和地缘关系,则是明显的持久关系。

【测一测】

人际关系测量表

说明:本测量表是基于莫雷诺于1934年首次提出的社交测量法①而设计的,旨在帮助你了解你在团体中的人际关系状况。请根据你的实际感受回答以下问题。对于每个问题,你需要选择一个最符合你实际情况的选项,并为其打分。

评分标准:

1分:非常不同意

2分:不同意

3分:中立

4分:同意

5分:非常同意

姓名(可选):【　　　】

团体名称:【学校/班级/社团组织名称】

问题:

1.我觉得在团体中被接纳和尊重。　　　　　　　　　　　　　　　　　　（　　）

2.我与其他团体成员有良好的沟通。　　　　　　　　　　　　　　　　　（　　）

3.我能够在团体中找到可以信赖的朋友。　　　　　　　　　　　　　　　（　　）

4.我愿意帮助团体中的其他成员。　　　　　　　　　　　　　　　　　　（　　）

5.我感觉自己对团体有所贡献。　　　　　　　　　　　　　　　　　　　（　　）

6.我了解团体中的其他成员及其兴趣。　　　　　　　　　　　　　　　　（　　）

7.我参与团体的决策过程。　　　　　　　　　　　　　　　　　　　　　（　　）

8.我在团体中感到自在和舒适。　　　　　　　　　　　　　　　　　　　（　　）

9.我与其他成员有共同的目标和价值观。　　　　　　　　　　　　　　　（　　）

10.我愿意为了团体的利益而牺牲个人利益。　　　　　　　　　　　　　（　　）

11.我在团体中能够表达自己的意见和想法。　　　　　　　　　　　　　（　　）

12.我感到团体中的活动和讨论对我有吸引力。　　　　　　　　　　　　（　　）

① 莫雷诺的社交测量法,旨在通过定量分析手段,客观地揭示个体在特定社会群体中的人际关系网络及其动态。社交测量法作为一种社会学研究工具,已被广泛应用于教育、组织行为学和心理学等领域,以评估和优化个体在团体中的互动模式和关系质量。

13.我能够与团体中不同性格的成员相处融洽。　　　　　　（　　）

14.我在团体中能够获得支持和鼓励。　　　　　　　　　　（　　）

15.我感到自己在团体中有所成长和发展。　　　　　　　　（　　）

计算方法：

将所有问题的分数相加，得到总分。

测试结果解释：

60~75分：你的人际关系非常良好，你在团体中感到非常融入和满意。继续保持开放和积极的态度，这将帮助你建立更深层次的联系，并可能为你带来更多的合作机会和职业发展。

45~59分：你的人际关系较好，但仍有提升空间。尝试主动参与团体活动，提高自己的参与度和可见度，这将有助于你与他人建立更紧密的联系。

30~44分：你的人际关系一般，可能需要更多的努力来改善。建议通过参加团队建设活动或主动提供帮助来加强与他人的联系，这可以提高你在团体中的认可度和影响力。

15~29分：你的人际关系较差，建议寻求方法积极改善与团体成员的关系。可以尝试主动发起对话，了解他人的需求和兴趣，这有助于建立共鸣和信任。

1~14分：你的人际关系存在严重问题，强烈建议寻求帮助和支持。考虑与导师或职业顾问沟通，寻求改善人际关系的策略和建议。通过改善人际关系，你可以提高自己的社交技能，减少冲突，增强团队合作能力，从而在学习和未来的职业生涯中取得更好的成绩。

二、秘书的人际关系

(一)秘书人际关系的含义

秘书人际关系是指秘书在职业活动中与他人建立的人际关系。秘书人际关系是社会关系的一种具体表现形态，是秘书公共关系的集中体现，也是秘书应当掌握的一门公关艺术。

从秘书的职能和作用来看，秘书常常处于组织结构的中介地位，在传递信息、处理事务、交流情感、沟通思想等职业活动中需要与多级别、多方面发生经常性联系，而秘书的人际关系实际上就是一种社会性、职业性的业缘关系，它不是与生俱来的，需要根据职业要求去维持和经营。不论是合作关系、竞争关系还是制衡关系，秘书都需要去了解它们的发生、发展和变化规律，还要掌握调节各种关系的原则，熟悉处理各种关系的方法，这样才能处理好各方面的关系，既能使人尽快消除对人际环境、工作环境的陌生感，使工作顺心、心情愉悦，建立起和谐融洽的工作环境和良好的心理气氛，又能对人际交往双方的心理、行为产生重大影响，进而直接或间接地影响工作效率与工作结果。

（二）秘书人际关系的类别

1.上行交往

上行交往是指秘书与组织内部上级或决策层之间的沟通和互动。这种交往通常涉及信息的上报、建议的提出和反馈的获取。

在上行交往中，秘书需要具备将基层信息准确无误地传达给上级的能力。这不仅要求秘书具备良好的信息筛选和总结能力，还必须能够准确理解上级的需求与期望，并将这些需求转化为具体的信息内容。此外，秘书还需要具备一定的说服和影响力，以便在必要时能够为基层员工争取到更多的支持和资源。

例如，秘书小李在一家制造企业工作，负责向生产总监汇报生产线的运行情况。在一次生产事故后，小李不仅需要迅速收集事故的详细情况，还要主动与生产团队沟通，了解事故发生的原因和可能的解决方案。在向总监汇报时，小李一方面要提供详细的事故报告，另一方面还要提出一系列预防类似事故重演的建议。在此过程中，小李需要作为生产团队的代言人，进行有效的上行交往，才能使总监对事故有全面的了解，并及时采纳建议，加强生产线的安全管理。

2.下行交往

下行交往是指秘书根据上级领导的要求，将决策、指示和政策传达给下属或基层员工，并在此基础上进行工作督促和现场支持的过程。这种交往方式不仅确保了信息的流通，还强化了组织的执行力和决策的落实。

下行交往在秘书的职责中不仅涵盖了信息的准确传达，还包括对下级部门的积极指导、严格监督和实地支持。作为信息的传递者，秘书需确保上级的决策和政策被清晰地理解和接受，同时也要对这些指示的执行情况进行跟踪和督促，确保各项工作按照既定的标准和时限得到有效实施。在这一过程中，秘书还需要深入到下级部门，提供必要的现场支持，这可能包括协助解决执行中遇到的具体问题、提供专业建议或参与资源的合理分配和调整。此外，秘书还需充当沟通的桥梁，及时收集并反馈下级部门的执行情况和反馈意见给上级，以便管理层能够根据实际情况进行策略调整，优化决策执行效果。通过这一系列的努力，秘书在确保组织内部决策得到贯彻实施的同时，也促进了组织目标的顺利实现。

例如，企业发布新策略，秘书小张负责将策略内容和执行细节解释给行政部门的员工。小张首先自己深入研究了策略文件，确保自己对策略的理解和解释是准确的。在组织培训会议时，小张不仅要详细解释策略的内容，还要耐心回答员工的疑问，并提供实际操作的示例。小张在这一过程中可将自己定位为策略的传播者和指导者，通过自己的准确传达和耐心指导，来帮助员工理解和接受新策略，使员工能够按照新策略的要求开展工作，提高工作效率和质量。

3.平行交往

平行交往指的是秘书与组织内同级别的其他同事或部门之间的沟通和协作。这种交往强调的是在同一层级上的互助合作和信息共享。

在平行交往中,秘书需要展现出良好的沟通能力和团队合作精神。秘书不仅要清楚地表达自己的观点和需求,还要倾听和理解他人的立场和建议。此外,秘书还需要具备一定的协调和谈判技巧,以便在跨部门合作中达成共识,解决潜在的冲突和分歧。

以一个跨部门项目为例,秘书小王被指派为项目协调人。项目涉及销售、市场和研发三个部门的合作。小王首先应与各部门的负责人进行一对一的会谈,了解各部门的需求和期望。接着小王在项目启动会议上提出一个综合各方意见的执行计划,并鼓励团队成员积极提出建议和反馈。在整个项目过程中,小王应始终保持中立,公正地协调各方利益,确保项目按计划顺利进行。

4.斜向交往

斜向交往是指秘书在组织内部不同层级或部门之间建立联系的过程,这种交往有助于打破壁垒,促进创新和灵活性。

斜向交往要求秘书具备跨界沟通的能力,能够在组织内部的不同层级和部门之间建立有效的沟通渠道。秘书在这一过程中需要展现出开放的心态和创新的思维,以便能够促进不同背景和专业知识之间的交流和融合。此外,秘书还需要具备一定的适应性和灵活性,以便能够在不断变化的工作环境中找到最佳的沟通策略。

例如,当公司计划推出一款新产品时,秘书小赵负责协调研发部门和市场部门的沟通。虽然这两个部门在组织结构中属于不同的层级,但小赵可以通过组织跨部门研讨会和工作小组,成功地促进两个部门之间的信息交流和协作。小赵在这一过程中可将自己定位为沟通的促进者和协调者,通过自己的有效交往,帮助两个部门找到共同的目标和合作的方式。

5.对外交往

对外交往涉及秘书与组织外部的个人、团体或机构的互动,包括客户、供应商、合作伙伴和政府机构等。

在对外交往中,秘书代表了组织的形象和利益。秘书需要具备出色的外交技巧和专业知识,以确保组织的利益得到最大化,并建立起良好的外部关系。此外,秘书还需要具备一定的谈判和公关能力,以便在与外部利益相关者沟通时能够有效地维护组织的利益和声誉。

例如,秘书小陈负责与一家重要的供应商进行谈判,以确保公司能够以合理的价格获得所需的原材料。在谈判过程中,小陈不仅要展示对市场的深入了解,还要通过建立信任和尊重的合作关系,促进达成对双方都有利的协议。小陈在这一过程中可将自己定位为公司的谈判代表和合作伙伴关系的建立者,通过自己的专业行为和谈判技巧,为公司争取到最佳的合作条件,使公司能够在成本控制和供应链管理方面取得更好的效果。

总的来说,秘书在上行交往、下行交往、平行交往、斜向交往和对外交往中(图3.1)通过有效的沟通和协作,不仅能够促进组织内部的和谐,提高组织的运营效率,还能够在外部构建积极的形象和关系。这些交往方式要求秘书具备多样化的沟通技巧、协调能力和专业知识,以便在各种工作情境中都能够发挥出色的作用。通过不断学习和实践,秘书可以提升自己在各个层面上的交往能力,成为组织中不可或缺的重要角色。

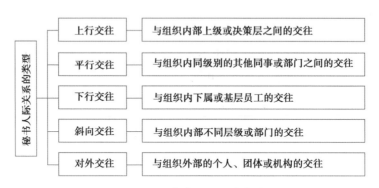

图3.1 秘书人际关系的类型

(三)秘书人际关系的特点

1.公务性

公务性是指秘书的人际交往活动主要是出于职业和工作的需要而进行的。这种交往带有很强的职业目的,涉及一定的利益关系,其交往场所、人员和内容都是围绕工作需要而展开的。

秘书的人际交往活动通常具有明确的目的性,即完成工作任务和实现组织目标。这种功利性要求秘书在交往中必须保持专业和效率,确保交往活动能够为工作带来实际的利益和成果。同时,由于秘书工作的性质,其人际交往常常涉及组织内外的利益协调和资源整合。秘书需要在维护组织利益的同时,处理好与各方的利益关系,确保工作的顺利进行。即使是在看似私人的交往中,秘书也应保持职业敏感性,意识到这些交往可能对工作产生影响。秘书应避免将私人感情过多地带入工作交往,以免影响工作的客观性和公正性。

例如,秘书在与销售部门沟通时,应专注于如何通过会议提升公司产品的销量和市场份额,同时与市场部门讨论如何利用会议增强品牌形象和知名度。在与财务部门的协调中,秘书应着重于预算控制和成本效益分析,确保会议投资能够带来预期的回报。此外,秘书还需与法务部门紧密合作,确保所有会议内容及材料均符合相关法律法规,从而保护公司免受潜在的法律风险。

在这一过程中,秘书的行为和决策均致力于推动会议的成功举办,并助力和实现组织目标。秘书会制订详尽的会议议程,确保每一项讨论都能够促进商务合作的机会,同时还会安排与潜在客户的会面,以寻求新的业务增长点。秘书的每一次沟通和协调都是为了确保会议能够为公司带来具体的商业利益,如签订新的合作协议、拓展市场渠道或提升客户满意度。这样的行为方式明显地展示了秘书在人际交往中的公务性特点,即以实现组织的职业目的和利益目的为核心,进行高效、目标导向的沟通和协调。

2. 代表性

代表性指的是秘书在人际交往中的行为和言论不仅代表个人,更代表其所在的组织和领导的形象和利益。这一特点要求秘书在所有公务交往中都必须维护和提升组织的形象,确保个人的行为和言论符合组织的价值观和标准。

秘书作为组织和领导的代表,其言行直接影响外界对组织的看法。因此,秘书需要时刻注意自己的言行举止,确保在任何情况下都能够体现出组织的正面形象。在与外部实体或个人的交往中,秘书则需要清晰、准确地传达组织和领导的立场、需求和期望。这要求秘书具备出色的沟通技巧和谈判能力,以确保组织的利益得到妥善维护和实现。最后,秘书在交往中还承担着传递组织价值观和文化的责任。通过有效的沟通和行为示范,秘书应当能够向外界展示组织的价值观和工作原则。

秘书在人际交往中的代表性特征,要求秘书在各种交往关系中准确传达组织的立场和意见,并进行高效的沟通和协调。

例如,秘书在参与公司内部的战略规划会议时,代表的是直属领导的观点和部门的利益。在这种情况下,秘书需要深入了解领导的规划意图和部门的发展需求,确保在会议讨论中准确地传达这些信息。秘书可能会提前与领导进行沟通,准备相关的数据和分析报告,以便在会议中提供有力的支持和建议,体现出领导的战略眼光和对企业发展的深刻理解。

而当秘书与人力资源部门合作组织员工培训时,他们则代表的是公司对员工发展和团队建设的承诺。在这一角色中,秘书将与培训师沟通,确保培训内容符合公司文化和员工的实际需求。秘书在与员工的互动中,要展现出公司对个人成长的重视和对提高团队效能的承诺。

在与潜在合作伙伴的谈判中,秘书应当明确表述公司的合作条件和底线,这些条件和底线是根据公司的整体利益和领导层的指导原则设定的。秘书在谈判中的态度和表现,应当体现出公司的专业形象和商业道德,同时也要展现出对公司文化和价值观的忠诚和维护。

此外,无论在正式的商务会议还是在非正式的社交活动中,秘书都应该保持得体的着装、礼貌的举止和适宜的沟通方式,在公共场合的言行举止必须体现出公司的企业文化和专业形象。

3. 多向性

多向性指的是秘书在工作中需与不同方向和层面的个人或团体进行互动的特点。这种多向性体现了秘书工作的综合性和枢纽性,要求秘书能够在组织内部和外部建立广泛的联系,处理各种复杂的人际关系。

一是秘书的工作性质要求其与不同部门、不同层级以及外部的多种组织和个人进行沟通和协作。这种广泛性要求秘书具备良好的社交能力和灵活的应变能力,以便在多变的工作环境中有效地与各方进行交流。

二是秘书在组织内部可能需要向上级领导进行汇报和提出建议,同时也需要向下级部门或员工传达指示和监督执行。这种多层级沟通要求秘书不仅要准确理解上级意图,还要能够清晰、恰当地向下级传达信息。

三是秘书在处理外部关系时,可能需要与政府机构、合作伙伴、供应商、媒体等多方进行协调和谈判。这要求秘书不仅要了解外部环境和各方的需求,还要能够在多方利益中找到平衡点,促进合作和共识的形成。

以筹备公司年会为例,秘书在与人力资源部门讨论员工表彰事宜时,不仅需要了解表彰的标准和流程,还要确保这一环节能够体现公司的价值观和激励机制。在与财务部门协商预算分配时,秘书要明确每一项支出的必要性和效益,确保年会的预算既合理又高效。与此同时,秘书还要与市场部门合作,确保会议的宣传方案能够吸引目标受众,同时传达出公司的品牌形象和市场定位。

在与外部供应商的沟通中,秘书的角色变得更加多元和复杂。秘书需要与餐饮供应商讨论菜单和服务标准,确保满足参会人员的期望和公司的质量要求。同时,秘书还要与印刷公司协调会议资料的设计和制作,保证资料的专业性和及时交付。此外,秘书还要与媒体建立良好的关系,确保活动的新闻报道能够准确传达公司的信息和年会的亮点。

在这样的多向性交往中,秘书应该展现出高度的组织能力和沟通技巧。秘书需要在各方之间进行平衡,确保每个部门和供应商的需求都得到妥善处理,同时还要保证年会的整体目标和计划不受影响。

更加需要注意的是,秘书在多向性交往中应始终保持专业和中立,避免在多方利益中偏袒任何一方。同时,秘书还需对公司政策和领导意图保持忠诚,确保所有决策与行动均符合公司的整体利益。

>>> 任务小结

【任务关键词】

1.人际关系的含义。

2.秘书人际关系的含义。

3.秘书人际关系的类别。

4.秘书人际关系的特点。

【讨论】

在公众舆论中,人际关系常被视为一种工具,用于个人利益的获取和权力的追逐。特别是秘书职业,由于其工作性质涉及广泛的内部和外部交往,社会对秘书的人际关系有着各种不同的看法,有的甚至质疑秘书沟通的动机和手段,这些舆论有可能在一定程度上对秘书的职业形象和工作方式产生影响。

请同学们广泛搜集资料,多角度考虑秘书人际关系的复杂性,并从以下主题中选择一项进行讨论交流:

1.秘书应当如何通过职场人际关系来展现专业能力和职业操守?

2.秘书在处理公务性、代表性和多向性等人际关系特点时,应如何平衡个人职业发展和社会舆论的压力?

3.秘书应如何利用其人际关系网络为组织创造更大的价值,同时保持职业行为的透明度和道德标准?

【实践练习】

秘书的人际关系网络调查分析

为深入了解秘书在日常工作中如何建立和维护人际关系网络,请同学们通过观察和访谈,收集有关秘书在工作中的互动信息,包括但不限于上级领导、同事、下属以及外部合作伙伴,思考这些这些关系如何对秘书的工作产生积极影响。

参考实践步骤如下。

1.选择身边的一位秘书作为调研对象:如所在院校的教学秘书、科研秘书,担任社团助理或类似职务的学生,从事秘书类工作的家人、朋友等。

2.制订访谈提纲,包括人际关系的类别、工作互动情况等。

3.记录访谈内容和观察信息。

4.分析访谈内容和观察信息,识别秘书在工作中各种关系的性质、互动频率,以及对工作的具体影响。

5.将分析结果制作成思维导图。

6.在课堂或小组讨论会上,分享自己的思维导图,并进行现场交流,讨论各自的发现和对秘书人际关系的理解,以及秘书在实际工作中应如何有效地管理和运用这些关系。

✳【职业发展】

随着人工智能技术的飞速发展,其在各行各业中的应用逐渐变得广泛和深入。在秘书行业,AI的介入对传统的工作模式产生了显著影响,尤其是在沟通协调和人际关系管理方面。人工智能通过自动化和智能化的工具,如智能日程管理、邮件自动分类和回复、会议记录与总结等,极大地提高了工作效率和准确性。然而,尽管AI在处理标准化、程序化的任务方面表现出色,但它在理解复杂的人际关系和情感交流方面仍有局限。

秘书工作中的沟通协调不仅仅是信息的传递,更是情感、意图和文化背景的交流。人工智能虽然能够处理语言的表层结构,但难以深入理解语言背后的情感色彩和隐含意义。例如,在处理客户投诉或内部矛盾时,秘书需要运用同理心和情感智慧来缓和紧张气氛,寻找双方都能接受的解决方案。这种深层次的人际互动和情感管理是AI难以模拟的。

此外,秘书在维护和拓展人际网络方面发挥着重要作用。他们通过建立和维护良好的个人关系,为组织带来更多的合作机会和资源。这种基于信任和个人魅力的人际网络构建,需要秘书具备高度的社交技巧和人格魅力,这是AI无法复制的。秘书还需要根据不同的文化背景和个人偏好来调整沟通策略,这种灵活性和个性化的服务是AI难以实现的。

在人际关系管理方面,秘书的角色不仅是信息的中介,更是情感的桥梁。秘书需要理解组织内部的微妙动态,协助领导处理复杂的人际关系,如调解冲突、促进团队合作等。这些工作需要秘书具备敏锐的观察力、深刻的人际洞察力和高度的责任感。秘书还需要在保护个人隐私和组织利益之间找到平衡点,这种伦理和道德的判断也是AI所不具备的。

因此,尽管人工智能在提高工作效率和处理重复性任务方面具有优势,但在处理复杂的人际关系和情感交流方面,秘书的作用仍然不可替代。秘书的人际沟通协调能力和情感智慧是AI难以模拟的,这些独特的人类特质使得秘书在组织中的价值得以凸显。而秘书也应当继续发挥其在人际关系处理方面的优势,从以下方面提升自身的沟通技巧和情感智慧,来巩固其在职场中不可替代的地位。

1.提升人际交往能力

秘书通过提升自身的情商(EQ)来增强与同事及领导之间的沟通和协作能力至关重要。高情商的秘书能够更好地理解他人的情绪和需求,从而在处理复杂的人际关系时发挥关键作用。例如,秘书在商务谈判中,能够通过观察与会人员的非语言信号,如面部表情和身体语言,及时捕捉到客户的不满情绪,随即采取行动,通过调整会议议程和沟通策略,有望成功缓和紧张气氛,促成谈判的顺利进行。相比之下,人工智能可能无法捕捉到这些微妙的社交信号,因而无法进行相应的调整,可能导致谈判失败。

2.加强个性化服务

AI虽然能够提供标准化的服务,但在个性化服务方面仍有局限。秘书可以通过提供定制化的服务来满足领导和同事的特殊需求,展现其独特的工作价值。比如,秘书可能会根据领导的工作习惯和偏好,提前安排会议日程,确保领导能够在最佳状态下参与重要会议。而AI系统虽然可以自动安排日程,但可能不会考虑到个人偏好和工作状态,导致安排的日程并不符合领导的实际需求。

3.强化信息判断与处理能力

在人工智能时代,秘书需要具备更强的信息判断能力,对AI提供的信息进行甄别和处理,确保信息的准确性和安全性。例如,秘书在处理公司即将发布的财务报告时,将利用自己的专业知识和经验,对AI生成的数据进行复核,确保所有财务数字都经过了适当的审计和验证。AI可以快速处理和分析大量数据,但可能缺乏对数据背后含义的深入理解,因此秘书的这一角色对于保证信息质量至关重要。

4.维护人际网络

秘书在维护和拓展人际网络方面发挥着重要作用。通过建立和维护良好的人际关系,秘书可以为组织带来更多的合作机会和资源。设想秘书在组织一场行业交流会议时,不仅能够负责会议的行政安排,还能利用自己的人脉邀请行业内的领军人物参与,从而提升会议的影响力和价值。AI可以协助管理日程和发送邀请,但无法取代秘书在建立真诚关系和理解个人影响力方面的作用。

5.展现领导力

秘书可以通过展现领导力来增加自己的影响力,比如在团队中担任领导角色,或者在项目管理中发挥领导作用。例如,在跨部门合作的项目中,秘书可能会被指派为联络人,协调不同团队的工作。秘书将利用自己的沟通能力和理解力,确保项目目标清晰,团队成员之间能够有效合作。相比之下,AI可以处理项目的时间线和任务分配,但可能缺乏处理复杂人际关系和激发团队动力的能力。

6.注重情感交流

在人际交往中,秘书可以利用自己的情感智慧,与同事和领导建立更深层次的情感联系,这是AI难以复制的。设想秘书在组织一次团队建设活动时,会根据每个成员的性格和喜好来策划活动内容,确保每个人都能感到被尊重。AI可以提供活动组织的工具和建议,但秘书在理解人的情感需求、建立信任和促进团队凝聚力方面,将发挥难以替代的作用。

任务二　秘书处理人际关系的原则

❓问题：面对多样化的人际关系，秘书在沟通时应遵循哪些原则？

秘书沟通的
基本原则

🖱【任务导读】

小玲在李秘书的提醒下，开始主动地对工作中的各类人际关系进行沟通协调。她努力克服了自己的顾虑，尝试与不同部门的同事建立联系，希望能更好地融入团队，提升工作效率。然而，尽管小玲的态度有了明显的转变，她却发现实际效果并不如预期，她说话有时顾不上深思熟虑，不仅会引起同事的误解，甚至可能会无意中伤害他人。这样的情况让小玲感到十分苦恼和挫败，她开始怀疑自己的沟通能力，甚至在与同事交流时感到紧张和不安。

一天，技术部门的同事来到小玲的办公桌前询问一些文件的细节。由于手上工作繁重，小玲不自觉地流露出了不耐烦的语气："我现在很忙，等会再说吧。"同事显得有些尴尬，转身就离开了，留下小玲一人面对着电脑屏幕发呆。她意识到自己可能又犯了沟通上的错误。

午休时，小玲找到李秘书，带着一丝沮丧说："李秘书，我总在沟通上出问题，我是不是太直接了？"

李秘书没有直接回答小玲，她放下手中的杯子，微笑着说："怎么样，现在知道沟通并不是一件简单的事了吧？"

"是啊，原本我以为沟通不就是说话嘛，可是我发现，原来在职场上要把话说好并不简单。可是我现在已经不知道到底该怎么做了！"

"沟通是一门艺术，也是一把双刃剑，它不仅仅是言语的交流，更是心灵和态度的体现。作为秘书，你说的每一句话都代表着你的立场，怎么沟通才能准确表达你的立场，这就需要我们在职场沟通中找准原则。"

李秘书继续耐心地指导小玲："比如说，跟领导沟通时，如果你想的只有服从，那你就只能在沟通中唯唯诺诺，但是这种态度会阻碍你给领导反馈信息和提出建议，也就削弱了你对领导的工作价值。所以，我们应该坚持关系对等的原则，在与领导沟通时，要尊重他们的权威，同时也要敢于表达自己的观点。当你需要向领导提出工作建议时，你可以说：'经理，关于这个项目，我有一个小小的建议，您看是否可行？'这样既表达了自己的想法，又保持了对领导的尊重。"

小玲认真地听着，李秘书接着说："其次，在与同事沟通时，要强调互助互利。记得有一次,你想请同事帮忙处理一些工作,你却说:'你能帮我把这个做了吗?'这听起来像是在命令,而不是请求帮助。更合适的说法是'我这边有个紧急任务,你能协助我一下吗?我真的很感激。'这样既表明了你的紧急情况,又体现了团队合作的精神。"

小玲点头,她意识到自己在请求帮助时确实缺少了一些礼貌和感激之情。

李秘书继续说:"还有,诚实守信也非常重要。比如,我们与供应商谈判时,不能夸大其词或隐瞒信息。我们应该说:'我们公司一直致力于建立长期稳定的合作关系,所以我们提供的都是真实可靠的信息。'这样既建立了信任,又展现了我们的专业性。"

小玲深受启发,她意识到在工作中,每一次的沟通背后都是责任的履行,她决心在今后的工作中更加注意沟通的原则和方式,避免不必要的误解和冲突,而她也明白这项能力需要长时间的实践、积累和打磨。

在秘书的职业生涯中,职场沟通不仅是信息传递的桥梁,更是建立和维护人际关系的关键。有效的沟通能够促进工作的顺利进行,增强团队的凝聚力,提升个人的职业形象。然而,沟通并非单纯的信息交流,它蕴含着深层的人际交往原则。本节将重点探讨秘书在处理职场人际关系时应遵循的五个基本原则:关系对等原则、互助互利原则、宽容忍耐原则、诚实守信原则和慎独慎染原则。这些原则是秘书专业素养的体现,也是沟通高效、和谐的重要保障。

一、关系对等原则

(一)关系对等的含义

关系对等原则是指在人际交往中,各方在地位、权利和义务上保持一种相对平衡和平等的状态。在职场沟通中,这意味着秘书在与上司、同事、下属以及其他工作伙伴交流时,应保持尊重和礼貌,避免因职位差异而产生不必要的偏见或优越感。

(二)遵守关系对等原则的必要性

秘书作为组织内部沟通的枢纽,其职业特性要求其在处理职场人际关系时必须保持中立和公正。遵守关系对等原则有助于秘书建立和维护一个和谐的工作环境,这对提升工作效率、增强团队协作精神以及构建积极的组织文化至关重要。此外,关系对等原则还能够促进信息的自由流通,确保秘书能够从各个层级收集到关键信息,从而为领导提供全面、客观的决策支持。

(三)实践关系对等原则的方法

在实际工作中,秘书遵循关系对等原则意味着需要在多个层面上进行考量和平衡,在职场沟通中应展现出对各方的尊重和理解,确保沟通的公正性和透明度。首先,在公务活动中,秘书应保持人格上的对等,展现出既不过分谦卑也不傲慢自大的行为。其次,在物质交往中,秘书应遵循等价交换原则,确保礼尚往来在价值上基本对等,避免造成不公平的印象。学者霍曼斯指出,社会交往是一种受经济原则支配的交换过程,人们在这一过程中追求以最小代价获得最大利益。因此,保持价值对等对于维护双方关系和社会交往原则至关重要。秘书应当认识到,无论是与领导、同事、下属还是外部合作伙伴交流,都应基于平等和尊重的立场。

一是认识并尊重多样性。秘书应意识到每个人的观点和建议都值得被听取和考虑。在团队讨论中,秘书应鼓励每个人发言,并确保每个人的想法都得到公正的评估。

二是保持开放的沟通态度。秘书在沟通时应保持开放性,愿意接受新的想法和反馈,即使这些反馈可能与自己的观点不同。

三是避免无意识的偏见。秘书在沟通时应警惕并避免任何可能基于职位、性别、年龄或其他个人特征的偏见。

四是促进互信。秘书应通过一贯的诚实和透明行为来建立和维护同事间的信任。

当秘书与上司讨论工作事宜时,应保持专业和尊重,即使在提出不同意见时也应以建设性的方式表达。例如,秘书在对某个决策提出疑问时,可以说:"我理解这个决策的出发点,但根据我所掌握的信息,或许我们可以考虑另一个方案。"

在与同事协调工作时,秘书应避免使用命令式的语气,而是采取协商和合作的态度。例如,需要同事协助完成一个项目时,秘书可以说:"我正在负责一个项目,我认为你的专业知识会对我们有很大帮助。我们能坐下来讨论一下你可能参与的部分吗?"

即使在指导下属时,秘书也应采取鼓励和支持的方式,而不是单向的指令。例如,当下属在工作中遇到难题时,秘书可以提供指导并鼓励他们:"我注意到你在这个任务上遇到了一些挑战,我们可以一起看看有哪些解决方案。"

在与外部合作伙伴交流时,秘书应展现出对对方意见的重视和尊重,即便面对不同观点,也能保持开放的态度。例如,在商务谈判中,秘书可以说:"我们非常重视贵公司的意见,让我们探讨一下如何将我们的优势结合起来,以达成共赢的结果。"

(四)关系对等原则的作用

1. 促进团队合作与创新

秘书遵守关系对等原则,能够营造出一个基于相互尊重和信任的工作环境。这种环境鼓励团队成员积极交流想法,促进团队合作和创新思维的发展。当员工感到被尊重和重视时,会更愿意分享自己的见解,这将为组织带来更广泛的视角和解决问题的创新方法。

2. 维护组织和谐与效率

秘书在沟通中的平等态度有助于减少误解和冲突,维护组织内部的和谐。透明的沟通文化不仅避免了办公室政治和内耗,还使团队成员能够专注于工作,从而提高工作效率和执行力。

3.体现职业素养与专业性

秘书的沟通方式反映了个人职业素养和企业的专业形象。以平等、尊重为基础的沟通方式不仅树立了秘书个人的良好形象，也增强了外部合作伙伴的信任，对企业品牌建设和长期发展具有积极影响。

秘书在职场沟通中遵守关系对等原则，对于个人和组织都具有重要的意义和价值。这一原则不仅能够促进团队合作、提高工作效率，还能够体现秘书的职业素养，提升决策质量，并助力秘书个人的职业发展。通过维护一个基于相互尊重和信任的工作环境，秘书能够在组织内部和外部建立起稳固而和谐的人际关系网络，为组织的长期发展和个人职业生涯的成功奠定坚实的基础。

二、互助互利原则

(一)互助互利原则的含义

互助互利原则是指在职场沟通中，秘书与领导、同事以及其他合作伙伴之间相互提供帮助和支持，共同分享资源与信息，以实现各方利益的最大化。这一原则强调的是一种双赢的沟通模式，即在满足自身工作需求的同时，也考虑到对方的利益和需求，通过有效的协作实现共同的目标。

(二)互助互利原则的必要性

在当今的职场环境中，互助互利原则对于秘书而言至关重要。首先，这一原则有助于建立一个积极的工作氛围，其中团队成员乐于分享知识、经验和资源，从而促进团队的整体效能和创新能力。其次，互助互利原则能够促进跨部门的合作，打破信息孤岛，提高工作效率。最后，遵循这一原则还能够增强秘书个人的职业信誉，助其建立起一个稳定可靠的职业网络，为未来的职业发展奠定坚实的基础。

(三)实践互助互利原则的方法

实践互助互利原则，首先要求秘书确立合作共赢的工作思路。这意味着在所有沟通和协作中，秘书应寻求双方都能接受的解决方案，而不是单方面的利益最大化。这种思路要求秘书在考虑问题时，不仅要从自己的角度出发，也要考虑对方的立场和需求，通过开放式的沟通和协商，寻找互利的合作点。

在实际工作中，秘书可以通过以下方式来实践互助互利原则。

1.主动提供帮助

当同事或部门需要帮助时，秘书应主动伸出援手，提供必要的支持和资源。

识别需求：秘书在沟通过程中应敏锐地识别同事或部门的需求，无论是工作上的协助还是资源上的共享。

及时响应：在发现需求后，秘书应迅速做出反应，主动与相关人员沟通，了解他们具体需要什么样的帮助。

提供资源:秘书应根据团队的资源情况,提供必要的支持,包括信息、文档、工具或人员调配。

跟进进度:提供帮助后,秘书应持续跟进进度,确保所提供的支持能够达到预期效果,并及时调整策略。

主动提供帮助对秘书在沟通协调工作中的好处是多方面的。首先,秘书主动伸出援手能促进同事间的相互信任和支持,显著增强团队的凝聚力;其次,秘书的积极形象和个人影响力得到提升,有助于日常沟通协调工作的顺利进行;此外,通过帮助他人,秘书能够扩展自身的知识面和技能集,这对于个人成长及适应不断变化的工作要求而言也是至关重要的。秘书的及时援助还能加快问题解决速度,提高整个团队的工作效率。最后,秘书通过主动提供帮助,能够与同事建立起良好的工作关系,这为长期的沟通协调工作奠定了坚实的基础。

2.共享信息

秘书作为信息流通的枢纽,承担着确保信息共享与更新的重要职责。这一职责的履行,对于团队的协同工作和决策效率至关重要。秘书在严格遵守组织的保密政策和法律法规的前提下,在沟通过程中可以从以下方面进行信息共享。

信息筛选:秘书应识别和筛选对团队成员有价值的信息,并确保这些信息的准确性和时效性。

及时更新:秘书需确保团队成员能够及时获取最新的信息,避免因信息滞后而影响团队的工作效率和决策质量。

有效沟通:秘书应采用有效的沟通方式,如定期会议、电子邮件或内部通信系统,以确保信息能够迅速且准确地传达给每一位团队成员。

促进信息共享:秘书应鼓励团队成员之间的信息共享,建立一个开放的交流环境,让团队成员能够自由地交流想法和经验。

3.公平合作

在团队项目中,秘书的角色是确保公平合作的守护者,这不仅涉及决策过程的参与,还包括工作和责任的公正分配。公平合作的实现,要求秘书在沟通协调的过程中,在遵循工作规范和实际需求的基础上,采取以下措施。

确保决策透明度:秘书应保证团队成员对项目决策有充分的了解,通过开放的沟通渠道,让每个成员都能在决策过程中发表意见。

根据专长分配任务:秘书需了解每位成员的专业技能和兴趣点,根据项目的实际需求合理分配工作任务,确保团队效能的最大化。

明确责任与期望:秘书要为每个团队成员设定明确的责任范围和期望目标,避免责任模糊或不均,减少潜在的冲突。

鼓励团队协商:在分配工作和责任时,秘书应鼓励团队成员之间的协商以达成共识,增强团队凝聚力。

定期评估与反馈：秘书应定期评估团队合作的成效，收集成员的反馈，及时调整合作策略，以适应项目进展和团队动态。

通过这些方法，秘书不仅能够促进团队成员之间的公平合作，还能够提高团队的整体工作效率和项目成功率。公平合作的环境有助于激发团队成员的积极性和创造力，为团队带来共赢的结果。

4.互惠共赢

在人际关系的构建中，互惠共赢是交往顺利进行的关键。这一目标主要通过以下两个关键方面来体现。一是物质层面的共赢：双方应共同分配物质利益，秘书在处理此类关系时需确保利益分配的公平性。共赢不仅要求公平的利益分配，还涉及对双方回报预期的满足，无论是即时的还是长期的。物质利益的合理分配是避免关系破裂、维护经济交往稳定性的关键。二是精神层面的共赢：在精神交流中，互相尊重和理解是基础，秘书应促进相互尊重和理解，使双方都能从交往中获得心理上的满足。这包括在对方遇到困难时提供支持和解决方案，以及在对方分享喜悦时共同欢庆。通过这种方式，双方都能从精神上获得正面的反馈和愉悦。

通过在物质和精神两个层面推动互惠共赢，秘书不仅能加深人际关系的紧密度，还能促进个人和团队的共同成长与发展，从而实现长期的合作与进步。

(四)互助互利原则的作用

互助互利原则在秘书职场沟通中的作用是多方面的。它不仅能够促进团队成员之间的相互理解和支持，还能够提高工作满意度、减少职场冲突。此外，这一原则还有助于秘书个人建立良好的职业形象，增强其在组织内部的影响力。通过实践互助互利原则，秘书能够为组织创造更大的价值，同时也为自己的职业发展开辟更广阔的道路。

【知识链接】

增值交换与减值变换

在人际交往的复杂网络中，增值交换与减值交换的概念为我们提供了一种理解社交动态的透镜。根据我国学者的研究，不同的价值观倾向催生了这两种迥异的交换机制。在增值交换中，个体倾向于在人际关系中投入更多的情感，而不是单纯追求物质利益，这种以情感为核心的交往模式往往能够促进更深层次的人际连接和更强的社会纽带。

引用中国古代的名言"滴水之恩，涌泉相报"，可以看出在中国文化中，增值交换的理念早已深入人心。在实际的人际交往中，这种理念促使人们在得到他人帮助时，不仅要回报，而且回报的程度往往超出最初的期望，从而在双方之间建立起更加牢固和持久的关系。

相对地，减值交换则更多地体现在那些重视物质利益的个体上。这类人在交往中可能更注重得失的精确计算，这可能导致他们在回报时总是低于对方的期望，从而使得双方在交往过程中逐渐感到不满和疏远。这种以物质为中心的交往模式，长此以往可能会削弱人际信任和合作。

社会交换理论（Social Exchange Theory，SET）进一步阐释了这两种交换模式背后的心理机制。根据霍曼斯的观点，人类行为可以被视为一种交换过程，人们在这一过程中寻求个人利益最大化。然而，这一理论也受到了一些批评，比如它忽略了非物质报酬在人际交往中的重要性。

在公众事件中，我们也可以看到增值交换与减值交换的实际案例。例如，在自然灾害发生时，社会各界的援助行为往往超出了简单的利益计算，体现了人们在危急时刻的相互扶持和深厚的情感投入，这是一种增值交换的体现。相反，一些商业欺诈案例则展示了当人们在交往中过分追求物质利益，忽略了诚信和情感的价值，最终导致信任的破裂和关系的瓦解，这是减值交换的一个例证。

增值交换与减值交换的理论不仅为我们提供了一种分析人际交往的新视角，而且也对我们如何在社交互动中做出选择和判断提供了指导。通过理解和应用这两种交换机制，我们可以更好地维护和发展人际关系，构建一个更加和谐与互相支持的社会环境。

三、宽容忍耐原则

（一）宽容忍耐原则的含义

宽容忍耐原则是指在职场沟通中，秘书应保持宽广的心胸，对同事的过失和不足展现出理解和宽容的态度，以及在面对挑战和压力时保持耐心和冷静。这一原则要求秘书在沟通过程中不仅要关注信息的传递和任务的完成，还要关注人际关系的和谐与团队氛围的维护。

宽容是一种美德，它体现了个人的修养和对他人的尊重。在职场中，宽容意味着能够接纳与自己不同的观点和行为，即使这些观点和行为并不完全符合自己的看法。忍耐则是指在面对困难和挫折时，能够保持冷静和自制，不轻易动怒或失去控制。

（二）宽容忍耐原则的必要性

在多元化的工作环境中，秘书难免会遇到不同背景、不同性格的同事和合作伙伴。宽容忍耐原则对于维护这种多样性至关重要。它有助于建立一个包容和尊重的工作环境，减少冲突，提高团队的合作效率。

此外，宽容忍耐原则对于秘书个人的职业发展同样重要。它能够帮助秘书在面对工作压力和挑战时保持积极的心态，增强解决问题的能力。同时，宽容忍耐的态度也能够让秘书在同事和领导中树立起良好的形象，赢得他人的尊重和信任。

在职场沟通中,宽容忍耐原则还有助于处理各种复杂和敏感的问题。秘书在工作中可能会遇到意见不合、利益冲突甚至个人攻击等情况。在这些情况下,宽容忍耐可以帮助秘书保持专业和冷静,避免情绪化的回应,从而更有效地解决问题。

(三)实践宽容忍耐原则的方法

实践宽容忍耐原则,秘书应采取一种积极的态度,将宽容和忍耐内化为个人的职业素养。这不仅要求秘书在面对冲突和不满时能够保持冷静和客观,还要求秘书在日常工作中主动寻求理解和沟通,以及在团队中发挥正面的影响力。通过培养宽容与忍耐,秘书能够在维护个人心理健康的同时,促进职场和谐与团队协作。

实践宽容忍耐原则,秘书可以采取以下方法。

1.倾听和理解

秘书在倾听时不仅要聆听对方的话语,还要理解对方的情绪和观点。这意味着在对方讲话时不打断,不急于提出自己的意见,而是通过点头、微笑等非语言信号来表明自己在认真倾听。此外,秘书可以通过重复或总结对方的关键点来确认自己是否正确理解了对方的意思。

例如,当同事对某个工作流程提出批评时,秘书可以先表示感谢,然后详细询问对方的具体担忧和建议,而不是立即辩解。

2.非暴力沟通

非暴力沟通(NVC)是一种强调以同理心和尊重为基础的沟通方式。秘书在表达自己的观点时,应避免指责或贬低对方,专注于表达自己的感受和需求,并提出具体的请求。同时,秘书也应鼓励对方以相同的方式表达自己。

面对同事的批评,秘书可以这样回应:"我注意到你对报告的这一部分有不同的看法。我对此感到有些意外,因为我是出于这些考虑来撰写的。我们能讨论一下你的想法,看看我们能否找到一个更好的解决方案吗?"

3.冷静应对

在紧张或冲突的情况下,保持冷静可以帮助秘书更清晰地思考问题,并找到合理的解决方案。秘书可以通过深呼吸、短暂休息或进行冷静的逻辑分析来管理自己的情绪。

4.寻求共识

在任何沟通中,寻找共识是促进合作的关键。秘书应努力找到双方都同意的点,作为进一步讨论的基础。这可能需要秘书展现出灵活性和创造性,以及愿意妥协的态度。

例如,在团队成员对项目方向有不同看法时,秘书可以如此协调:"我注意到我们都同意项目需要提高效率,这是我们共同的目标。我们能否基于这一点,来探讨不同的方法?"

5.展现同理心

同理心是理解和感受他人情绪的能力。秘书在沟通时,应尝试从对方的角度考虑问题,并表达对对方感受的关心和理解。当同事因为工作压力感到焦虑时,秘书可以说:

"我能理解你现在感到压力很大。如果你需要帮助,或者想要谈谈,我会在这里支持你。"

6.提供支持和帮助

在同事和合作伙伴需要帮助时,秘书应提供必要的支持和帮助,展现团队精神。

(四)宽容忍耐原则的作用

宽容忍耐原则在秘书职场沟通中的作用主要体现在以下四个方面。

促进团队合作:宽容忍耐有助于建立和谐的团队关系,提高团队的合作效率和创新能力,营造一个积极、高效和支持性的工作环境。

提升个人形象:秘书的宽厚和耐心可以博得同事们以及上级的敬重与信赖,从而建立正面的个人声誉。

有效解决问题:在面对冲突和挑战时,宽容忍耐原则可以帮助秘书保持冷静和专业,从而更有效地解决问题。

维护个人心理健康:实践宽容忍耐原则有助于秘书保持良好的心态,减少工作压力,提升工作满意度。

四、诚实守信原则

(一)诚实守信原则的含义

诚实守信原则是指在职场沟通中,秘书应始终保持诚实,做出可信赖的行为。这不仅包括言语上的真诚,还包括行动上的一致性和对承诺的坚守。诚实守信是职场沟通的基石,它要求秘书在与同事、领导以及外部合作伙伴的交流中,坦诚地表达自己的想法和意见,不隐瞒信息,不夸大事实,同时也要遵守承诺,做到言而有信。

诚实守信原则还涉及对保密信息的保护,秘书在处理敏感信息时应严格遵守保密原则,不得泄露可能对组织或个人造成损害的信息。此外,诚实守信也意味着秘书在工作中应避免参与任何不道德或不合法的行为,始终保持高度的职业操守。

(二)诚实守信原则的必要性

在职场沟通中,诚实守信原则对于建立个人信誉和组织信任至关重要。秘书作为组织内部沟通的重要角色,其言行直接影响着团队的运作和外部形象。诚实守信原则能够帮助秘书赢得同事和领导的信任,为职场沟通创造一个积极、开放和透明的环境。

诚实守信还有助于提高工作效率和质量。当秘书提供准确无误的信息,遵守承诺,按时完成任务时,能够确保工作流程的顺畅和决策的有效性。此外,诚实守信原则还有助于减少误解和冲突,促进团队成员之间的和谐合作。

在全球化的工作环境中,诚实守信原则对于维护国际商务关系和企业声誉同样重要。秘书在与外部合作伙伴沟通时,应展现出组织的诚信和可靠,这有助于建立长期的合作关系,提升企业的市场竞争力。

诚实守信原则也是秘书个人职业发展的关键。一个诚实守信的秘书能够在组织内部获得更多的发展机会,同时也能够在职业网络中建立起良好的声誉。

(三)实践诚实守信原则的方法

实践诚实守信原则要求秘书在职场沟通中展现出高度的职业道德和个人品质。这不仅涉及对外的沟通和承诺,还包括对内的自我管理和诚信自省。秘书应当意识到,每一次的沟通和决策都是对其诚信度的考验,也是塑造个人品牌和职业形象的机会。因此,秘书在实践中应采取主动、积极的态度,不断提升个人的诚信意识和行为标准,以确保在所有工作场合都能保持一致的诚实守信表现。

1.坦诚沟通

秘书在与同事、领导或客户沟通时,应保持开放和真诚的态度,直接表达自己的想法和意见,即使这些意见可能不受欢迎或与他人相悖。坦诚沟通还包括对工作中遇到的困难和挑战进行透明化处理,及时分享信息,以便团队能够共同寻找解决方案。

例如,在团队会议上,秘书可以主动提出:"我注意到我们在项目A上遇到了一些难题,我认为我们需要重新评估时间表,并寻求额外的资源。"

2.遵守承诺

秘书在做出承诺时,应确保自己有能力和资源来兑现。这要求秘书在承诺前进行充分的考虑和规划,一旦承诺,就应全力以赴地去实现,即使在过程中遇到挑战也不轻易放弃。

3.避免不实陈述

秘书在提供信息时应确保其准确无误,避免任何可能误导他人的陈述。这要求秘书在传递信息前进行核实,对于不确定的信息应明确标注其不确定性,而不是随意传播。

例如,在准备市场分析报告时,秘书可以注明:"根据目前的数据,我们预测销售额将增长10%,但请注意,这一预测仅基于当前市场趋势,实际结果可能会有所变化。"

4.承认错误

秘书在犯错时,应勇于承担责任,及时承认并寻求改正。这不仅能够防止错误扩大,还能够展现秘书的专业态度和责任感。秘书应主动分析错误原因,采取措施避免错误再次发生。

(四)诚实守信原则的作用

诚实守信原则在秘书的职场沟通中扮演着至关重要的角色。首先,它有助于秘书在组织内外建立起坚实的信任关系。当秘书在工作中始终保持言行一致时,不仅同事和领导会对其产生信赖,外部合作伙伴也同样会感受到其诚信和可靠。其次,诚实守信原则通过确保信息的准确性和承诺的履行,能明显提高工作效率和质量。此外,这一原则还能有效减少误解和冲突,因为它鼓励透明和坦率的沟通,从而促进团队合作的和谐氛围。对于秘书个人而言,诚实守信不仅能够为其职业发展带来更多的机会,还能提升其在职

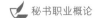

业网络中的声誉。最后,诚实守信原则对于维护个人和组织的正面形象至关重要,它能够帮助秘书在各种职场情境中保持专业和受到尊重。

五、慎独慎染原则

(一)慎独慎染原则的含义

慎独慎染的概念最早可以追溯到中国古代的哲学思想。"慎独"一词最早见于《礼记·中庸》中的"君子慎其独也",意指君子在独处时也应保持其道德行为的纯洁性。慎染的概念则来源于《墨子·所染》中的一个比喻。墨子见染丝者而叹,指出染丝的颜色会因所用染料的不同而变化,从而告诫人们在选择朋友和环境时要小心谨慎,以免受到不良影响。

慎独慎染的含义在当代被赋予了新的时代内涵。慎独不仅是独处时的自律,更是一种内在的自我约束和自我修养,要求个人无论在什么情况下都能坚持正确的行为准则。慎染则强调在复杂的社会环境中,能够明辨是非,不被不良的社会风气所侵蚀,保持个人的政治清白和道德纯洁。这一原则要求秘书在所有沟通行为中,在没有外界监督时仍能自律自省,保持道德操守,同时警惕外界不良影响,避免沾染不良习气。

在秘书工作中,由于需要处理广泛的人际关系,慎独慎染尤为重要。秘书作为领导的助手和参谋,经常接触到敏感信息和重要决策,因此必须具备高度的自律性和辨别力。慎独要求秘书在任何情况下,包括独处或无人监督时,都能够坚守职业道德,不泄露机密,不利用职务之便为自己谋取私利。慎染则要求秘书在选择交往对象和社交活动时,能够保持警惕,避免受到不良风气的影响,防止被利益集团"围猎"。

(二)慎独慎染原则的必要性

1.树立职业形象

秘书作为领导和团队之间的桥梁,其行为举止直接影响着组织的形象。慎独慎染,使秘书能够在任何情况下都展现出专业和诚信,从而赢得同事和领导的尊重。

2.维护职业道德

秘书经常处理敏感和保密的信息,必须保持高度的职业道德。慎独慎染原则有助于秘书在面对诱惑和压力时,坚守原则,不做出违背职业道德的行为。

3.促进团队和谐

秘书的言行对团队氛围有着重要影响。遵循慎独慎染原则,秘书可以避免参与负面的办公室行为,如传播八卦、参与小团体等,从而有助于维护一个积极和谐的工作环境。

4.应对职场挑战

职场充满各种挑战,慎独慎染原则为秘书提供了一种内在的力量,帮助其在面对复杂情况时,能够坚持正确的决策和行为。

(三)实践慎独慎染原则的方法

实践慎独慎染原则要求秘书在职场沟通中始终保持高度的自我意识和自我约束。这意味着秘书不仅要在公共场合表现得体,而且在私下里也要保持一致的职业行为和道德标准。同时,秘书需要对周围的环境保持敏感,避免被不良风气所影响,坚持自己的原则和价值观。

1.自我反省与监督

秘书应定期进行自我反省,审视自己的行为是否符合职业道德和个人价值观。在每天的工作结束时,秘书可以花时间回顾自己的言行,思考是否有需要改进的地方、是否有偏离原则的行为。

2.坚守职业道德

秘书在处理工作中的敏感信息时,应严格遵守职业道德,不泄露任何可能损害组织或个人利益的信息。这要求秘书在任何情况下都能保持职业操守,即使在没有直接监督的情况下也不例外。例如,秘书在处理客户信息时,即使在家中加班,也应确保所有的文件都在安全的环境下被处理,并且不在非工作场合讨论任何客户信息。

3.避免参与不良行为

秘书应避免参与任何可能损害职业形象的行为,如办公室政治、不正当竞争或散播不实信息。秘书应保持中立,不参与任何可能导致冲突或不和的讨论。例如,当公司内部传出即将进行人事变动的流言时,秘书应选择不参与任何猜测或讨论,而是专注于自身的工作任务,对于询问的同事仅提供基于事实的信息。

4.培养正面影响

秘书应努力成为职场中的正面榜样,通过自己的行为来影响和提升团队的道德标准。这包括积极分享最佳实践、提供帮助和支持,以及鼓励同事遵守职业道德。

(四)慎独慎染原则的作用

慎独慎染原则在秘书职场沟通中的作用主要体现在以下三个方面。

1.塑造正直的沟通风气

秘书通过慎独慎染的实践,能够在职场中树立诚信和自律的典范,从而引导和提升整个团队的沟通质量和职业操守。这种正直的沟通风气有助于建立一个互相尊重、信任和支持的工作环境,减少误解和冲突,提高团队协作的效率。

2.提升组织运转效率

秘书在沟通中的诚实守信和自律行为,能够确保信息的准确传递和任务的有效执行,从而提高组织的决策质量和响应速度。这种高效率的运转模式对于组织的竞争力和市场适应性至关重要,有助于组织在快速变化的商业环境中保持领先地位。

3.推动企业发展

秘书作为组织内部沟通的关键节点,其慎独慎染的行为准则对企业文化的塑造和企业形象的维护具有深远影响。通过秘书的专业行为,可以增强外部合作伙伴的信任,促进更广泛的商业合作,为组织的长期发展和品牌建设奠定坚实基础。

通过实践慎独慎染原则,秘书不仅能够在职场沟通中展现出高尚的道德品质和专业的职业素养,还能够为组织创造一个更加正直、高效的工作环境。这种内在的力量和坚持,最终将帮助秘书在职业生涯中取得更长远的发展和更大的成功。

【知识链接】

习近平总书记强调的"慎独"①

"慎独"语出《礼记·中庸》:"君子戒慎乎其所不睹,恐惧乎其所不闻。莫见乎隐,莫显乎微,故君子慎其独也。"意思是说君子在独处无人注意时,自己的行为也要谨慎不苟。"慎独"是儒家修养的最高境界,也是君子人格的集中表达,更是中国共产党人应当具备的道德品质和修养方法。习近平总书记在不同的场合、从不同的角度多次谈到"慎独",并对"慎独"的内涵进行引申阐发,赋予其新的时代价值。学习这些重要论述,有利于认真领会"把马克思主义基本原理同中国具体实际相结合、同中华优秀传统文化相结合"的重大理论观点,对于广大党员干部加强自身修养,常修为政之德、常思贪欲之害、常怀律己之心,不断自我完善、自我提高具有重要意义。

2014年3月9日,习近平总书记在参加十二届全国人大二次会议安徽代表团审议时强调,各级领导干部都要树立和发扬好的作风,既严以修身、严以用权、严以律己,又谋事要实、创业要实、做人要实。严以律己,就是要心存敬畏、手握戒尺,慎独慎微、勤于自省,遵守党纪国法,做到为政清廉。领导干部手中握有一定权力,在钱财、名利问题上犯错误的可能性比一般人要大,因此应当时刻做到慎独。保持"遏人欲于将萌,而不使其滋长于隐微之中,以至离道之远也"的高度自觉和极度自警,守住做人、处事、用权的底线,注意防范"找上门来"的错误,做到心有所戒、行有所止,人前人后一个样,台上台下一个样,有无监督一个样,不断增强拒腐防变的免疫力。"慎微"是"慎独"的应有之义。"夫小者大之渐,微者著之萌""不矜细行,终累大德"。小事小节虽小,却能反映人品,反映作风。一切堕落往往都是从小事开始的,领导干部要懂得"堤溃蚁孔,气泄针芒"的道理,"勿以恶小而为之,勿以善小而不为",防止小过酿成大错。小事小节虽小,却一头牵着党心,一头连着民心。领导干部要时刻铭记"小善渐而大德生,小恶滋而大怼作",凡事从小处入手,从细处着眼,注意防微杜渐,禁于未然,通过小事小节锤炼党性修养,筑牢党性根基。

2014年3月18日,习近平总书记在河南省兰考县调研指导党的群众路线教育实践活动时强调,作风问题本质上是党性问题。抓作风建设,就要返璞归真、固本培元,重点突

---

① 赵迎辉.习近平总书记强调的"慎独"[N].学习时报,2023-05-29.

出坚定理想信念、践行根本宗旨、加强道德修养。对一切腐蚀诱惑保持高度警惕，慎独慎初慎微，做到防微杜渐。"慎初"是"慎独"的起始环节。"初"是事物之发端，即刚开始，第一步。《尚书》有言"慎厥初，惟厥终，终以不困"，《礼记》也说过"君子慎始，差若毫厘，谬以千里"。凡事只有戒慎于事情发生之初，方能没有窘迫之患。领导干部面对形形色色的腐蚀诱惑，守住第一道防线至关重要。第一道防线一旦突破，往往一发而不可收，最终滑向堕落的深渊。做到"慎初"，就是要坚守初心使命，筑牢思想防线，牢记权力从哪里来，不忘当初为什么出发，系好第一颗纽扣，把好第一个关口，始终不被诱惑所左右，不为名利所羁绊，永葆共产党员的纯洁性。

2017年2月13日，习近平总书记在省部级主要领导干部学习贯彻十八届六中全会精神专题研讨班开班式上强调，领导干部特别是高级干部必须加强自律、慎独慎微，永葆共产党人政治本色。加强自律关键是在私底下、无人时、细微处能否做到慎独慎微，始终心存敬畏、手握戒尺，增强政治定力、纪律定力、道德定力、抵腐定力，始终不放纵、不越轨、不逾矩。慎独在本质上是一种定力，一种"心不动于微利之诱，目不眩于五色之惑"的自律，一种"人所不知而己所独知"的自省，一种"居于闹市而心神空明，身处屋宇而神游方外"的自持。对于领导干部来说，慎独的定力主要表现为政治定力、纪律定力、道德定力、抵腐定力。这种定力源自对初心使命的矢志坚守，对规则秩序的无比敬畏，对理想人格的不懈追求。领导干部特别是高级干部应当注意涵养这种定力，不仅自觉接受外部监督，还要有刀刃向内的勇气，不断加强自我约束，做到公正用权、依法用权、为民用权、廉洁用权，保证权力在正确轨道上运行。

2020年12月24日至25日，中央政治局召开民主生活会，习近平总书记在会上发表重要讲话，强调要旗帜鲜明讲政治，不断提高政治判断力、政治领悟力、政治执行力。强调讲政治必须严以律己，中央政治局的同志必须修身律己，慎终如始，时刻自重自省自警自励，做到慎独慎初慎微慎友。"慎终"是与"慎初"相对的。"初"与"终"是过程的两端，"慎独"既包括"慎初"也包括"慎终"。然而"慎初"不易，"慎终"更难。古人云："举大事必慎其终始""靡不有初，鲜克有终"，做事情没有人不肯善始，但很少有人能够善终。"慎终如始，则无败事"，对待任何事情自始至终都应慎之又慎，这样才不会出现差错，以致功败垂成。"慎友"是"慎独"的逻辑衍生，"慎独"必然要求"慎友"。《荀子》说过："君人者不可以不慎取臣，匹夫不可以不慎取友。"领导干部手握权力，可供支配资源巨大，交友一定要慎重。要注意识别动机，亲君子，远小人；把握交往尺度，亲益友，远损友。把好交友关，谨防落入圈套被腐蚀被诱惑被围猎，既是对自己负责，同时也是对人民赋予的权力负责。

领导干部做到慎独，重点在"慎"。"慎"不仅是一种责任心，更是一种作风、一种能力、一种品格。"夫慎于言者不哗，慎于行者不伐。"领导干部作为治国理政的"关键少数"，无论处于什么岗位，从事什么工作，行使的都是公权力，都应将慎独贯穿权力运行的全过程、各方面，慎用权、慎交友、慎言语、慎做事，带头廉洁自律，带头秉公用权，以优良作风为全党全社会作出表率。

>>> 任务小结

【任务关键词】

1.关系对等原则。

2.互惠共赢原则。

3.宽容忍耐原则。

4.诚实守信原则。

5.慎独慎染原则。

【实践练习】

沟通习惯自测表

目的:本自测表旨在帮助同学们识别和改善日常沟通中的不良习惯。

自测指南:请根据以下情境,对自己的沟通习惯进行诚实评估。每个问题后有五个选项,分别对应不同的分数,根据你的实际情况选择最适合的选项。

1.当同学在讨论中提出不同意见时,我是否打断他们,而不是耐心听完?

总是打断(1分)

经常打断(2分)

有时打断(3分)

很少打断(4分)

从不打断(5分)

2.在团队项目中,我是否尝试找到对所有人都有利的解决方案,而不是只考虑自己的利益?

从不考虑(1分)

很少考虑(2分)

有时考虑(3分)

经常考虑(4分)

总是考虑(5分)

3.当我不同意他人观点时,我是否能够保持冷静,不表现出愤怒或不耐烦?

总是生气(1分)

经常生气(2分)

有时生气(3分)

很少生气(4分)

从不生气(5分)

4.在需要道歉时,我是否真诚地道歉,而不是只是为了避免冲突而说出道歉的话?

总是不真诚(1分)

经常不真诚(2分)

有时不真诚(3分)

很少不真诚(4分)

总是真诚(5分)

5.我是否在没有他人监督的情况下,依然保持高标准的道德行为?

总是降低标准(1分)

经常降低标准(2分)

有时降低标准(3分)

很少降低标准(4分)

从不降低标准(5分)

6.在学习小组中,我是否愿意分享我的笔记和资料,而不是把它们当作竞争优势?

从不愿意分享(1分)

很少愿意分享(2分)

有时愿意分享(3分)

经常愿意分享(4分)

总是愿意分享(5分)

7.当我犯错时,我是否主动承认错误并寻求解决方案,而不是试图掩饰或责怪他人?

总是责怪他人(1分)

经常责怪他人(2分)

有时责怪他人(3分)

很少责怪他人(4分)

从不责怪他人(5分)

8.在公共讨论中,我是否尊重每个人发言的权利,即使我不同意他们的观点?

总是不尊重(1分)

经常不尊重(2分)

有时不尊重(3分)

很少不尊重(4分)

总是尊重(5分)

9.我是否在沟通时使用对方能够理解的语言,避免过度使用专业术语或复杂表达?

总是使用复杂表达(1分)

经常使用复杂表达(2分)

有时使用复杂表达(3分)

很少使用复杂表达(4分)

从不使用复杂表达(5分)

10.当收到不适当的请求或信息时,我是否能够明确地拒绝,并保持专业和礼貌?

总是模糊回应(1分)

经常模糊回应(2分)

有时模糊回应(3分)

很少模糊回应(4分)

总是明确拒绝(5分)

分数统计:

将以上问题的答案分数相加,得到总分。

50分:表现卓越,你在沟通中很好地体现了秘书职场沟通的原则。

40~49分:表现良好,你在大多数情况下能够遵循沟通原则,但仍有提升空间。

30~39分:表现一般,你在沟通中有时未能遵循原则,需要进一步改善。

20~29分:需要努力,你在沟通中存在一些不良习惯,需要重点关注和改进。

19分及以下:需要大幅改进,你在沟通中存在多个问题,需要立即采取措施改进。

改善方法:

根据自测结果,同学们可以采取以下具体方法来改善自己的沟通习惯。

1.积极倾听:在对话中,全神贯注地倾听对方的观点,不打断,不急于下结论。

2.共情理解:尝试从对方的角度理解问题,即使你不同意,也要展现出理解和尊重。

3.清晰表达:在表达自己的观点时,使用简洁明了的语言,避免使用可能让对方困惑的专业术语。

4.承认错误:当犯错时,要勇于承认并提出改正措施,而不是找借口或责怪他人。

5.建立信任:通过一贯的诚实和守信行为,建立和维护与他人的信任关系。

6.自我反思:定期对自己的沟通行为进行反思,识别需要改进的地方,并制订行动计划。

7.角色扮演:参与角色扮演练习,模拟不同的沟通场景,提高应对各种情境的能力。

8.寻求反馈:向信任的同学或导师寻求反馈,了解自己的沟通方式对他人的影响。

9.持续学习:利用校园资源,如图书馆、在线课程或工作坊,学习提升沟通技巧。

10.正面示范:在日常生活中,努力成为良好沟通的示范,树立积极的个人形象。

❀❀【职业发展】

职场沟通中不受欢迎的行为

职场沟通对建立良好的工作关系和提升工作效率至关重要。然而,一些不良的沟通行为可能会对职场氛围和个人发展产生负面影响。以下是职场沟通中的12种不受欢迎行为,以及它们可能导致的负面结果。

1."好好先生型":这类人对任何提议都快速同意,但执行缓慢,缺乏职业判断力,过分讨好他人,导致工作执行不力。

2."幕后策划型":不满时不直接表达,而是暗中记住他人缺点等待时机报复,这种行为可能导致团队成员间缺乏信任,增加不必要的内耗。

3."爆炸型":无预警地突然发怒,让同事感到慌张失措,这种行为会破坏团队的稳定性,影响团队成员的情绪和工作表现。

4."过度承诺型":承诺过多而无法兑现,导致信誉受损,同事和领导对其承诺持怀疑态度,影响团队合作。

5."信息封锁型":故意隐藏关键信息不与团队成员分享,这种行为会妨碍团队协作,降低工作效率,增加解决问题的难度。

6."不尊重型":在沟通中忽视他人意见,不尊重他人的专业能力,这种行为会导致团队成员感到被轻视,减少团队的凝聚力。

7."拖延型":故意拖延时间不按时完成任务,这种行为会引起同事的不满,影响团队的整体进度。

8."八卦传播型":在职场中传播未经证实的消息或个人隐私,这种行为会破坏同事之间的信任,造成不必要的猜疑和纷争。

9."消极抵抗型":对提出的建议或决策持消极态度,不愿意配合,这种行为会降低团队的执行力,影响团队达成目标。

10."自我中心型":在沟通中只关注个人利益,不顾团队和组织的需求,这种行为会导致团队成员感到不公平,减少对工作的投入。

11."刨根问底型":过分好奇,经常询问他人可能不愿意分享、不太清楚、不感兴趣或无法回答的私人或细节问题。他们常常坚持要得到一个明确的答案,否则会持续不断地提问。与这类人交流时,人们往往会感到像是在接受审问,感到不自在和缺乏轻松的氛围。

12."虚伪做作型":在人际交往中常常表现出两面性,当面可能会展现出一种和善的面孔,而在背后则采取截然不同的态度。在表达情感时往往缺乏真诚,道歉和感谢往往重复而频繁,但却缺乏真正的诚意和内心的感激。

这些不受欢迎的沟通行为可能会导致职场关系紧张、工作效率降低、团队士气受损,最终影响组织的整体表现和员工的职业发展。为了维护一个健康、高效的工作环境,秘书人员应该注意这些现象,引以为戒,在职场沟通中采取积极、尊重、开放的方式。

任务三　秘书处理人际关系的方法

❓问题：秘书有哪些基于职业特点的沟通方法可以使用？

秘书常用的
沟通方法

【任务导读】

铁杆与钥匙

在一个古老的城堡里，有一道坚固的铁门，它守卫着城堡内的秘密和宝藏。许多勇士和冒险者试图打开这扇门，但都未能成功。其中，一根粗壮的铁杆自认为力大无穷，于是它用尽全力，一次又一次地撞击着门锁，希望能将其打开。然而，无论铁杆如何努力，铁门依旧纹丝不动，门锁也毫无反应。

就在铁杆感到沮丧之时，一把瘦小的钥匙出现了。钥匙的外形看起来并不起眼，但它却显得非常自信。它走到铁杆身边，轻声说："让我来试试吧。"铁杆半信半疑地让开了位置。

钥匙轻轻地将自己插入锁孔，它并没有像铁杆那样使用蛮力，而是轻轻地转动自己的身体。令铁杆惊讶的是，随着钥匙的转动，锁芯内部的机械发出了悦耳的声响，接着，大锁发出了"啪"的一声，应声而开。铁杆惊讶不已，它问钥匙："为什么我费了那么大力气也打不开，而你却能轻而易举地就把它打开了呢？"

钥匙微笑着回答："因为我了解它的心。每一把锁都有它自己的心，只有真正了解它，知道如何与它沟通，才能打开它。"

铁杆恍然大悟，它终于明白，不是所有的问题都能通过蛮力解决。有时候，了解和沟通才是解决问题的关键。

而正如钥匙了解锁的心一样，我们也需要了解他人的内心世界，用对方能够接受和理解的方式来交流和沟通。这样，我们才能建立起信任和理解，打开人际交往中的"锁"。

一、秘书处理人际关系的方法

（一）情理并用

1.情理并用的含义

情理并用源于中国传统文化中的"情理交融"思想，它强调在人际交往中既要有情感的投入，也要有理性的判断。这一概念在现代管理学中也得到了广泛的认可，如管理学家彼得·德鲁克就曾强调，有效的管理需要结合情感智慧与理性分析。

在职场人际关系的处理中,"情"指的是具备同理心和对人际关系的维护,它要求在与同事、上司或客户沟通时,能够理解和感受对方的情绪和立场,也要求在工作中建立和维护良好的工作关系;"理"指的是秘书在沟通中提供逻辑清晰、有条理、有依据的表达,既要有逻辑性,又要能运用批判性思维分析问题,提出合理的解决方案,以实现有效的决策和行动。

情理并用要求秘书在与他人交往时,能够平衡情感的共鸣和理性的判断,以达到和谐而有效的沟通。这种平衡不仅有助于建立信任和尊重的关系,还能促进问题的解决和决策的优化。

情理并用不仅是一种文化理念,也是一种实践智慧,它对秘书而言是一种有效的处理人际关系的方法,因为它能够展现出秘书对他人的关怀和理解,帮助建立信任、解决冲突,从而促进合作,提升工作质量和团队效率。

2. 情理并用的应用

秘书以"情理并用"的方法来处理人际关系,一是要情感共鸣与理性分析相结合,即在沟通时通过表达理解和关心来建立情感联系;二是要通过条理清晰的分析来展示自己的观点和建议,在理解对方情感的基础上,提出既符合情感需求又具有操作性的解决方案。

例如,秘书负责协调重要客户会议时,会议的主要发言人突然生病无法参加,此时需要通知客户并处理这一突发情况。秘书可以在沟通协调中情理并用,一方面以情感共鸣的方式,向客户表达因会议变动带来的不便和诚挚歉意,并传达原发言人因病无法与会的遗憾;另一方面需要经过理性分析,迅速提供一个详尽的替代方案,包括新的发言人信息、调整后的会议议程,并阐释这一变化如何对会议目标产生积极影响。在这一过程中,秘书既要展现对给客户造成不便的理解和关心,也要通过提供切实可行的解决方案展现其专业素养,以此维护公司与客户间的良好合作关系。

（二）求同存异

1. 求同存异的含义

求同存异是一种处理人际关系的智慧,它在中西方文化中均有体现,最初见于中国古代的哲学思想,特别是在儒家和道家中,强调在差异中寻求和谐共处。在西方,相似的理念可见于民主政治和国际关系中,强调不同利益和观点之间的平衡与尊重。这一概念与多元主义和包容性紧密相关,强调在差异中寻找共同点,尊重个体差异。

求同存异

在处理人际关系时,求同存异要求我们在认识和尊重个体差异的基础上,寻找共同点,建立共识,从而促进合作与和谐。

在秘书的人际关系处理中,"求同"是指寻找与同事、领导或客户之间的共同目标、价值观或兴趣点,这可以是共同的工作目标、对公司文化的认同,或是对某一项目成功的渴望;

而"存异"则是指秘书在沟通中接受并尊重与自己或团队其他成员不同的观点、工作风格或个人习惯。这可能包括不同的专业背景、解决问题的方法或是对工作进度的不同期望。

应用求同存异这一方法时,秘书必须考量其对处理人际关系的效果。

一是要确保共同目标的一致性,即使存在差异,所有行动和决策都应指向共同的目标和宗旨;二是要尊重个体贡献,认识到每个团队成员的独特价值,并允许他们在尊重集体目标的同时发挥个人优势;三是要有适度的多样性,在接受一定程度的"异"时可以促进创新和问题解决,但这种多样性不应威胁到团队的凝聚力和效率。

而在决定什么程度的"异"能共存时,一要考虑团队的和谐,差异不应引起严重的冲突或分裂;二要考虑工作效能,差异应能增强团队的创造力和解决问题的能力;三要考虑文化适应性,差异应与组织的文化和价值观相兼容。

2.求同存异的应用

秘书在处理职场人际关系时,可以通过以下方式实践求同存异。

一是建立共识:通过强调共同的工作目标和团队的价值观,秘书可以促进团队成员之间的团结和协作。

二是尊重差异:秘书应展现出对不同观点和方法的尊重,鼓励团队成员提出创新的想法,从而丰富团队的解决方案。

三是协调平衡:秘书应平衡"求同"与"存异",在推动团队向共同目标前进的同时,保持团队内的多样性和创新能力。

以协调新产品发布会的筹备工作为例,秘书在处理不同部门关于推广策略的分歧时,首先应明确指出各部门都希望发布会成功、新产品能够获得市场认可的共同目标,这是所有讨论和决策的出发点。同时要允许不同推广策略的存在,可以邀请各方表达各自的推广策略,并认真倾听和记录,展现出对他们不同思路的尊重和理解,但应确保这些策略都符合产品定位和公司形象。接下来汇总各方的观点,组织讨论会,帮助团队成员理解不同策略的优势和风险,最终整合出一个既符合市场定位又能突出产品特色的综合推广计划。

在这个过程中,求同存异要求秘书具备以下能力:

一是高度的同理心,能够理解并尊重他人的观点和情感。

二是卓越的沟通技巧,能够清晰表达共同目标,同时倾听和吸纳不同的意见。

三是灵活性,在维持原则的同时,对策略和方法保持开放和适应性。

四是冲突解决能力,能够识别并调和团队内部的差异和冲突。

(三)换位思考

1.换位思考的含义

换位思考,或称"共情",在心理学中指的是一个人能够理解和感受他人情绪状态和观点的能力。在职场中,换位思考意味着秘书能够从他人的角度出发,在沟通和决策过程中超越个人视角,理解他们的需求、动机和担忧,设身处地地考虑他人的感受和立场。

换位思考不仅是理解他人的观点,更是一种情感共鸣,它要求秘书在认知和情感两个层面上与他人建立联系。认知层面上,换位思考要求秘书能够准确地识别和理解他人的情绪和观点;情感层面上,它要求秘书能够感受他人的情绪,对其产生共鸣。这种深层次的理解有助于秘书在职场中建立更加稳固和谐的人际关系。

首先,它帮助秘书更深入地理解同事和领导的工作状态及心理需求,从而在彼此之间建立更紧密的联系;其次,从他人的角度出发,秘书能够更有效地与他们沟通,减少误解和潜在的冲突;此外,换位思考还能提升秘书的决策质量,因为它鼓励秘书在制定决策时考虑不同利益相关者的观点,从而确保决策的全面性和有效性;最后,换位思考通过促进团队成员之间的信任和尊重,加强团队合作,这对提高工作效率和实现共同目标至关重要。

有效的换位思考能够给秘书的人际关系处理带来积极结果。第一,秘书通过共情沟通,能够传达对他人情感和观点的深刻理解,这有助于建立牢固的人际关系;第二,通过展示对他人立场的尊重,秘书能够在职场中建立起信任关系,这对促进长期合作和提高团队凝聚力非常关键;第三,换位思考使秘书能够识别并缓解职场中的紧张和冲突,维护团队的和谐氛围;第四,通过促进团队成员之间的合作,秘书能够推动共同目标的实现,提高团队的整体工作效率和协同能力。

2.换位思考的应用

秘书常常在以下沟通情境中,需要进行换位思考。

一是解决冲突。当团队内部出现分歧时,秘书通过换位思考理解各方立场,协调矛盾。

二是领导决策支持。秘书在为领导提供决策支持时,需要从领导和其他团队成员的角度考虑问题。

三是任务分配。在分配工作任务时,秘书需要考虑下属的能力和偏好,以提高工作满意度和效率。

四是客户服务。与外部客户沟通时,秘书通过换位思考理解客户需求,能提供更贴心的服务。

【微型案例】

闻名于世的励志成功大师拿破仑·希尔,某一年需要聘请一位秘书,于是在几家报刊上刊登了招聘广告。结果应聘的信件如雪片般飞来。但这些信件大多如出一辙,比如第一句话几乎都喜欢这样开头:

"我看到您在报纸上招聘秘书的广告,我希望可以应征到这个职位。

我今年某某岁,毕业于某某学校,我如果能荣幸被您选中,一定兢兢业业。"

拿破仑·希尔对此很失望,正琢磨着是否放弃这次招聘计划时,一封信件给了她全新的希冀,认定秘书人选非此信主人莫属。

她的信是这样写的:

"敬启者:

您所刊登的广告一定会引来成百乃至上千封求职信,而我相信您的工作一定特别繁忙,根本没有足够时间来认真阅读。因此,您只需轻轻拨一下这个电话,我很乐意过来帮助您整理信件,以节省您宝贵的时间。

您丝毫不必怀疑我的工作能力与质量,因为我已经有十五年的秘书工作经验。"

后来,拿破仑·希尔说:"懂得换位思考,能真正站在他人的立场上看待问题,考虑问题,并能切实帮助他人解决问题,这个世界就是你的。"

(四)增强人际吸引力

1.人际吸引力的含义

人际吸引力指的是个人在社交互动中吸引他人的特质,这包括外表、性格、专业能力和社交技巧等多个方面。在中国文化中,人际吸引力往往与个人的社会地位、道德品质和亲和力相关联;而在西方文化中,它更多地与个人的独特性、自信和社交能力相关。

秘书增强人际吸引力涉及个人魅力、专业能力以及与他人建立积极关系的能力,具有较高人际吸引力的秘书更容易与他人建立良好的沟通,从而提高工作效率,也更能够在团队中发挥更大的影响力,促进决策的执行。由于增强人际吸引力有助于秘书与同事、领导和客户之间建立信任关系,这对职场成功至关重要。

2.人际吸引力的应用

秘书常常需要在各种工作情境中体现人际吸引力,例如在会议中,秘书需要展现出高度的专业能力和良好的社交技巧,以赢得领导的信任和支持;在接待客户时,需要利用人际吸引力建立良好的第一印象,促进与客户的长期合作关系;在团队项目中,秘书的人际吸引力有助于协调团队成员之间的关系,推动项目的顺利进行;面对职场冲突,秘书的人际吸引力更是可以帮助缓和紧张气氛,促进问题的和平解决。因此,秘书需要基于工作情境的需要,从不同方面提升自己的人际吸引力。

(1)专业能力

秘书的专业能力是其职业形象的核心组成部分。这包括对办公软件的熟练操作、文档编辑、会议策划与执行、时间管理以及对行业动态的敏锐洞察力等。

专业能力是秘书职业吸引力的重要体现。专业能力强的秘书能够高效地完成工作任务,为团队提供有力的支持。这种能力不仅能够提升秘书自身的工作效率,也能为团队节省时间,提高整体的工作表现。在心理上,同事和领导会因为秘书的专业能力而感到安心,他们知道可以将重要的任务交给秘书,这种信任感是建立良好人际关系的基础。同时,专业能力的提升也意味着秘书能够更好地适应工作变化,解决复杂问题,这种能力上的展现往往能够赢得他人的尊重和赞赏。

（2）社交技巧

社交技巧涉及有效沟通、积极倾听和恰当回应等方面。秘书在日常工作中频繁与各类人员接触，良好的社交技巧能够促进信息的准确传递，减少误解和冲突。有效的沟通能够帮助秘书准确理解他人的需求和意图，从而建立更为顺畅的工作流程，积极的倾听和恰当的回应能够让他人感到被尊重和理解。

心理上，社交技巧的提升有助于秘书建立和谐的工作关系，减少社交场合的紧张和焦虑；工作效率上，有效的沟通能够加快决策过程，提高团队协作效率；情绪上，积极的社交互动能够营造一个友好和支持性的工作环境，促进同事间的相互理解和支持，这种正面的情感交流是维持长期良好人际关系的重要因素。

（3）职业形象

职业形象包括适当的着装和专业的外观，它是秘书留给他人的第一印象。一个得体的职业形象能够传递出秘书的专业态度和对工作的尊重。

心理上，良好的职业形象能够增强秘书的自我认同感，提升其在职场中的自信心。一个专业且得体的职业形象能够为秘书在职场中建立起正面的第一印象。适当的着装和专业的外表不仅能够反映秘书对工作的认真态度，也能够传递其专业性和可信度。在心理学中，第一印象对人际关系的建立具有决定性的影响，一个良好的职业形象能够让他人更愿意与秘书进行交流合作；工作效率上，一个注重职业形象的秘书可能在职场中获得更多的认真对待，也往往能够激发团队对高标准的追求，从而提升整个工作环境的专业度；情绪上，良好的第一印象能够促进人际关系的建立，为秘书带来更多积极的社交互动。

（4）人格魅力

人格魅力体现在秘书的诚信、责任感和积极态度等个人品质上，这些品质是秘书赢得他人尊重和信任的重要基础。心理上，一个具有人格魅力的秘书能够通过自己的行为和态度影响周围的人，他们的诚信和责任感能够让同事感到安心，相信秘书是一个值得信任和信赖的合作伙伴；工作效率上，一个具有人格魅力的秘书更容易获得团队的支持和合作；情绪上，诚信和积极的态度能够为秘书赢得同事的尊重和喜爱，这种正面的情感反馈能够增强秘书的人际吸引力，同时也能够提升整个团队的士气和凝聚力。

【微型案例】

李秘书正忙碌地准备着即将到来的客户答谢晚宴。她知道，这不仅是一场简单的晚宴，更是公司形象和客户关系的重要展示平台。

在公司会议室，李秘书正与市场部的同事讨论晚宴细节。

李秘书："根据我们对客户的了解，我认为我们应该在第五道菜后安排一个小型的互动环节,这样既能活跃气氛,也能让客户感到特别。"市场部同事:"好主意,小李。你总是能抓住客户的兴趣点,你的加入让整个团队的工作都变得高效多了。"

晚宴当晚,李秘书身着精心挑选的商务晚礼服,微笑着迎接每一位到场的客户。

客户张先生一见到李秘书就过来打招呼:"李秘书,你们公司的晚宴每次都让人期待,每次有你在的活动,我们都特别放心。你的准备工作总是这么充分,你是怎么做到的?"小李:"张先生,您能来是我们的荣幸。我们只是尽力让每位嘉宾都感到温馨和被尊重。"

在交流中,李秘书认真聆听客户的分享,适时地发表自己的见解。

客户李女士:"李秘书,你对市场趋势的洞察让人印象深刻。我很高兴能与你交流,真希望下次还能见面。"小李:"谢谢您,李女士。您的经验和见解对我帮助很大,我很高兴能和您这样资深的专家交流,也期待我们能有更深入的合作。"

晚宴结束后,小李受到了客户和同事的广泛赞誉。公司领导特意找来李秘书:"这次晚宴你的表现非常出色,客户们都很满意。公司重点项目的公关工作马上就要开始了,公关部已经提出申请,请你去支持他们的工作。这个项目完成之后,我和李副总打算给你公司高层管理培训的名额!"

李秘书:"谢谢公司和领导给我的机会,我只是做了我应该做的,团队的支持才是成功的关键! 接下来的工作,我会继续努力的!"

二、秘书主要人际关系的特点与处理方法

(一)秘书与领导的关系

1.秘书与领导关系的特点
(1)人格上的平等性

人格是指个人的精神特质和道德品质,是个人尊严和价值的体现。秘书与领导的关系,尽管在职务上有主从之分,但在人格上是平等的。这种平等性体现在秘书在履行职责时,应保持自己的独立性和自尊,不因领导的地位而失去自我。同时,秘书应以平等的心态对待领导,不卑不亢,展现出专业素养和个人魅力。人格上的平等性要求秘书在工作中尊重领导,同时也应要求得到领导的尊重,形成基于相互尊重的健康工作关系。

(2)工作上的从属性

工作关系中,秘书通常承担着辅助和支持的角色,这构成了秘书与领导关系的从属性特点。秘书需要根据领导的工作目标和任务来安排自己的工作,确保领导的决策和计划得以顺利执行。从属性要求秘书在理解领导意图和需求的基础上,提供高效的服务和支持,同时也要具备一定的独立思考能力,为领导提供有价值的建议和反馈。

(3)知识上的补充性

作为领导的得力助手,秘书与领导之间应当是一种相辅相成的关系。但是在工作中,由于职务层级和具体工作内容的不同,秘书与领导在专业知识和技能上往往各有侧

重,这种差异性构成了他们关系的补充性。秘书应不断充实自己的专业知识,提高个人能力,以便在领导需要时提供专业的信息和建议。补充性还要求秘书在领导的决策过程中,能够提供不同视角的思考,帮助领导做出更全面的决策。秘书的专业知识和技能是对领导能力的有益补充,有助于提升团队整体的工作效率和质量。

2.秘书与领导关系的处理方法

(1)尊重并服从领导权威

秘书作为领导的助手,其工作性质要求必须与领导保持高度一致性。尊重和服从领导权威,能够确保组织决策的连贯性和执行的效率,同时也体现秘书的职业忠诚和组织纪律性。

尊重并服从领导权威有助于构建一个有序的工作环境,强化秘书与领导之间的信任关系,为秘书提供明确的工作指导和支持。秘书应在决策过程中积极提供意见和建议,但在决策确定后,应全力以赴地支持和执行领导的决定,即使个人有不同意见。

(2)准确领会并执行领导意图

领导意图的准确理解和执行是秘书工作的关键。这不仅关乎领导决策的有效实施,也决定了秘书能否成为领导的得力助手,并影响到整个组织的运行效率。

通过准确领会领导意图,秘书能够更好地服务领导,提高工作质量和效率,同时也能在领导和团队中树立起自己的专业形象。秘书应通过与领导的深入沟通,了解其工作目标和期望,然后在执行中不断反馈和调整,确保工作成果与领导的预期相符。

(3)加强沟通与建立个人关系

秘书与领导之间的沟通是日常工作顺利进行的基础,而良好的个人关系能够促进双方的理解和信任,为秘书在组织中发挥作用提供更广阔的空间。

加强沟通有助于秘书更准确地把握领导的工作需求和个人偏好,从而提供更为个性化和高效的服务。秘书应主动与领导进行定期的沟通,了解其工作计划和个人期望,并通过适当的非正式交流加深相互了解和信任。

(4)明确角色定位,避免越位行为

秘书在工作中应有清晰的自我定位,避免越位行为,这对于维护组织结构的稳定性和领导的权威性至关重要。

明确的角色定位有助于秘书更加专注于自己的职责,提高工作效率,同时也能够避免不必要的误解和冲突。秘书应在领导的指导和授权范围内行动,对于超出职责范围的事务,应及时请示领导,确保自己的行为和决策与领导的意图和组织的规则保持一致。

(5)维护领导团结,促进团队合作

在多位领导共事的环境中,秘书的角色尤为敏感。维护领导团结不仅有助于秘书自身的工作,也对整个组织的团队精神和工作效率有着积极影响。

通过促进领导间的团结,秘书能够帮助构建一个和谐的工作环境,提升团队的整体合作能力和工作氛围。秘书应公平对待所有领导,不参与领导之间的任何分歧或争议,

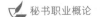
通过适当的沟通和协调帮助领导们找到共同点,促进团队的合作和团结。

【微型案例】

李芳是一家大型企业人力资源部的资深秘书,深得人力资源总监张华的信任。

李芳最近感到有些烦恼,因为她察觉到部门内两位副总监——赵副总监和钱副总监之间的关系日益紧张。有时赵副总监会在她面前对钱副总监的工作方法提出批评,李芳总是谨慎地避开话题,不表露个人立场。她意识到赵副总监这样的行为,可能是在寻求她作为总监秘书的支持和认同。毕竟,总监张华的任期即将结束,公司可能会从两位副总监中选拔一人接替总监职位。两位副总监在工作决策上本就存在分歧,加之个人职业发展的考量,他们之间的竞争变得愈发激烈。李芳作为秘书,身处这场竞争之中,感到行事必须非常谨慎,毕竟作为总监的秘书,她的态度总是免不了被人们揣测。

某日,李芳带着文件前往赵副总监的办公室。敲门进入后,她意外地发现钱副总监也在场,而且两人似乎刚刚经历了一场激烈的讨论。钱副总监的脸色很难看,他突然对李芳说:"李秘书,来得正好,请你来评评理,看看我和赵副总监的意见哪个更合理。"

李芳苦笑着说:"我哪还有空提什么意见啊!最近忙得前脚不接后脚的。"接着将手中的文件示意了一下,"这不,我来给赵副总送个文件,张总还在办公室等着我呢!"说完,李秘书赶紧离开办公室,走前顺手关上了门。

3.秘书处理领导关系的注意事项

(1)避免越位行为

越位行为指秘书在未经授权的情况下代替领导做决策或表态,这可能会打乱组织的工作流程和决策结构。秘书的角色定位是辅助和支持领导,而非代替领导做决策。越位行为不仅违背了秘书的职责范围,还可能破坏领导的权威,造成组织决策的混乱。

秘书应通过恰当的沟通和协调,确保自己的行为始终与领导的意图和组织的规则保持一致。

(2)不参与领导私人矛盾

领导的私人矛盾往往与工作无关,秘书的介入可能会使矛盾更加复杂,导致领导对秘书不信任,甚至可能被利用,引起组织内部的混乱和冲突,从而损害自己的职业形象和组织的利益。保持中立有助于秘书保持客观和公正,避免在领导间的纷争中失去立场。

不参与领导私人矛盾也是保护秘书自身的职业安全和声誉,避免被卷入可能影响工作表现和个人发展的敏感问题中。秘书应专注于工作相关的事宜,通过专业能力和正直行为赢得同事和领导的尊重。

(3)不在公开场合质疑领导

在公开场合质疑领导会削弱领导的权威,影响领导在团队中的形象和威信。这种行为可能会被视为对领导不忠,损害秘书与领导之间的信任关系,甚至影响秘书在组织中的职位稳定性。

秘书要维护领导的尊严和组织的统一性,如果有疑惑,应在私下以建设性的方式提出意见,这样不仅能够维护领导的权威,也能够促进问题的合理解决。

(4)不擅自处理领导间的分歧

领导间的分歧往往涉及复杂的利益关系和深层次的问题,秘书擅自处理可能会加剧矛盾,甚至使自己陷入困境。秘书的角色应是协调者和信息的传递者,而非决策者。

秘书应通过适当的沟通技巧,保持职业角色和行为的适当性,帮助领导们找到解决问题的方法,而不是直接介入决策过程。

(5)不在领导面前过分表现自己

过分表现自己可能会使领导感到秘书有越权之嫌,影响领导对秘书的看法。这种行为可能会被视为不尊重领导,甚至可能引起领导的反感或不信任。秘书应通过实际工作成果和专业能力来展示自己的价值,而不是过度的自我推销或表现。

【微型案例】

"绿野乡兴"是一家致力于乡村振兴工作的知名企业,专注于通过可持续的农业实践和乡村发展规划,推动农村经济的全面发展。张涛在绿野乡兴企业担任项目秘书,负责为项目负责人撰写重要的报告和演讲稿。他的文笔出色,对乡村振兴的深刻见解使得每次撰写的稿件都能精准地传达企业的核心理念,因此获得了项目负责人和同事们的一致好评。

张涛在一次乡村发展研讨会上提交了一份精彩的报告,随后受到了与会者的广泛赞誉。随着赞誉声不断,张涛开始变得骄傲自满。一天,项目秘书长在准备下一次会议材料时对他说:"张涛,你的报告真是写得太好了,每次都能让我们的项目脱颖而出!"张涛得意地回答:"当然了,一个有影响力的项目背后一定有一个才华横溢的秘书,项目的成就也有秘书的一份功劳!"项目秘书长听后,没有多说什么,但表情显得有些尴尬。

几周后,在一次闲聊中,项目经理似乎不经意地提到了团队的人事安排,并暗示可能会有变动。他看着张涛说:"像你这样才华横溢的秘书,应该能在更大的平台上发挥才能。"张涛听后感到震惊,他回想起之前对项目秘书长的自满言论,担心是不是被他人传到了项目经理耳中。他意识到自己可能已经引起了领导的不满,于是急忙解释自己的本意,试图澄清误会。经过一番努力,项目经理的表情终于缓和了一些。

从那以后,张涛在言行上变得更加谨慎,他不再轻易发表可能会被误解的言论,并且在与领导和同事的互动中变得更加小心翼翼。通过努力工作和保持低调,他最终保住了自己的职位,并重新赢得了团队的信任。

(二)秘书与同事的关系

1.秘书与同事关系的特点

(1)平等协作性

秘书与同事之间关系的平等协作性指的是在职场中,秘书与同事之间在职责、权利和工作参与上保持平等,共同协作以完成工作任务和实现组织目标的一种关系模式。这种特点之所以存在,是因为现代职场强调团队合作精神,认为无论其职位高低,每个员工的贡献都对组织的成功至关重要。在这样的环境下,秘书作为团队的一员,与同事共享信息、资源和工作成果,共同参与决策过程,从而实现更加高效和创新的工作成果。

【微型案例】

最近获得提拔的周梅自从成为总经理秘书后,开始感受到了职位变化带来的不同。她开始参与更多的高层会议,处理更为机密的文件,这让她感到自己肩负的责任更重了,她也更加兢兢业业,和原来亲近的同事之间的关系逐渐变得疏远了。

随着时间的推移,周梅发现同事们对她跟以前不太一样了。一些同事开始对她的成功感到嫉妒,认为她变得高傲,不再像以前那样平易近人。周梅注意到了同事们的疏远,她意识到自己需要更加努力地维护与同事之间的关系。

有一次,周梅家中突然有紧急情况需要她立即处理,恰逢她正负责组织一个重要会议。因此,她需要请其他秘书帮忙代为组织这次会议。周梅记得同事们之前的疏远,心中有些忐忑,但她还是鼓起勇气,逐一给同事们打电话请求帮助。让她感到意外的是,大多数同事都表示愿意支持她,有的同事甚至主动提出要承担更多的工作量。

面对同事们的支持,周梅深受感动。她意识到,尽管职位的提升带来了变化,但在工作中,她与同事们之间的团队精神和相互支持的关系仍然是要坚持维系的重要部分。

自此以后,周梅在工作中更加注重与同事的沟通与合作,她经常主动询问同事们的意见和建议,努力营造一个开放和包容的工作环境。随着时间的推移,周梅不仅成了总经理的得力助手,也重新赢得了同事的尊重和信任。

(2)利益冲突性

秘书与同事关系中的利益冲突性指的是在职场中,由于个人目标、工作职责、资源分配或晋升机会等方面存在的差异,秘书和同事之间可能会产生利益上的对立或竞争。这种情况之所以会产生,是因为在一个组织内部,不同的个体或团队可能会追求不同的目标,而这些目标并不总是与组织的整体利益完全一致。此外,有限的资源、职位晋升的竞争以及工作压力都可能加剧这种冲突性。

(3)个性多样性

秘书与同事关系中的个性多样性指的是在职场中,由于个人背景、教育经历、工作风格和价值观的差异,秘书和同事们展现出的多样化的个人特质和行为方式。这种特点的存在是因为职场汇聚了来自不同文化、具有不同经验和技能的个体,这些个体的多样性是组织创新和适应变化的重要资源。

2.秘书与同事关系的处理方法

(1)尊重与平等

秘书在工作中应认可每位同事的人格和工作,不因其职位、资历等因素而有所偏见。在与同事的互动中,应保持一视同仁的态度,不偏不倚。具体做法包括:在交流沟通时,给予同事足够的尊重,认真倾听他们的意见;在决策过程中,考虑每位同事的建议;在日常工作中,不偏袒任何一方。

个性多样性要求秘书在工作中展现出高度的适应性和包容性。秘书应尊重每位同事的独特性,认识到不同的观点和方法可能带来新的解决方案和创意。在处理与同事的关系时,秘书应通过有效沟通,了解同事的需求和期望,同时寻找共同点,促进团队合作。秘书还需要发挥协调作用,帮助团队成员之间相互理解和建立信任,以个性多样性为团队带来积极的影响。通过这样的方式,秘书可以促进一个更加和谐、富有创造力的工作环境。

(2)合作与信任

合作强调的是秘书与同事之间的协作精神,通过共同努力实现团队目标。信任则是秘书与同事之间的信赖关系,它能够减少不必要的猜疑和误解,提高工作效率。具体做法包括:在团队项目中,秘书应积极与同事沟通,共同制订工作计划;在执行过程中,相互信任,确保每位成员都能按时完成分配的任务;在遇到分歧时,通过建设性的讨论寻求共识。合作与信任的必要性在于,它们能够促进团队成员之间的正面互动,建立起一个互相支持和依靠的工作氛围,这对提高团队的整体表现和实现长期目标至关重要。

(3)理解与包容

理解与包容是维护同事关系和谐的润滑剂。理解要求秘书站在同事的角度考虑问题,尝试从他们的视角看待工作中的挑战和机遇,包容则意味着秘书在工作中能够接受同事的不同观点和做法,即使这些观点和做法与自己的不完全一致。具体做法包括:在面对同事的不足时,秘书应展现出宽容的态度,避免过度批评;在意见不合时,秘书应展现出开放的心态,尊重多样性;在冲突发生时,秘书应采取冷静的态度,通过有效沟通寻求解决问题的方法。理解与包容的必要性在于,它们能够减少工作中的摩擦,帮助团队成员更好地相互理解和支持,这对于维护团队的稳定性和促进成员间的正面关系至关重要。

3.秘书处理同事关系的注意事项

(1)避免拉帮结派

秘书在工作中应保持客观中立,避免参与任何小团体或派系活动。此类行为可能会导致工作场所的不和谐,损害团队协作精神。若忽视这一点,秘书可能会被视为营造小圈子,这不仅会影响其职业形象还可能对团队合作产生负面影响。

(2)避免传播八卦

秘书应避免参与或传播办公室八卦,以免降低工作效率和破坏同事间的团结。过分的八卦活动会减少秘书的职业可信度,造成同事间的误会和矛盾。

(3)控制个人情绪

秘书在工作中应展现出稳定的情绪管理能力,不应将个人情绪带入工作场合。情绪波动会影响秘书的专业表现和同事间的沟通。若忽视这一点,可能会导致人际关系恶化,影响工作氛围。

(4)避免摇摆不定

秘书在工作中应保持坚定的立场,不应随波逐流或在不同意见间摇摆。这种行为会损害秘书的可靠性和诚信度。若不予以重视,秘书可能会失去同事或领导的信任。

(5)避免频繁诉苦

秘书应避免在职场中无休止地抱怨个人问题。频繁地诉苦不仅会削弱秘书积极向上的职业形象,还可能使同事感到不适。若不注意这一点,可能会导致秘书在同事中的形象受损,进而减少同事对其工作的支持。

(6)避免特立独行

秘书应保持适当的个人风格,但不应过于突兀或不合群。过于特立独行可能会使同事感到不自在,影响团队的协作。若不留意这一点,秘书可能会在团队中被孤立,影响个人的职业发展和团队合作。

(三)秘书与外界的关系

1.秘书与外界关系的特点

(1)代表的显著性

秘书在与外界交往时,其言行常被视为其所代表的企业或领导的立场和态度。因此,秘书的一言一行具有高度的代表性,外界往往将其等同于企业或领导的官方意见。这种代理性的权威体现要求秘书在言行上必须谨慎,以维护企业形象和领导的权威。

(2)时间的非连续性

秘书与外界的交往可能是一次性的、针对特定项目的,或是长期合作的。这种非连续性要求秘书在每次交往中都能迅速建立起有效的沟通和联系,即使没有连续的互动,也能确保信息的准确传递和关系的稳定发展。

(3)差错的零容忍性

由于秘书代理性的权威体现,外界对秘书的差错表现出极低的容忍度。任何失误都可能对企业或领导的声誉造成不可逆转的损害。因此,秘书在与外界的交往中必须追求零失误,确保每次交流的专业性、准确性和适当性。

2.秘书与外界关系的处理方法

(1)展现专业形象

秘书在与外界交往时,需要通过各种手段立体地展现专业形象。通过专业的着装、得体的举止、清晰的沟通以及适时的反馈,塑造一个专业、可靠和权威的个人形象。具体来说,包括选择符合职业要求的服装,保持整洁的外观,在各种社交场合中表现出适当的礼节和行为,使用清晰的逻辑表达观点以及及时对外界的信息和需求给予回应。

这种方法能够增强秘书的说服力和影响力,迅速建立起外界对秘书个人以及其代表的企业或机构的信任感,为后续的沟通和合作打下良好的基础。

(2)善用亲和沟通

善用亲和沟通指的是秘书在与外界交流时,运用友好、亲切的沟通方式,包括积极的倾听、恰当的幽默以及灵活的应变能力,打破初次会面的陌生感,根据不同的沟通情境灵活调整沟通策略,以建立和谐的沟通环境,打开交际局面,促进双方的理解和合作。

亲和沟通能够帮助秘书快速打破与外界人士之间的隔阂,缩短心理距离,使对方感到舒适和尊重。这种方法有助于缓解紧张气氛,提升沟通效率,从而更容易达成共识和合作。

例如,在对外的公关活动中,秘书面对情绪激动的记者,不应该直接反驳,而要通过耐心倾听、适时的幽默回应以及展现开放的态度,来化解紧张情绪,引导话题走向,从而赢得记者的尊重和理解。

(3)维护良好关系

维护良好关系指的是秘书在与外界的人际交往中,通过持续的关心、帮助和沟通,建立起稳定、互信的人际关系网络,促进长期合作关系的形成。如通过电话、邮件或会面等方式保持定期联络,在对方需要时提供帮助,展现出合作和支持的态度等。这些方法有助于与外界人士形成长期合作的伙伴关系,增强秘书在外界的人脉资源,为个人及所代表的组织带来持续的支持和资源。

3.秘书处理外界关系的注意事项

(1)尊重文化差异

中国是一个多民族、多文化的国家,不同地区有着各自的习俗和传统。秘书应了解并尊重这些差异,如在与不同地区人士交往时,注意当地的礼仪习惯和偏好。

如在与使用方言的人士沟通时,秘书应表现出尊重,必要时可学习一些基本的方言词汇,以便更好地与对方沟通;了解不同地区庆典节日的意义,适时表达节日的祝福,以示对文化的尊重;不同地区的商务习惯可能有所差异,有的地区商务餐可能较为正式,而有的地区则可能较为轻松随意,秘书应提前了解、灵活适应。

(2)避免过度亲密

在对外交往中,秘书应避免过度亲密,以维护个人和所代表组织的声誉。过度亲密可能会损害秘书的专业形象,模糊工作与个人关系的界限,增加信息泄露的风险,导致利益冲突,以及给人留下偏袒或不公平的印象。

为了避免过度亲密,秘书应建立职业界限,明确自己的角色和职责,在所有交往中保持一致的专业态度。使用正式和礼貌的语言进行沟通,避免涉及过多的个人话题,控制个人信息的分享量。同时,避免与外界人士进行非工作的私人约会,尤其是在可能影响工作判断的情况下。秘书还需要了解并尊重外界人士的文化和个人习惯,避免可能让对方感到不适的过于亲近的行为。此外,秘书应定期进行自我反思,确保自己的行为符合职业道德和组织规定。参加相关的培训和研讨会,提高对职业界限和个人行为影响的认识,并向信任的同事或上司寻求反馈,了解自己的行为是否被认为过于亲密,并据此作出调整。通过这些措施,秘书可以有效地避免过度亲密,保持专业的工作关系,从而维护个人和组织的专业性和良好声誉。

>>> 任务小结

【任务关键词】

1.秘书处理人际关系的方法。

2.秘书与领导关系的特点。

3.秘书与领导关系的处理方法。

4.秘书处理领导关系的注意事项。

5.秘书与同事关系的特点。

6.秘书与同事关系的处理方法。

7.秘书处理同事关系的注意事项。

8.秘书与外界关系的特点。

9.秘书与外界关系的处理方法。

10.秘书处理外界关系的注意事项。

【实践练习】

根据题目要求扮演以下角色,在充分理解各个秘书的立场后,应用秘书人际沟通的原则与技巧解决问题。

实践1:全国行政联盟峰会将于明天上午开幕,本次峰会由A公司主办、B公司承办。A公司委派秘书小刘和小王来检查会场,B公司派秘书小李和小张陪同检查。小刘和小王在检查中发现会场墙壁上有盏灯忽明忽暗,并有火花闪现。请4位同学分别扮演4位秘书,明确各自的任务和权限,通过沟通处理这一问题。

实践2:A公司和B公司即将举行一个重要的商务谈判。A公司委派秘书小C和小D

提前进行沟通,商讨谈判场地的问题,B公司派秘书小X和小Y接待并进行商谈。A公司希望能够选择一个中立的场地,如宾馆或酒店的会议室,以显出双方的平等地位。但B公司认为没有必要这么麻烦,在本公司的会议室就可以了。请4位同学分别扮演4位秘书,明确在不同的地点商谈对A公司和B公司有何影响,并通过沟通处理这一问题。

【案例分析】

案例1:

李明是一位年轻的市场助理。他刚从大学毕业,充满活力,对工作充满热情。他的直接上司王经理是一位经验丰富的市场经理,对工作要求严格,但对下属也很关心。

某天,公司突然接到一个重要客户的提案请求,需要立刻准备一份详细的市场分析报告。不巧,王经理因紧急事务需要外出处理,这个任务就落在了李明的肩上。王经理在离开前简要地向李明说明了报告的核心要点和结构要求,然后匆匆离开。

李明凭借在大学期间所学的市场分析知识,迅速投入报告的撰写。他精心收集数据,运用所学的分析工具对市场趋势进行了深入的分析。经过连续几个小时的努力,李明完成了报告并仔细校对,确保无误后将报告提交给了公司高层。

公司高层对这份报告给予了高度评价,特别是对李明的专业能力和敬业精神表示赞赏。李明因此受到了公司内部的表扬,并得到了高层的关注。

王经理回来后,李明向他汇报了整个过程,并提到了公司高层对他的肯定。王经理听后,虽然口头上对李明表示了赞许,但李明逐渐感觉到王经理对他的态度有了微妙的变化。王经理似乎在某些重要的工作中不再那么信任李明,也不再像以前那样和他讨论工作的各个方面。

李明感到困惑和沮丧,他不明白为什么自己的努力和成绩没有得到王经理的真心认可。

根据秘书与领导关系的特点、处理方式和注意事项,你认为王经理为什么不像从前那样信任李明了?

案例2:

有一家作为省级重点单位的大型国有企业,该企业在结构调整前拥有超过30个部门,调整后依然保持了20余个部门的规模。企业的综合管理部全面负责公司的行政、后勤和客户接待等工作,任务繁重。原任综合管理部主任的张涛,是一位大学毕业不久的年轻人。他以工作勤奋、性格直率、对工作细节要求严格而在全公司颇有声誉,并且总是亲力亲为,严格遵守公司规章制度。然而,他并不擅长处理人际关系,这导致他经常与同事产生摩擦。从公司的高层领导到基层员工,对他的意见颇多。尽管如此,张涛始终坚持自己的原则,不为外界所动摇。

在一次关于员工出差报销的事件中,张涛与财务部门发生了分歧。他认为该员工的报销申请完全符合公司规定,而财务部门却拒绝支付,声称必须得到公司高层的批准。争议最终上升到了公司总裁的高度,总裁支持了张涛的观点,并在报销单上签字。这一行为引发了财务部门的不满,他们认为张涛是在利用总裁的权威来施压。公司中一些不明真相的员工也开始议论张涛,认为他过于自负,不把其他部门放在眼里。甚至连综合管理部的一些员工也担心,这样的冲突会使与其他部门的关系变得紧张,影响未来的工作。

两年后,张涛被调至其他部门担任经理,而接替他成为综合管理部主任的是经验丰富的李华。李华在公司工作多年,深知人际关系的重要性,只要不违反大原则,他总是尽量与各部门员工保持良好的关系,在公司中成了一个"八面玲珑"的角色。面对可能引起冲突的问题,李华会主动向公司高层请示汇报,因此他与各部门的关系都相当不错。

李华与张涛的管理风格存在显著差异。李华似乎更注重维护人际关系,避免与各部门员工正面冲突。面对棘手的问题,他会主动与相关部门沟通协商,阐明情况,寻求理解和支持。李华总是尽量避免与他人发生直接的对立,也不愿意直面他人或上级的不合理意见,而是倾向于通过和解的方式来处理分歧。虽然李华在一定程度上弥补了张涛的不足,但他的做法也有缺陷,他倾向于将难题推给上级,而未能及时指出上级不当的意见。

通过这个案例,我们可以看到张涛和李华在处理人际关系方面的方法各有优缺点。张涛坚持原则,但缺乏灵活性和对人际关系的重视,可能导致团队合作的障碍。而李华虽然在人际关系上处理得更为圆滑,但在面对冲突时却可能缺乏果断和原则性,将决策的重担推给上级。理想的管理风格可能需要在张涛的原则性和李华的灵活性之间找到平衡,既要坚持正确的原则,又要注意维护团队的和谐与合作。

读了这个案例,你对张涛和李华处理人际关系的方法有什么评价?

【职业发展】

秘书人际沟通中共情语言的巧用[①]

唐代大诗人白居易在《与元九书》中写道:"感人心者,莫先乎情,莫始乎言,莫切乎声。"可见,情感具有打动人心的力量。秘书角色地位的多重性、职能活动的中介性、主辅运作的协同性对秘书沟通话语能力提出了更高的要求,需要秘书在不同的沟通情境中巧用共情语言,提升话语表达的共情效果。

一、巧用满足愿望式共情语言

秘书在办文、办事、办会工作中,要广泛地与人开展沟通,自然也成为单位同事工作泄愤、牢骚倾诉的对象。在此情境下,秘书要巧用共情话语,满足沟通对象渴望得到理解

---

① 参考:邱宗国.共情语言在秘书人际沟通中的应用技巧[J].秘书之友,2022(11):40-42.

支持的愿望,形成与同事相互间的共情,为和谐人际关系形成创造条件。

例1,同事:今天的工作量实在太多了,我都要快累垮了。

(回答一)秘书:上班哪有那么轻松的,你那些工作跟我相比,已经很轻松了。

(回答二)秘书:你傻呀,不要做那么快,就不会那么累了呗!

(回答三)秘书:那你就休息休息呗!

(回答四)秘书:是啊! 你真不容易,我都能感觉到你的疲惫,看看我能为你做点什么呢?

此例中,回答一和回答二的秘书话语,透露着对同事责备和不屑的情绪,不仅会让同事感到委屈和不舒服,也容易引发口角,造成与同事关系不和。回答三,秘书会给同事一种被敷衍对待的感受,虽比前两种回答平和,但会让同事产生一种被轻视感。回答四是满足愿望式的共情语言。秘书在话语中承接了同事的情绪,给出了情绪回馈,满足了倾诉者渴望被理解的愿望,也传递出对同事有温度的关爱和怜惜,使得同事有一种被尊重的满足感,共情自然水到渠成。

二、巧用分析式共情语言

在人际沟通中,秘书作为第三方协调领导与同事之间的关系是一项非常棘手的任务。秘书协调工作的非权利支配性决定了秘书只能通过认同疏导的沟通方式来化解矛盾。其中,巧用分析式共情语言是关键。

例2,部门经理:今天我不知咋的,又被王总埋怨事情没有做好,无意中与她理论了两句,现在心里不好受……

(回答一)秘书:她是领导,你怎能和她理论呢! 她即便是批评了你,你也不能去争论呀!

(回答二)秘书:她已经到更年期了,性格固执,习惯啰嗦,不要理她!

(回答三)秘书:沉默不语。

(回答四)秘书:是啊! 你真的不容易,既要独立领导我们部门工作,也要做好王总安排的工作。其他部门领导时常也这样被她埋怨和教育。我觉得王总是想用自己的经验去教导和指出咱们工作中的不足。她会觉得作为属下的我们,应该会理解和体谅她。现在你也不是觉得和她理论了几句话后心里难受吗? 其实你和王总都是想把事情做得更好。

此例中,回答一是对沟通对象行为的反感,会让对方感到孤立无助。回答二是对领导者的不敬,不利于秘书与领导、同事间的情感交流和业缘人际关系的维护。回答三的沉默不语,是对沟通对象的一种冷淡和轻视,是不作为的表现。回答四是分析式共情语言。通过循循善诱的客观理性的分析,让沟通对象感受到被理解、被体会和被关爱,在心情上容易产生共鸣,同时也起到了缓和改善双方关系的作用。

三、巧用抚慰式共情语言

与领导的人际交往是秘书沟通工作的重要组成部分。秘书与领导工作沟通上的双向交流关系,要求秘书突破角色的拘囿,善于运用话语沟通实现与领导者的共情。抚慰式共情语言能对沟通对象进行正向的"心理按摩",暖人心田,让人如沐春风,起到抚慰人心的共情效果。

例3,领导:因为我个人决策的失误,给公司业务造成了很大的损失,我感到好沮丧好难过……

(回答一)秘书:想开一点,是人都会犯错误,下次注意就好。

(回答二)秘书:难过也于事无补了,你当时就应该多听听大家的意见。

(回答三)秘书:沉默不语。

(回答四)秘书:是啊!我也跟您一样觉得很难过。在您决策的时候,不能多给您提供信息,帮助您做出正确的选择,我也做得很不好。您的难过、沮丧,可以看出您非常希望带领我们创造更好的业绩,我和同事们会一如既往地支持您,相信我们一起能创造更好的业绩。

此例中,回答一表面上是一句很实在的话,但过于理性,这种劝导给人的感觉是对情感的一种淡漠和割舍。回答二会对当事人的内心世界造成直接的伤害,沟通效果会适得其反。回答三沉默不语,是"事不关己、高高挂起"态度的表现,不利于秘书与领导者之间主辅合作关系的形成。回答四属于抚慰式共情语言。通过抚慰式语言表达,既对领导难过的心情给予有温度的关怀,也让领导体会到虽然造成了过错,但依然会获得大家的信任和支持,这为领导心理扫去了阴霾,注入了力量,公司人际关系也会因此变得更加和谐。

项目四
秘书的职业道德

知识目标：

- 领会秘书的职业价值。
- 理解秘书的职业道德要求。

技能目标：

- 能够根据秘书工作情境识别并分析职业道德问题。
- 能够运用秘书职业道德要求来规范日常学习和工作。

素质目标：

- 认同秘书的职业价值。
- 提升秘书的职业道德修养。

📝【阅读与思考】

晓雅是文秘专业一年级的学生,她对未来充满了憧憬,但也不乏迷茫。一天,她作为志愿者参与了学校的历届优秀毕业生座谈会,会后,她找到了几位师兄师姐,希望能从他们的经历中找到自己未来的方向。

晓雅:"师兄师姐,我听说秘书工作很烦琐,我不知道这样的工作是否真的有价值,也担心将来的职业发展会不会很有限。"

师兄李明,现在在一家知名企业担任高级管理职位,他微笑着说:"晓雅,我理解你的担忧。我也曾有同样的疑虑,但很快我就发现,秘书的价值远远超出了日常的行政工作。记得有一次,领导需要一份紧急的市场分析报告,我连夜整理了相关资料,并提出了几个关键建议,结果领导采纳了我的建议,公司成功抓住了市场机遇。那一刻,我意识到秘书的工作可以直接影响公司的决策和未来。"

李明的眼中闪烁着光芒,他继续说道:"从那以后,我开始主动学习市场分析和战略规划的知识,不断提升自己。几年后,我被提拔为管理团队的一员,负责公司的战略规划工作。"

师姐王莉,现在是世界五百强企业的资深秘书,补充道:"秘书工作确实不易,我们公司对秘书的要求很高,不仅需要出色的组织能力,还要有敏锐的洞察力和高度的职业道德。比如,我们秘书团队曾经策划了一场重要的国际会议,从邀请嘉宾、安排行程到现场协调,每一个细节都不能出错。我们连续工作了几个月,最终会议取得了巨大成功,为公司赢得了国际合作伙伴的信任。"

王莉的语气中透露出一丝自豪:"那一刻,我深刻感受到了秘书工作的价值和成就感。"

另一位师姐张华接着补充:"晓雅,你要知道,要实现秘书的职业价值,还有一件非常重要的事!"此时,其他师兄师姐都心领神会地点了点头,"那就是职业道德!"

张华接着说:"正如大家刚刚所说,秘书职业跟其他职业一样,可以实现我们的价值,但是,如果没有过硬的职业道德修养,职业生涯是走不远的。记得我刚工作时,有一次无意中听到了公司即将进行的一项重大投资计划。尽管我有很多机会利用这个消息,但我选择了保持沉默,坚守职业道德。"张华的眼中充满了坚定,"后来,公司领导知道了这件事,他们对我的职业道德给予了高度评价,并在之后的工作中给予了我更多的信任和机会。"

李明师兄说:"晓雅,今天你作为志愿者,你的细心和热情我们都看在眼里了,你看,你现在就已经在培养自己的服务意识了啊!我们学习和工作中的每件事,都是能够提升我们职业道德修养的。"

"是呢!等公司跟学校合作的下一个项目班开启时,我可希望你能担任项目班班长呢!毕竟,我们已经确认,你是个责任心很强的孩子!"王莉师姐笑着说。

晓雅听到师兄师姐们的话,心中涌起了一股暖流。

正当晓雅准备离开时,一位年长的师兄——周师兄,轻轻拍了拍她的肩膀。周师兄是学校的杰出校友,曾在政府部门担任多年秘书,如今是一家知名咨询公司的合伙人。

周师兄:"我听了你们的谈话,很有感触。"

晓雅转过身,好奇地看着周师兄,他的眼神中透露出岁月的沉淀和智慧的光芒。

周师兄:"我年轻时,也曾像你们一样迷茫。但我很快就发现,秘书的工作,无论是撰写文章、沟通协调,还是筹备会议,甚至是每天的着装打扮,都是构建个人职业形象和价值的基石。"

他顿了顿,继续说道:"记得有一次,我为领导准备了一篇重要的演讲稿。我花了很多时间研究资料,字斟句酌,最终领导的演讲获得了巨大成功。那一刻我意识到,秘书的每一份努力,都是在为自己的职业生涯添砖加瓦。"

晓雅听得入迷,她问:"那您认为,我们应该如何在日常工作中提升自己的道德修养呢?"

周师兄微微一笑:"这需要你在日常的点点滴滴中去实践和体验。比如,当你在处理文件时,要始终保持公正无私;在协调沟通时,要尊重每一位同事的意见;在会议筹备中,要细致周到,确保每一个细节都不出错。这些都是职业道德的体现。"

他站起身,轻轻拍了拍晓雅的肩膀:"记住,'九层之台起于累土,合抱之木生于毫末'。只要你愿意在这些细微的工作中耐心耕耘,并且时刻注意提升自己的道德修养,秘书工作的价值就会在你的手中慢慢创造出来。"

晓雅的眼中闪烁着坚定的光芒,她感到前所未有的清晰和力量。她知道,秘书的道路虽然漫长,但只要她一步一个脚印地前行,就一定能够实现自己的职业价值。

在师兄师姐的鼓励和指导下,她参加了秘书职业技能大赛,加入了企业项目班,不断提升自己的专业技能。同时,她也时刻注意提升自己的职业道德修养,无论是在日常的学习工作中,还是在与人交往的过程中,事无巨细,都以高标准来要求自己。

相信多年之后,她的故事在学校的优秀毕业生座谈会上,可能也会像今天的师兄师姐那样,成为后来者学习的典范。

思考:看完小雅的故事,同学们有没有对自己将来的职业价值有所期待呢?而要实现职业价值,又应当具备哪些职业道德呢?正如故事中的周师兄所说:"合抱之木,生于毫末;九层之台,起于累土;千里之行,始于足下。"让我们从本章开始,寻求以下三个问题的答案:

1.对从业者来说,秘书职业有什么样的价值?

2.要实现秘书职业价值,必须遵守哪些职业道德要求?

3.秘书职业道德的培养有哪些途径?

任务一　秘书的职业价值

❓问题：对从业者来说，秘书职业有什么样的价值？

【任务导读】

在一家企业的季度总结会议后，总经理安排秘书小陈处理后续事宜，技术部、公关部、市场部、财务部等各部门的负责人围坐在休息室里，热烈讨论着各自部门的价值和贡献。技术部的负责人自豪地说，他们的创新是公司的核心竞争力；公关部的负责人则强调了他们如何巧妙地处理公众关系，维护公司形象；市场部的负责人展示了他们如何通过精准营销提升销售额；财务部的负责人说明了他们如何合理规划资金，确保公司的财务健康。

随着讨论的进行，各部门开始相互比较，甚至抱怨自己的工作没有得到足够的认可。在一片嘈杂声中，秘书小陈静静地整理着会议记录，微笑着倾听着各部门的讨论。

市场部负责人好奇地问："小陈，你怎么不说话？你没有什么抱怨吗？"

小陈轻轻合上笔记本，抬起头微笑着回答："我没有什么抱怨，我只是在想，每个部门都是公司不可或缺的一部分，大家的贡献都是独一无二的。至于我，现在最重要的是确保我们的工作能够顺利推进。"

她站起身，走向会议室的白板开始安排接下来的工作：

"技术部的同事们，接下来你们需要准备下个月的产品演示会，我已经预约了会议室并准备好了演示设备。"

技术部负责人点头表示认可。

小陈继续说："公关部，我们接到了几个媒体的采访邀请，我们需要制订一个应对策略，我建议下周一安排一个讨论会。"

公关部负责人认真记下了小陈的建议。

小陈没有停下来，她转向市场部和财务部："市场部，你们的营销报告非常出色，但我们需要整理一下数据，为董事会的下一次会议做准备。财务部年度预算的初步报告我已经整理好了，接下来需要你们进行详细的财务分析。"

随着小陈有条不紊地安排着接下来的工作，各部门负责人开始意识到，无论哪个部门的工作，都离不开小陈的协助和协调。她虽然没有直接参与每个项目，不总是站在聚光灯下，但她的工作却是连接各个部门、推动项目进展的纽带。

小陈忙完后，财务部负责人感慨地说："我发现，没有你们秘书部门的默默付出，我们的工作会多出很多麻烦。"

公关部负责人也说："是啊,你们就像是公司的大管家,虽然不常出现在台前,但公司的正常运转离不开你们。"

技术部和市场部的负责人也纷纷表示赞同。

小陈微笑着说："我只是做了我应该做的。我们是一个团队,只有大家齐心协力,公司才能更好地发展。"

一、职业价值

(一)职业价值的含义

在当代社会,职业价值的理解随着时代的发展而不断演变,它不仅关系到个人的职业选择和发展,也与国家和社会的进步紧密相关。

以秘书类职业为例,在传统农业社会,职业价值往往与稳定和自给自足相关联,人们重视的是能否通过职业维持生计和家族的延续。在这个时代,秘书类职业并不普遍,因为文字记录和行政管理的需求相对较少。但对于那些存在秘书角色的地方,如宗教机构或封建领主的宫廷,秘书的价值体现在维护记录和传递信息上。

工业化时代,职业价值开始转向效率和生产力,工人的技能和对生产的贡献成为衡量职业价值的重要标准。秘书职业开始在商业和工业组织中出现,其价值体现在组织内部沟通、记录管理和行政支持上,成为企业运作不可或缺的一部分。

后工业社会和信息化时代,职业价值更加注重个人发展、创新能力和职业的自我实现。秘书的角色开始扩展,不仅包括传统的文书工作,还涉及更复杂的行政任务和决策支持。秘书的价值在于其组织能力、沟通技巧和对现代办公技术的熟练掌握。

在当代社会,职业价值的理解更为多元,人们不仅关注职业带来的经济收入和稳定性,还重视职业能否提供个人成长和发展的空间,是否符合个人的兴趣和特长,以及是否能够实现自我价值和社会贡献。现代秘书的角色已经从单纯的行政支持转变为更加战略性的职位,如行政助理、办公室经理等。他们的价值不仅体现在高效的日常管理上,还包括对组织目标的贡献、对团队的领导和对决策过程的支持。

结合国家发展、社会发展、人的价值需求等因素,职业价值的现代理解更加注重个人与社会的和谐发展。个人通过职业活动不仅实现了自身价值,同时也推动了社会进步和国家繁荣。随着社会的发展,人们对于职业的期望也在不断提高,从单一的经济收入转向了更为全面的考量,包括职业的自我实现、社会贡献以及个人的精神满足等多个维度。

综上所述,职业价值是指个人通过职业活动所能实现的经济利益、个人发展、社会贡献以及精神满足的总和。具体来说,在经济利益方面,职业是个人获取收入和改善生活质量的重要途径,这一点在不同时代都是职业价值的基础组成部分;在个人发展方面,在知识经济时代,个人能力的提升、职业成长和自我实现成为职业价值的重要内容。人们追求在工作中能够不断学习新知识、新技能，并在职业中实现自我价值；在社会贡献方面，职业不仅是个人谋生的手段，也是个人贡献社会、实现社会价值的途径，一个职业的社会价值体现在它对社会发展和进步的贡献上；在精神满足方面，职业活动还能带给人们精神上的满足和成就感，如工作带来的自我认同、社会尊重以及与同事的和谐关系等。

当然，在理解职业价值时，还需要考虑到不同个体的价值观可能存在差异。有些人可能更看重经济利益，而另一些人可能更重视个人成长或社会贡献。因此，职业价值的理解和评价是主观和多元的，需要根据个人的情况和社会环境来具体分析。

总之，职业价值是一个多维度、动态发展的概念，它随着社会的发展和个人需求的变化而不断演进。在现代社会，一个全面的职业价值观念应当包含经济利益、个人发展、社会贡献和精神满足等多个方面，以促进个人、社会和国家的和谐发展。

(二)职业价值的实现

1.积极贡献社会，实现自我价值

要想实现职业价值，首先得把目光投向社会，看看社会需要什么，然后想想自己能为社会贡献些什么。这样做不仅能让你在职业上获得成就感，还能推动整个社会向前发展。简单来说，就是找到社会的需求点，用自己的能力和智慧去满足这些需求，从而体现出职业价值。比如，你是一名软件工程师，可以参与开发帮助残疾人的应用程序，这样不仅能够提升你的技术能力，还能让你感受到工作的社会价值，增强你的职业成就感。

2.发挥个人优势，投身社会实践

职业价值与个人特长以及参与社会活动的程度密切相关。这意味着，得找到自己擅长什么，然后利用这些特长去参与各种社会活动。通过这样的实践，不仅能够提升自己的社会价值，还能在职业道路上走得更远。以艺术领域为例，擅长绘画的人士可以通过参与社区艺术项目或公益组织，用画笔为公共空间增添色彩，将艺术才华转化为社会价值。这样的社会实践不仅为个人提供了展示才能的平台，同时也使艺术服务于社会，增强了个人在职业上的影响力。

3.全情投入工作，追求卓越表现

实现职业价值，还需要全身心地投入工作，认真履行自己的职责。这不仅是努力工作的过程，更是不断追求卓越的体现，旨在让自己的工作表现充分体现出价值。以教师为例，如果教师不仅在课堂上教授知识，还组织学生参与社区服务，这样的全面投入不仅能够提高教学质量，也能让学生感受到社会责任感。

4.认识并调整职业价值观

在实现职业价值的过程中，应该理解职业价值观的多样性。每个人的价值观可能都不一样，所以需要根据自己的情况和市场的变化，来调整自己的职业价值观和规划。这样才能找到最适合自己的职业道路。比如，一个刚毕业的大学生可能会将高薪作为首选，但随着经验的积累可能更看重工作的社会影响力，因此可能会选择加入非营利性组

织,以实现更深层次的职业满足。

5.考虑经济安全,规划长远发展

在选择职业的时候,不仅要考虑该职业在经济上能有多少收获,还得考虑这个职业或所在的行业是否有较长远的发展。考虑职业的经济安全,能够解决个人生活的基本需求;规划职业的长远发展,能够为个人成长争取更多的可能性。

6.平衡工作与个人兴趣

职业价值还与业余活动有关。如果能在职业发展和业余爱好之间找到一个平衡点,那么不仅能够在职业上取得成就,还能在业余生活中找到乐趣,从而实现自我价值的全面表达。比如,一个热爱音乐的律师可以在业余时间参与乐队演出,这样的业余爱好不仅能够丰富生活,还能在不同领域实现自我价值的全面表达和不断肯定。

7.理性对待名利,保持健康追求

正确看待名利对实现职业价值同样重要。以一名作家为例,他可能会通过写作获得名声和财富,但更重要的是他的作品能够启发人心,对社会产生积极影响。因此,他应该保持对写作的热爱和对社会贡献的追求,而不是单纯追求名利。

通过上述分析,我们可以看到实现职业价值是一个多维度的过程,涉及社会需求、个人能力、经济安全、情感体验、心理健康等多个方面。个人应根据自身情况和社会环境采取相应的策略,以实现职业价值的最大化。

【知识链接】

职业道德与工匠精神[①]

1.工匠精神与职业道德的内在一致性

工匠精神既有传承性,也有时代性。新时代工匠精神的内涵与职业道德有着内在的一致性。

从价值取向上看,二者有着共通性。"摩顶放踵利天下""兴天下人民之大利",这是中国古代班墨匠心文化所积极倡导的利他精神,也是"奉献社会"的职业道德的最高表现。任何职业都必须忠实地履行其社会职能,通过劳动实现自我价值或人生价值,这是工匠精神的本质内涵,也是职业道德的基本价值。职业道德为人们的职业活动提供伦理准则和道德规范,不仅影响着个人的职业发展,也塑造着整个行业的文化和声誉。工匠精神鼓励个体不断完善自己的技能,通过提高产品的质量和信誉在其行业、领域内脱颖而出。职业道德和工匠精神都是在承担社会义务与责任的同时,使个人的才能与价值充分实现。

---

① 鄯爱红.职业道德与工匠精神[N].光明日报,2023-10-16.

从内容要求上看,二者具有互融性。"敬业者,专心致志以事其业也。"敬畏所从事的职业,就会表现出专心致志的态度与行为;"志不强者,智不达",专心致志地做事,聪明才智才能发挥作用。执着专注的态度,精益求精的境界,一丝不苟的行为,追求卓越的品格,工匠精神的核心内涵与新时代职业道德所要求的"诚实守信""热情服务""办事公道"等要求有着内在的一致性。当一个人具备执着专注的态度时,就会以高质量和高标准的要求对待工作,达到"诚实守信""热情服务"的效果。当一个人专注于把每一件平凡的事尽职尽责做好时,就不会因服务对象的不同而提供不同质量的服务,就会体现出"办事公道"的职业品质。"知之者不如好之者,好之者不如乐之者",当工作不再是一种外在于自身价值和追求的"劳动",而成为一种乐趣时,追求卓越的工匠精神就与奉献社会的职业道德要求完全融为了一体。

从功能作用上看,二者有着互促性。"贡艺既精苦,用心必公平。"做事必须精益求精,做人必须公正公平。中国古代匠人就主张应"正德、利用、厚生"。一方面,职业道德是对从事某种职业的群体的道德要求和规范,可以为工匠精神提供价值指引。职业道德将职业知识、职业技能与职业价值融合起来,为工匠精神的培育奠定价值基础。另一方面,工匠精神所蕴含的执着专注、精益求精、一丝不苟、追求卓越等品质,对培养从业者的敬业意识、乐业精神、精业品质具有支撑作用。熟练掌握技能的人会更完整地感受和更深入地思考他们正在做的事情,有助于深刻理解职业的价值,从而为处理好各种职业之间的关系奠定基础。将凝聚着精益求精、追求完美的工匠精神融入职业道德教育中,培养工匠型人才,对于弘扬劳动光荣的社会风尚和营造精益求精的敬业风气具有重要作用。

2.将工匠精神培育与职业道德教育相结合

职业道德为各行各业的从业者提供与社会发展目标相一致的职业价值与理念,为工匠精神的培育奠定价值基础。新时代,应把工匠精神培育与职业道德教育相结合,在职业道德教育中融入工匠精神,在大国工匠培养中贯穿立德树人要求。

首先,以"劳动光荣""奉献社会"的职业价值观引领工匠精神培育。崇尚劳动,在平凡的岗位上通过劳动奉献社会实现自身的价值,是新时代职业道德与工匠精神所倡导的职业价值观。当今社会,实业界急需有理想、懂技术、会创造、敢担当的产业工人大军,打造"中国智造""中国服务"等品牌,满足人民群众对美好生活的向往。应在全社会倡导劳动光荣、奉献社会的职业价值观,鼓励人们在平凡的岗位干出不平凡的业绩。

其次,将工匠精神融入职业道德教育。每一种职业的存在都是基于其特殊的产品为社会所需要。职业道德关注职业与服务对象的关系,其最核心的要求就体现在产品的精益求精上。让职业对象发自内心的满意是职业道德的本质要求,其前提就是产品的质量保障。离开了每一职业所提供的特殊产品,职业存在的必要性也就丧失,也就不需要处理各种职业关系的职业道德。因此,无论从事哪一种职业,工匠精神都是其普遍与基本的要求。将工匠精神培育融入职业道德教育，培养精益求精的职业操守，有助于推动我国制造业转型升级，推动我国科技、教育、经济、文化以及服务行业立于世界先进行列。同时，将工匠精神融入职业道德教育，有助于培养从业者敬业、乐业的态度和品质，让从业者从平凡的工作中体会到非凡的成就，获得自我价值实现的自豪感和幸福感。

最后，将职业责任内化为各行各业高素质高技能人才的驱动力。"致天下之治者在人才。"无论拥有多么先进的技术，必须依赖高技能人才，才能转化为优质的产品。习近平总书记强调，要"加快培养大批高素质劳动者和技术技能人才"。"高素质"内在地包含了"有理想""有责任""有担当"。职业道德与工匠精神，都是在平平淡淡的日常工作中时刻体现出来的优秀素质，其核心是职业责任。应将在自己平凡的岗位上"做好当班的事"的职业责任培养作为工匠精神培育与职业道德教育的着力点，使之成为各行各业高素质高技能人才的驱动力。

二、秘书的职业价值

与其他职业相比，秘书因其职能与作用的特点，能为从业者提供持续成长的机会、广泛的人脉网络、多样化的职业转换路径以及较高的职业声望，从而呈现出独特的职业价值。

(一)持续成长

持续成长指的是秘书职业要求从业者不断学习新的知识和技能，以适应不断变化的工作需求和职业发展目标。这一价值来源于秘书工作的多样性和动态性，秘书需要处理文书、组织会议、了解政策法规等，而这些工作内容会随着社会和组织的发展不断更新，秘书也就需要不断学习，从而促成持续成长。

持续成长使秘书人员能够不断提升个人能力，增强职业竞争力，为未来的职业发展打下坚实的基础。例如，秘书工作的工具和载体随着技术的发展而不断更新，从早期的打字机、传真机，到现代的电子邮件、办公软件、视频会议系统，再到人工智能辅助工具，秘书需要不断适应和掌握这些工具以提高工作效率，在这个过程中，秘书无疑成了新技术的前沿学习者。又如，秘书在为公司高层准备会议资料的过程中，不仅需要熟悉公司的产品和市场策略，还需要了解行业趋势和竞争对手的情况。通过这些工作，秘书能从宏观角度理解组织运作，促进个人战略思维和综合分析能力的提升，逐渐积累对企业运营的深刻理解。这一职业角色使其能够广泛了解企业运营的各个方面，从而获得更全面的职业成长机会。

(二)人脉网络

人脉网络是指秘书在工作过程中与不同层级的人员建立的联系和关系网，这些联系对于个人职业发展和社会交往具有重要价值。

由于秘书工作的性质,需要与领导、同事以及外部合作伙伴进行频繁的沟通和协作,这为秘书人员建立广泛的人脉网络提供了机会。良好的人脉网络能够为秘书人员提供更多的职业机会、信息资源和工作支持,有助于在职业生涯中获得更多的助力。

例如,一位秘书在组织年度大会时,与来自不同行业的代表建立了联系。后来,该秘书决定转行进入公关领域,得益于之前建立的人脉,该秘书顺利获得了一家知名公关公司的秘书职位。

(三)职业转换

职业转换指的是秘书因其在工作中积累的多方面技能和知识,能够在不同的职业领域中寻找新的工作机会,实现职业发展的多样化。

秘书工作涉及行政管理、文书处理、会议策划、媒体运营等多个方面,这些技能在多种职业中都具有通用性,为秘书提供了转换职业的可能。此外,不同行业和领域都需要秘书或类似职能的岗位,这种跨行业的通用性为秘书的职业转换提供了便利。

秘书人员因为具备多样化的技能,可以在多个行业中找到合适的职位,增加了职业选择的自由度和灵活性。

(四)职业声望

职业声望是指秘书因其专业性和在组织中的关键作用,在社会和职场中获得的尊重和认可。

秘书在组织内部扮演着重要的角色,负责领导的辅助工作和组织的日常运作,这要求秘书具有较高的专业素养和责任感。如秘书在关键时刻提供了有效的支持,或者在组织中推动了重要项目的成功,这些成绩很容易被组织内部及外部合作伙伴所认可。高职业声望可以为秘书人员带来更多的尊重和信任,有助于提升秘书个人的社会地位和影响力。秘书的成绩和专业表现在职场中传播速度快,有助于形成良好的职业口碑。

例如,一位在大型跨国公司工作的秘书,因其在一次重要国际会议中的出色组织和协调能力,赢得了与会者的高度评价。这一表现不仅在公司内部获得了认可,也在行业内传为佳话,大大提升了其个人声望。

通过以上分析,我们可以看到秘书职业的价值不仅在于为从业者个人带来的发展和机会,也在于其对社会交往网络的构建、职业多样性的提供以及个人职业声望的建立。这些价值共同构成了秘书职业的吸引力,并为从业者提供了长期稳定的职业发展路径。

三、秘书的职业价值观

价值观是个体或集体对客观事物及其行为结果的总体评价,它决定了人们认为什么是重要的、值得追求的。健康的价值观对于个人行为的导向和决策具有决定性作用。

对于秘书而言,若缺乏正确的价值观,可能会导致定位不准、工作失误,损害组织的利益,甚至影响组织的整体运行和发展。秘书要实现职业价值,就需要培养和坚持服务为本、责任为先、谦逊自制、专注细节的职业价值观,这些职业价值观不仅指导秘书如何处理日常工作,也决定了秘书在面对道德和职业挑战时的行为选择,是秘书职业成功的重要保障。

(一)服务为本

服务为本是指秘书将提供优质服务作为工作的核心,始终以满足领导和组织的需求为出发点和落脚点,展现出高度的服务意识和专业的服务态度。

秘书作为组织的沟通枢纽,其主要职能是为领导和团队提供支持。坚持服务为本能够确保秘书工作的针对性和有效性,增强团队的凝聚力和组织的运行效率。如果秘书缺乏服务意识,可能会导致工作效率低下,影响团队和组织的决策执行,进而影响整个组织的运作和目标的实现。

(二)责任为先

责任为先要求秘书具有高度的责任感,勇于对自己的工作和决策承担责任,无论面对何种情况都能够坚守岗位,确保工作的连续性和稳定性。

秘书的工作直接关系到组织的运营和领导的决策,具有高度的责任感能够确保秘书在关键时刻挺身而出,为组织提供稳定的支持。尤其是面对组织中一些边界模糊和挑战性高的工作,缺乏责任感的秘书可能会选择逃避,导致工作中断,影响组织的正常运作,甚至可能因推卸责任而损害团队的凝聚力。

(三)谦逊自制

谦逊自制是指秘书在职业行为中表现出的低调、尊重他人、自我约束的品质,以及在面对工作压力和挑战时的自我控制能力。

秘书经常接触到敏感信息,并处于关键决策的支持位置。因此,谦逊自制能够帮助秘书赢得同事和领导的信任,维护个人职业形象和组织的利益。缺乏谦逊自制的秘书可能会因为自负或冲动的行为损害人际关系、影响团队合作,甚至泄露机密信息,给组织带来不可估量的损失。

(四)专注细节

专注细节是指秘书在工作中应对每一个细节都给予充分的关注和考虑,确保工作的精准性和完美性。

由于秘书工作的特殊性,对细节的关注往往关系到工作成果的成败。专注细节能够帮助秘书避免失误,提升工作质量,增强个人职业素养。如果秘书忽视细节,可能会导致文书错误、会议安排失误等,这些错误可能会引起领导的不满、降低工作效率,甚至影响组织的形象和利益。

　　坚持这些职业价值观,不仅能够提升秘书个人的职业素养,还能够更好地实现秘书个人的职业价值,为组织和社会作出更大的贡献。

【微型案例】

　　1990年章含之随国务院农村发展研究中心并入国务院发展研究中心(以下简称"中心"),先后任办公厅副主任,分管外事处(对外称外事办公室,1994年更名为国际合作部,章含之先后任副主任、负责人)。1992年我调任办公厅主任,与章含之开始有了较多的接触和联系。

　　章含之对工作尽职尽责,非常认真,甚至到了近乎苛刻的地步。记得1993年中心与云南省政府联合组织一次大型国际会议,我和章含之带一个小组先行赴昆明筹备,章负责会议具体筹备工作,我负责中心协调与配合。在与云南的联席会上,章含之提出了很多大大小小的问题,从议题到代表遴选,从日程到住宿,从会场布置到茶歇方案,从翻译选聘到同期设备等。云南方面一一进行了答复,并对不足提出了弥补或替代方案。会后,章还实地检查了会场和驻地,并比较了其他备选会址。至此,会议筹备应该说已大体就绪,没想到章含之又邀我们同逛昆明商场,重点是看各种小食品。对每一个商店的每一种感兴趣商品,章含之都仔细挑选、品尝。开始我以为她爱吃零食,想挑一些昆明特产,但细看后感觉又不太像。直到后来她郑重决定:会议茶歇用的咖啡和食品从北京采购运来,我才明白她的真实意图。更意外的是,章含之甚至提出,她在昆明没有找到理想的咖啡壶,也想从北京买来,不行就用她家的。精心的准备,换来会议的巨大成功,云南方面十分满意。意外的是,四川省政府听说后,派专人执函到中心洽谈,要求开一个同样的会,以推动四川的对外开放。①

≫≫ 任务小结

【任务关键词】

1.职业价值的含义。

2.职业价值的实现。

3.秘书的职业价值。

4.秘书的职业价值观。

【讨论】

在本节内容中,提到了秘书职业与工匠精神的紧密关系,那么在认识秘书职业的学

---

① 鲁志强.我所认识的章含之[J].百年潮,2011(4):64-66.

习过程中,可以如何实践工匠精神呢? 请同学们从细处思考,看看有哪些在平时的学习和生活中可以操作的方法。

【测一测】

本测试旨在评估学生对秘书职业价值观的认识和理解,包括责任感、保密意识、服务意识、团队合作、时间管理、公关能力、细节关注、适应变化、持续学习以及道德和诚信等方面。

测试指导语:

请仔细阅读每个场景描述,并根据你的经验和对秘书职业的理解,选择你认为最合适的行动方案。本测试没有绝对的对错,关注的是你的思考过程和决策依据。

1.责任感测试

你负责准备明天会议的所有文件,但发现一份重要文件丢失了,请问你会怎么做?

2.保密意识测试

你无意中听到了公司即将进行的重大人事变动,一位同事向你询问此事,你会如何回应?

3.服务意识测试

你被安排去接待一位重要的访客,但是你对这位访客一无所知,你会如何准备这次接待工作?

4.团队合作测试

在一个团队项目中,你和另一位组员在项目方向上有分歧,你会如何处理这种情况?

5.时间管理测试

领导突然需要你调整日程,安排一个紧急会议,但你的日程已经排满,你将如何重新安排?

6.公关能力测试

如果在一次公开活动中,一位记者提出了尖锐的问题,作为现场秘书,你会如何巧妙地回应?

7.细节关注测试

你需要准备一份报告,时间紧迫,但你注意到其中有一些数据可能不准确,你会怎么做?

8.适应变化测试

公司突然决定更改办公软件,但你对新软件不熟悉,你会如何快速适应这一变化?

9.持续学习测试

你被要求掌握一种新的工作技能,比如 AI 写作,但你从未接触过,你会如何开始学习?

10.道德和诚信测试

你发现同事在报销时有违规行为,但这位同事对你一直很友好,你会如何处理?

答题指导:

(1)测试包含 10 个场景题,每个场景都模拟了一个秘书可能遇到的工作情境。

(2)你需要根据自己的实践经验和对秘书职业的理解,选择或描述你认为最合适的应对策略。

(3)请尽量具体和详细地表达你的想法,这有助于更准确地评估你的职业价值观认识。

结果解释:

(1)每个问题都旨在评估一个或多个秘书职业价值观。

(2)你的选择将反映出你对这些价值观的重视程度和理解深度。

(3)测试结果将用于帮助教师了解学生对秘书职业价值观的掌握情况,并提供个性化的职业发展建议。

注意事项:

(1)完成测试后,教师将根据学生的回答提供个性化反馈,强调其优点并指出需要改进的地方。

(2)教师还可以根据测试结果设计相关的教学活动或讨论会,帮助学生进一步理解和实践秘书职业价值观。

(3)本测试仅作为教育评估工具,不代表实际工作场景中的所有可能性。

(4)鼓励学生在答题时诚实表达自己的观点和想法。

✿❁【职业发展】

秘书自我价值认同的实现①

秘书实现自我价值认同既是秘书一切行动的指南和前提,也是秘书职业生涯得以稳定和发展的思想基础,更是人生圆满的必然要求。

(一)欲望的出路

欲望的出路问题关乎人的存在,关乎秘书职业道路的长期健康发展。叔本华认为,

---

① 参考:张春梅.浅析秘书自我价值认同[J].办公室业务,2016(16):92-93.

"世界是我的表象""意志是世界的本质,而意志的核心就是追求生存的强烈欲望"。人的本质是意志,理智是为了更好地实现意志,而痛苦的根源在于人的本质是意志,人生犹如钟摆,摆动于痛苦和无聊之间。欲望满足时的痛苦,实现了欲望的无聊。人都有着欲望,合理的欲望刺激人不断努力,过度膨胀的欲望却会让人迷失自我。当下社会,秘书作为面对诸多诱惑的群体,正视欲望,找到欲望的出路变得至关重要。有的人面对物欲横流的社会,个人欲望无限膨胀,最后自食其果。

正视欲望,找到欲望的出路是实现秘书自我价值认同的第一层,也是最基本的层次。秘书只有树立和坚守正确的价值观,才能实现自我价值的认同,才能在职业道路上有更好的发展。对欲望的追求没有绝对的对与错,有的只是适度与过度和因不同的追寻方式而带来的不同结果。面对欲望,人该做的就是在欲望和理性之间找到最佳平衡点,正视欲望。在追求欲望满足的过程中,以不危害人类、社会为底线,不触犯法律法规为底线,满足生存的合理欲望,用理性予以指导,坚持适度的原则,从而实现秘书个人的长期健康发展。

（二）自我价值与社会价值的统一

自我价值认同的第二个层次,即中级层次,便是自我价值实现和社会价值实现的统一,喜欢与适合的统一。秘书的自我价值是"指秘书人员在秘书工作中通过各种活动和途径对自我需要（生存和发展的物质需要、精神需要及综合需要）的满足"。认同自我价值,认同自我的价值观,认同坚守价值观后产生的行为的价值,这是另一个层次上对自我的肯定,对生命的坚守。作为秘书,只有树立正确的价值观,发自内心地认同自我的价值观,才能认同在这样的价值观指导下的行为的价值,在实际工作中才会有坚定的信念,也才不会迷失自我。秘书自我价值的认同需要自我价值与社会价值的统一,在肯定自我价值的同时,看到社会对自己价值的肯定,这样的双向激励的过程,可以帮助秘书在面对现实工作的压力和诱惑时认可自己,勇往直前。

自我价值和社会价值的统一,喜欢和适合的统一,这是秘书工作的目标,也是本我、自我、超我实现调和的结果。你喜欢做的事,是你该做的事,这是一个美好的状态,一个可以实现的状态,是本我和超我在一定程度上的统一。秘书实际工作要求秘书要有"书、办、谋、管"的能力,要有七大素质、八大意识,要有良好的心态,还要有做好秘书工作的艺术。秘书工作,也是辅弼之道,而且应该以人为本,这要求秘书不断提高自己秘书工作的技术和为人处世的艺术。认同自己的价值观,认同自己在秘书工作中坚持自己价值观的行为的价值,这样秘书做的事情是自己愿意做的事情,喜欢的事情,即使实际工作中有各种压力、诱惑,也不会迷失自我。秘书认同自我的价值,秘书坚守价值观的行为又实现社会价值,社会价值的实现强化个人价值,秘书进一步认可自我价值。

在面对抉择、诱惑时,秘书做的是自己喜欢做的事情,愿意做的事情,同时又是实现社会价值的事情,受到社会的认可。或许短期内,看不到坚守既有价值观的意义,甚至与事实矛盾,但是这一个自我价值实现和社会价值实现相统一的层次,却是一种既有利于个人又有利于社会的境界。虽然很难,但是仍有实现的可能,这就是实现自我价值认同的第二层境界。

（三）寻得真我,自适天全

人生在世,短短数十载,能够找到人生中值得坚守的事的人是幸运的,能够用一生去做自己认为最有价值的事的人更是幸运的。人生的真正意义在于找到生命最有价值的东西,并用一生去坚守。秘书,是一种工作,也是一种人生。秘书只有找到自己真正愿意坚守的,也就是实现自我价值认同,这样的人生才有圆满的可能。

人要不断发现真我,找到生命最有价值的地方,秘书更应如此。秘书工作是为人服务的工作,将会面对很多诱惑,面对很多不同的选择,也将有很多种不同人生的可能。能在工作中发现真我,找到自己真正愿意做的事情,将真我用到工作中,用在生活里,这样的人生,这样的秘书工作才有圆满的可能。

做人要追求从容,学会从容,提高格局。人生是一个不断认识自我、不断扩充自我的过程。从有容到能容、宽容、包容,再到扩容,最后从容。这是人生的理想状态。海纳百川有容乃大,壁立千仞无欲则刚。学会从容,是人生的至高境界。秘书能够将"容"字,融入人生,融入生活,融入工作,这样去工作才不至于迷失自我。

《财富》杂志的主编吉夫科文曾提出这一理念:"格局决定结局,态度决定高度。"格,是人格;局,是胸怀。做人要有格局,要想真正做好秘书同样离不开格局,"身在兵位,胸有帅才"这是优秀的秘书该追求的。人生的境界有多重,做人不应该停下探索的步伐,秘书的工作同样具有挑战性,秘书也该用生命去找寻境界,实践境界。

实现自我价值认同的第三层境界:寻得真我,自适天全。虽不能至,心向往之。

任务二　秘书的职业道德

？问题：要实现秘书职业价值,必须遵守哪些职业道德要求?

【任务导读】

李芳是某知名科技公司的秘书,她工作认真,深受领导和同事的信任。一天,公司宣布正在研发一项前沿技术,预计将给公司带来巨大的市场优势。李芳对此感到非常兴奋,她觉得自己是公司重要的一员,对这项技术的成功充满期待。

不久后,李芳的大学同学组织了一场周末聚会,邀请她参加。在聚会上,老同学们畅谈各自的工作和生活。当被问及工作情况时,李芳在兴奋和酒精的作用下,不小心透露了公司正在研发的新技术的一些细节。

同学聚会结束后,李芳感到有些后悔,但她认为这只是一个私人聚会,不会有什么大碍。然而,她没有意识到,其中一位同学将聚会上的谈话内容发布到了社交媒体上,包括李芳透露的信息。

几天后,李芳在午休时浏览社交媒体,无意中看到自己的言论被公开了。她感到非常震惊,要求同学立即删除相关信息,但信息已经被很多人看到并转发。

公司领导很快得知了这一情况,对李芳进行了严肃的批评。李芳意识到了自己的错误,她深感自责,并承诺以后一定会严格遵守公司的保密制度。

与此同时,公司的研发部门加强了对内部信息的安全管理,对所有员工进行了保密意识的培训。李芳也主动参加了培训,并在之后的工作中时刻提醒自己要严守职业道德,保护公司的商业机密。

一、秘书的职业道德

(一)职业道德的含义

职业道德是文化传承和社会进步的重要标志,它跨越时空,连接古今,成为不同文化和社会发展的共同追求。在中国传统文化中,对职业道德的重视由来已久,传承至今。孔子提出的"见利思义",强调了利益追求应以道义为先,"不义而富且贵,于我如浮云"强调了追求正义和道德的重要性,即使在面对财富和地位的诱惑时也不应动摇;孟子的"得道多助,失道寡助"更是直接指出了道德的重要性,认为道德是获得支持和帮助的关键。

研究道德行为准则和原则的伦理学,被亚里士多德认为"是一门关于优良生活的科学",这为我们提供了一个深刻的视角,来理解职业道德与个人生活价值之间的关系:职业道德不仅是实现职业成功的基础,也是个人实现生活价值、获得社会尊重和认同的重要途径。现代管理学之父彼得·德鲁克也强调了知识工作者的职业道德,认为他们在追求专业成就的同时,也应承担起相应的社会责任。

这些智慧至今仍对我们的职业道德产生深远影响。那么现在,我们应该如何定义职业道德呢?

职业道德是在特定职业活动中应遵循的、体现一定职业特征的、调整一定职业关系的行为准则和规范。它是社会道德在职业生活中的具体体现,涵盖了职业品德、职业纪律、专业胜任能力及职业责任等方面。职业道德不仅是个人职业生涯的基石,也是社会和谐与进步的重要保障。

社会主义核心价值观中的"爱国、敬业、诚信、友善"与职业道德紧密相联,强调了在职业活动中应坚守的道德标准。职业道德的实践,如诚信经营、公正服务、尊重他人等,都是社会主义核心价值观在职业领域的具体体现。

党的二十大精神,强调了坚持和发展中国特色社会主义的总任务,提出了全面建设社会主义现代化国家的新征程。在这个过程中,职业道德的建设和提升是实现高质量发展的重要支撑。党的二十大报告中提到,要"提高人民道德水准和文明素养",在职业领域中,这意味着要强化职业道德教育,提升服务人民的能力和水平,营造风清气正的职场环境。

在职业道德上做出表率的人物,比如在紧急情况下坚守岗位、保护公共安全的消防员和警察,他们的行为展现了职业道德中的勇气和奉献精神。还有在商业领域中坚持诚信经营、公平竞争的企业家,他们的行为体现了职业道德中的诚信和正直。

通过这些例子,我们可以看到职业道德不仅是一套抽象的规范,更是在具体职业实践中应当积极践行的行为标准。职业道德的培养和实践,对于提升个人的职业形象、构建和谐的工作环境、推动社会的发展具有重要的意义。因此,无论是个人还是组织,都应当重视职业道德的培养和弘扬,使之成为推动社会进步的强大动力,同时也是社会主义核心价值观的具体体现和重要支撑。

(二)秘书职业道德的含义

根据职业道德所涵盖的职业品德、职业纪律、专业胜任能力及职业责任等普遍原则,结合秘书职业的特点,认为秘书的职业道德是指秘书在职业活动中应该遵循的行为准则和规范。

秘书的职业道德,是秘书职业生涯中的一盏明灯。它不仅是一系列严谨的规则,更是秘书在日常工作中的点点滴滴,体现在每一次沟通协调、每一份文件处理和每一个决策支持中。在现代社会,秘书的职业道德不仅是个人行为的规范,更是秘书对社会主义核心价值观的践行。简而言之,秘书的职业道德是秘书工作的"魂",它引导秘书在职业道路上行稳致远,成为组织中不可或缺的一员。

(三)秘书职业道德的重要性

1.秘书职业道德是个人品牌和职业前景的决定性因素

秘书的职业道德首先影响个人的日常工作表现和职场人际关系。一个注重职业道德的秘书,能够通过小事展现其专业性和责任感,比如准时完成文书工作,准确无误地传达领导指示。这些看似小的行动,实际上是个人职业素养的体现,能够逐渐获得同事和领导的信任。

随着时间的积累,这种信任转化为更多的工作机会和职业发展空间。遵守职业道德的秘书更可能获得领导的重用,参与重要决策,甚至获得推荐和晋升的机会。相反,秘书若忽视职业道德,虽然可能只是看似微不足道的失误,如偶尔迟到或信息传递的不准确,这些行为也会逐渐损害其职业形象。长此以往,不仅可能导致严重的信任危机,甚至可能导致职业生涯的终结。在严重的情况下,如涉及泄露商业机密或滥用职权,不仅会丢掉工作,还可能面临法律责任。秘书职业道德不仅影响秘书的日常工作表现,更是其职业前景和个人品牌的决定性因素。

2.秘书职业道德影响组织的决策效率和执行力

作为领导的得力助手,秘书常常掌握着重要的决策信息和机密资料。这一职位的特性要求秘书必须具备高度的职业道德修养。一个缺乏职业道德的秘书,可能会在不知不觉中成为领导与员工之间沟通的障碍,如同一堵无形的"墙",阻碍了信息的自由流通和团队的凝聚力。

同时,秘书在工作中不可避免地会接触到大量的敏感信息。在面对诱惑和压力时,缺乏职业修养的秘书可能会轻易泄露机密信息,从而危害到组织的安全和利益。这种泄密行为不仅会破坏组织的信任基础,还可能导致法律后果和声誉损失。二来还有可能利用职务之便,假借领导的名义谋求个人私利。这种行为不仅不道德,而且极易滋生腐败,会对组织的长期发展和健康文化造成严重破坏。

此外,秘书还必须妥善处理领导之间的意见分歧。若处理不当泄露了领导层的信息,可能会严重影响领导团队的团结和权威。这种行为会削弱领导的威信,进而影响到整个组织的决策效率和执行力。

正如美国前总统杜鲁门所言:"责任到此止步,不能再推。"这句话强调了秘书在其职位上应承担的责任和道德标准。秘书的职业道德不仅关乎个人的职业发展,更关乎组织的整体利益和社会的正义。因此,秘书必须时刻警醒,坚守职业道德,以确保组织的健康运作和长期繁荣。

3.秘书职业道德影响社会风气

"千里之堤,溃于蚁穴",秘书的职业道德虽然表面上直接影响的是个人与其所在组织,个人的诚信和责任感虽小,却也是构建社会信息基础的砖石。

秘书严格遵守职业道德,其正面效应将逐步放大,从而影响到整个社会的道德标准和法律意识。例如,一个秘书对工作的敬业精神和对社会责任的承担,能够激励周围的人群,提升整个团队的职业道德水平。这种正面的示范效应有助于构建一个诚信、和谐的社会环境,为国家的稳定和发展提供强大的道德支撑。

秘书在职业行为上的不端,如泄露敏感信息,一开始可能只影响到小范围的人群,但这种不正之风一旦蔓延,其负面影响会从小范围扩散到更广泛的社会层面,进而逐渐侵蚀整个社会的道德基础。职业道德的缺失不仅会导致个人信誉的丧失,还可能引发组织内部的不正之风,进而影响整个行业的道德标准。在极端情况下,职业道德的沦丧还可能诱发腐败和权力滥用,损害国家利益,破坏社会公平正义,最终影响到国家的稳定和发展。

美国前总统尼克松的秘书由于卷入"水门事件"而成为公众人物。她声称无意中"抹"掉关键录音带内容的行为,虽然最初可能只是执行上级的指令,但最终却对整个国家的政治信任造成了重大打击,这成为秘书职业道德缺失对社会产生重大影响的典型例证。

古希腊哲学家亚里士多德说:"道德的德行是人们在生活中获得的,同时也是为了过上好的生活。"秘书职业道德的重要性不容小觑,它如一根金线贯穿于个人职业生涯的始终，是维系个人声誉、组织利益和社会风气的三重纽带。不仅关乎个人的职业发展，更关乎社会的道德风貌和国家的健康发展。因此，秘书应当不断提升自身的职业道德修养，为构建一个诚信、公正的社会贡献力量。

二、秘书职业道德的要求

道德规范既是一种价值判断，又体现为价值导向。秘书的职业道德同样具有价值导向作用，它通过对秘书工作者道德信念的不断强化、道德行为的不断调整等方式来引导秘书工作者在实际工作中、在正确的道德理念下实施符合秘书职业道德的正确行为。这是秘书工作者履行职责的重要依据和参考。

根据职业道德的普遍原则和秘书职业的特点，将秘书职业道德的要求概括如图4.1所示。

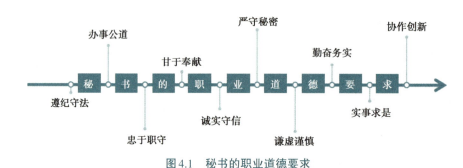

图4.1　秘书的职业道德要求

(一)遵纪守法

遵纪守法要求秘书人员在职业活动中严格遵守国家的法律法规以及组织内部的规章制度，这是秘书职业行为的基本准则。它体现了秘书人员对法律的尊重和对职业规范的遵循，是维护组织秩序和个人职业形象的前提。

秘书作为组织与外界联系的桥梁，其行为不仅代表个人，也关系到组织的形象和利益。遵守法律法规，可以避免不必要的法律风险，保护组织免受损失。例如，秘书在处理合同、文件等法律文书时，必须严格遵守相关法律规定，以免因违法而导致组织遭受经济损失或声誉损害。

遵纪守法对于秘书而言，是职业素养的体现；对于组织而言，是稳健运营的保障；对于社会而言，则是法治精神的践行。

(二)办事公道

办事公道要求秘书人员在工作中坚持公正、公平的原则，不偏不倚，不徇私情，确保每一项决策和行为都合情合理，符合公共利益和组织规定。

秘书在组织中扮演着协调和决策支持的角色，其公正性直接影响到组织内部的公平氛围和员工的士气。一个办事公道的秘书能够赢得同事的尊重和信任，有利于建立和谐的工作环境,提高团队合作效率。

办事公道对于秘书来说,是职业道德的基石;对于组织而言,是维护良好工作秩序和企业文化的关键;对于社会而言,是社会正义和公平的体现。秘书人员通过公正无私的职业行为,不仅可以树立个人的良好形象,也可以促进组织和社会的公平正义。

(三)忠于职守

忠于职守强调秘书人员应忠诚于自己的工作岗位,尽职尽责地完成工作任务,不利用职务之便谋取私利,对组织的秘密严格保密。

比尔·盖茨曾感叹:"这个社会不缺乏有能力、有智慧的人,缺的是既有能力又忠诚的人。"这句话强调了忠诚在职业道德中的重要性。秘书作为领导的参谋和助手,经常接触敏感信息和关键决策。忠于职守的秘书能够确保信息安全,防止敏感信息的泄露,从而避免可能对组织造成不利的影响。此外,忠诚也是建立领导信任的基础,有助于秘书人员更好地发挥其职责作用。

忠于职守对于秘书来说是实现个人职业价值的前提,对于组织来说是提升管理效率和保障信息安全的关键,对于社会来说是建立诚信体系和职业道德的基石。忠于职守的秘书会将组织的利益放在首位,保护组织的合法权益,避免个人行为给组织带来损失。他们促进团队成员间的相互信任和协作,形成积极的团队氛围。在社会层面,秘书的忠于职守体现了对社会责任的承担,可以为社会的稳定和发展作出贡献。同时,这也意味着秘书在工作中遵守法律法规,维护法治秩序。秘书的这种行为能够为同行业的其他人员树立榜样,推动整个行业职业道德水平的提升。面对组织危机或挑战时,忠于职守的秘书能够坚守岗位,稳定人心,协助组织渡过难关。最后,秘书通过忠于职守还能传承和弘扬组织的文化和价值观,形成独特的组织个性和竞争优势。总之,忠于职守不仅是秘书职业道德的基本要求,也是秘书工作顺利进行的重要保证,对于个人、组织乃至整个社会都具有深远的影响。

【微型案例】

魏征作为唐太宗的重要谏臣,以其直言敢谏著称。唐太宗李世民是中国历史上著名的开明君主,他鼓励臣下直言进谏,以便纠正自己的错误和不足。魏征在担任具有秘书性质的官员期间,多次向唐太宗进献忠言,即使这些建议可能逆耳难听,甚至可能触怒皇帝。据史料记载,魏征曾上书《谏太宗十思疏》,在其中列举了唐太宗在治理国家时应当深思熟虑的十个方面,包括节约、宽刑、纳谏等。唐太宗对魏征的直言非常重视,认为他的意见对国家的长治久安至关重要。魏征的言行展示了古代秘书官员如何通过忠诚和智慧,对君主的决策进行补充和纠正,从而在国家治理中发挥了积极作用。这不仅要有广博的知识和卓越的智慧,更要有勇于坚持真理、不畏权贵的勇气和正直。

（四）甘于奉献

甘于奉献是指秘书在职业活动中，愿意无私地投入时间和精力，为组织和领导提供高质量的服务，不计个人得失，以工作和集体利益为重。它体现了秘书对职业的热爱和对组织的忠诚，以及对个人职业发展的长远考虑。

秘书的职业道德强调甘于奉献，是因为秘书的工作性质要求其在职业活动中无私地投入时间和精力，以服务领导和组织利益为先。甘于奉献体现了秘书对工作的热爱和对职业的忠诚，也是秘书在面对高强度和高要求的工作环境时，能够持续提供高质量服务的重要动力。这种精神有助于秘书建立正面的职业形象，增强个人的职业信誉，并在团队中树立良好的榜样，增强团队的凝聚力和战斗力。同时，甘于奉献的秘书更能够在组织面临困难和挑战时坚守岗位，稳定人心，为组织的发展作出积极贡献。在更广泛的社会层面，秘书的奉献精神有助于形成积极向上的社会风气，推动社会和谐与进步。

（五）诚实守信

诚实守信是指秘书在职业活动中，始终保持诚实的态度，遵守承诺，不欺骗、不隐瞒，以诚信为基础建立与领导、同事及外部联系的信赖关系。它要求秘书在处理工作时，坚持真实性原则，不因个人利益而损害组织或他人的利益。

秘书的职业道德强调诚实守信，是因为秘书工作的特殊性决定了其在组织中扮演着至关重要的角色。秘书不仅负责日常的文书工作、会议记录和文件管理，还经常参与到决策支持、信息传达和领导日程安排等关键环节。在这样的工作背景下，诚实守信成为确保工作准确性和可靠性的基础。秘书的诚信度直接影响到领导的决策质量，以及整个组织的运行效率和外部形象。此外，秘书在工作中不可避免地会接触到敏感信息和商业机密，坚守诚信原则是保护这些信息安全的关键。秘书的守信还体现在对领导的承诺履行上和与同事的有效协作中，这有助于构建一个和谐、有序的工作环境，增强团队的凝聚力。因此，诚实守信不仅是秘书职业道德的核心，也是其有效履行职责的必要条件。

（六）严守秘密

严守秘密是指秘书在职业活动中，对于接触到的敏感信息和商业机密，必须严格保密，不得泄露给无关人员。这要求秘书具有高度的责任感和职业道德，即使在面对巨大的外部压力或诱惑时，也能坚守原则，保护信息安全。

历史上，许多秘书因为严守秘密而受到赞誉。例如，"二战"时期，英国首相丘吉尔常常与其秘书团队商讨军事行动或外交策略，他们在"二战"期间处理了大量机密文件，始终严守秘密，没有泄露任何信息，为战争的胜利作出了重要贡献。

秘书在日常工作中经常接触到组织内部的敏感信息和重要数据。这些信息可能涉及公司的商业机密、领导的个人隐私或关键决策等内容，具有极高的保密性。秘书作为组织内信息流转的重要节点，必须确保这些信息不被泄露，以维护组织的合法权益和声誉。严守秘密不仅是对秘书职业操守的基本要求,也是保障组织安全、预防风险的关键措施。此外,秘书在外界眼中代表着组织的形象,其保密行为能够增强外界对组织的信任度,有助于建立和维护组织的良好公共关系。因此,秘书必须具备高度的责任心和职业道德,对所接触的信息做到严格保密,这是确保组织内部稳定和外部交流顺畅的重要因素。

【知识链接】

保守秘密 领导秘书应做到这几点①

领导同志的秘书知晓国家秘密、工作秘密以及敏感信息,失泄密风险高。笔者在政府机关相关岗位工作多年,深刻体会到要成为一名合格的秘书,除了遵守一般的保密管理规定外,还要自觉做到以下几点。

1.肩膀要担责任

在现实工作中,往往存在这样的现象,由于秘书是领导同志的"身边人",在开展检查时因身份敏感而搞"亲疏有别",这为保密管理埋下许多风险隐患。作为秘书,应该深刻认识到正是因为自己的岗位特殊,才应该承担更大的责任,要本着对党和国家事业负责、对领导同志负责、对自己负责的精神,做到严以律己,严格守密。当在保密检查中被查出问题,不能要求因自己岗位特殊而搞"法外开恩""下不为例",而应该勇于担责,按照要求认真整改。

2.工作要立规矩

秘书岗位特殊,知密时间早、范围广、程度深,是防范失泄密的重中之重。秘书要给自己立好铁规矩,未经授意不擅自拆阅领导同志亲启件,不擅自阅读绝密文件,不擅自摘抄涉密内容,做到不该看的绝对不看、不该记的绝对不记、不该问的绝对不问。不擅自复制、留存涉密文件资料,不擅自将涉密文件资料、设备带出涉密办公场所,不将涉密内容透露给家属、亲友及其他知悉范围外的人员,不使用手机、普通电话或微信、QQ等社交媒体平台谈论国家秘密。不擅自在领导同志办公室拍照、录音、录像,不泄露领导同志的日程、工作场所、生活安排等信息。

3.生活要设禁区

对于秘书而言,生活之中有政治,生活之中有纪律。秘书的个人追求、兴趣、交往,不仅关系个人的政治前途,也影响领导同志的形象和声誉。要确保自己时刻保持清醒头脑和政治警觉,净化社交圈、生活圈、朋友圈,坚决抵制各种诱惑,识别各种圈套,不与非法组织或背景复杂的单位、个人交往,不掉进"替人站台""长期围猎"的陷阱,保持亲清的政

---

① 刘明国.保守秘密　领导秘书应做到这几点[J].保密工作,2022(10):51.

商、政企、政群关系,做到追求之中想保密、交往之中强保密。

(七)谦虚谨慎

谦虚谨慎是指秘书在职业活动中应保持低调和谦逊的态度,对待工作认真仔细,避免盲目自信和鲁莽行事。这种态度有助于秘书更好地倾听他人意见,接受批评和建议,同时在处理复杂和敏感的问题时能够保持冷静和理性。

在秘书的职责中,无论是文书撰写、信息传达还是日常协调,都需要与领导、同事及外界人士频繁交流。谦虚的态度可以让秘书在与人交往时更加低调、尊重对方,能够倾听不同的声音,从而赢得他人的尊重和信任。谨慎则如同秘书手中的一把尺,度量着言行的分寸,确保在处理敏感事务时不失礼、不逾矩。

在人际关系的棋盘上,谦虚谨慎的秘书能够巧妙地避开冲突,化解矛盾。他们懂得在适当的时候退一步,给予他人表达的空间,同时也为自己积累解决问题的智慧和策略。这种以柔克刚的交际艺术,不仅能够缓和紧张的工作环境,还能够在团队中营造出一种相互理解、相互支持的和谐氛围。

此外,谦虚谨慎的秘书在面对荣誉和成就时,往往能够保持清醒的头脑,不骄不躁,这样的品质让他们在同事中脱颖而出,成为团队中不可或缺的一员。他们的存在就像是团队中的润滑剂,让人际关系更加顺畅,让工作协同更加高效。

(八)勤奋务实

勤奋务实是指秘书在工作中表现出的勤奋努力和注重实际效果的态度。秘书不仅要勤奋工作,还要注重工作的实际效果,避免形式主义和表面文章。

勤奋不仅是秘书对工作的热情和投入的体现,更是追求卓越的不竭动力。务实则确保秘书在繁杂的工作中能够脚踏实地,以实际行动确保工作的质量和效率。秘书工作往往涉及大量的文书处理、会议安排、信息管理等任务,这些工作既烦琐又要求高度的准确性和及时性。勤奋意味着秘书愿意投入必要的时间和精力,确保工作得到妥善完成;务实则要求秘书在工作中注重实际效果,避免空谈和形式主义,确保每一项任务都能够产生实际的价值和成果。此外,勤奋务实的态度也能够帮助秘书在面对工作压力和挑战时保持冷静,合理地安排工作,有效地解决问题。因此,勤奋务实是秘书履行职责、提升工作质量的重要职业道德要求。

📋【微型案例】

诸葛亮前半生虽身在陇亩,却能潜心向学,刻苦研读天文、地理、军事、诸子百家等书籍。后来因为他对书中的一些道理满腹疑惑却无处寻找答案,便动身师从酆玖。求学的前一年,酆玖每天只让诸葛亮做些洗衣扫地的粗活,但他不仅毫无怨言,反而每天做完粗活后,埋头苦读,毫不懈怠。鄞玖认为诸葛亮是可造之才,一年后,传授他排兵布阵、治国安邦之理。诸葛亮还师从名士司马徽、庞德公、黄承彦等人学习道家奇门术数;广泛学习墨家、兵家、法家、农家等经典,吸收采纳各家精髓;掌握了大量农事技能,这些都为他后来秘书工作中才华的施展打下坚实基础。

……

诸葛亮出山前苦读善读,并在实践中检验自己所学的知识与技能,为他日后出山辅佐刘备打下坚实基础。秘书工作具有综合性和专业性,这一特点决定了秘书人员要勤学苦练,具备广博的知识储备和扎实的专业技能。勤,秘书人员要做到眼勤、手勤、脑勤:多观察工作细节和动态,多主动作为办实事,多开动脑筋思考问题。学,作为现代秘书,必须要在学好基础知识和专业知识的同时涉猎其他相关知识。苦,要吃得工作的辛苦、身体的劳苦和心里的痛苦。练,作为秘书,要将理论运用于实践,学练结合。秘书人员只有坚持勤学苦练,工作才能得心应手。[①]

(九)实事求是

实事求是指秘书在职业活动中坚持真实、客观的原则,不夸大、不缩小、不歪曲事实,以事实为依据进行工作。

实事求是的职业道德对于秘书来说非常重要。例如,美国前总统杜鲁门的"秘书"罗斯·麦金太尔,以其实事求是的工作态度,为杜鲁门提供了准确的信息和建议。他的实事求是使他能够在处理复杂问题时保持清醒的头脑,为杜鲁门的决策提供有力的支持。

实事求是对于秘书个人而言,是建立个人信誉和职业形象的重要基础。对于组织来说,秘书的实事求是能够提高决策的科学性和有效性,避免错误和损失。在社会层面,秘书的实事求是有助于形成真实和客观的社会风气,促进社会公正和进步。

【微型案例】

在春秋时期的齐国,史官不仅是记录国家大事的文职官员,更肩负着守护历史真实与道德正义的重任。他们以笔为剑,以史为鉴,坚持对事实的忠诚记录,哪怕面对强权也毫不动摇。

齐国大夫崔杼谋杀齐庄公之后,为了掩盖自己的罪行,试图改写历史,命令史官将谋杀事件记载为国君因病去世。然而,首任太史伯拒绝了崔杼的命令,坚持要真实地记录这段历史。崔杼愤怒之下,将太史伯杀害。紧接着,太史伯的弟弟太史叔接任,面对威胁,他同样选择了坚持真理,结果也遭到杀害。

当太史伯的另一位弟弟太史季成为新任太史时,崔杼的残暴并未因此而停止。但面

---

① 曹丽辉.诸葛亮的秘书生涯对现代秘书的启示[N].科学导报,2022-07-29.

对死亡的威胁，太史季依然毫不畏惧，坚持不改历史真相。崔杼终于意识到，连杀两位史官已经引起了国民的怀疑和不满，如果继续杀害史官，只会引起更大的动荡。因此，他不得不放过太史季，允许他按照事实记录历史。

这个故事不仅展现了古代史官坚持真实记录历史的决心，也彰显了他们面对强权威胁时的无畏勇气。他们的牺牲和坚持，为后世树立了楷模，强调了在权力和利益面前坚守真相和正义的重要性。史官们的正直和勇气构成了社会道德的基石，推动了社会进步和文明发展。

"崔杼杀史"的故事告诉我们，无论时代如何变迁，坚持真理和正义始终是人类社会最宝贵的品质之一。古代史官的职责不仅是记录，更是对历史真实和道德正义的坚守。他们用生命捍卫的不仅是文字，更是整个社会对真实和公正的信仰。在今天，这种精神依然值得我们每一个人学习和传承。

（十）协作创新

协作创新是指秘书在职业活动中，能够与他人协作共同解决问题，同时不断探索新的方法和思路，提高工作效率和质量。

在数字化转型和人工智能技术飞速发展的今天，秘书的职业道德强调协作创新变得尤为重要。秘书作为组织内部沟通协调的重要角色，需要与团队成员紧密合作，共同应对快速变化的工作环境和挑战。协作创新不仅要求秘书在工作中积极与他人沟通、分享信息，还要求他们能够灵活运用新技术，提高工作效率和质量。例如，利用人工智能辅助决策、自动化办公流程，以及通过数据分析为领导提供更有价值的信息支持。

此外，随着数字化办公的普及，秘书需要不断学习新技能，如数字文档管理、网络安全防护等，以适应新的工作模式。协作创新还体现在秘书能够主动发现工作中的问题和改进空间，提出创新的解决方案，推动工作流程的优化和创新。这种能力对于提升组织竞争力、适应经济全球化和市场变化具有重要意义。因此，协作创新不仅是秘书个人职业发展的要求，也是组织适应时代发展、实现可持续发展的关键因素。

【知识链接】

践行创新秘书工作[①]

一、文书工作的创新

文书工作反映的是秘书的综合能力。秘书在文书工作中要学会运用创新思维将自己的观念想法说透，运用语言艺术进行表达，多层次、多维度论证，并且在谋篇布局上多

---

① 任家进，徐金娟.论秘书工作的创新思维[J].老字号品牌营销，2022(5):96-98.

下功夫，做到精简概括表达。比如总结为几个结合、几组关系，这样更方便总结且便于传达，这在各级政府文稿中经常运用。

文书工作的创新重在学习与交流，是建立在充分且正确领会领导意图的基础上的，以及遵守行文规则前提下的，不能创新的地方绝不能擅自乱用。对决定、决议、通告等格式相对固定的文种，不能加入任何个人主观感情色彩，要求稳、求准。

二、"三办"工作的创新

秘书工作的"三办"包括办文、办会、办事。新冠期间，各地各级各类组织对工作系统谋划部署，结合特殊时期的特殊要求精简办文程序，让重要文件快速下达，这是办文的创新。坚持并会套开，改进会议开法，控制会议数量并压缩会议时间，推广"无会周"，加强督促检查和领导带头机制，这是办会的创新。例如，上海市某区政府会议，推行开会不说套话，不念稿子，直奔主题，将会议议题精确到分钟；从会议时间到决策流程全面减量，将主要精力放在解决实际问题上。对于办事而言，拒绝充当"搬运工"角色，在遵守相关规章制度和流程，严格按照必要规矩执行的基础上，承担"设计师"角色，融入自身思考，增加办事的附加值。

三、参谋工作的创新

拥有创新思维的秘书在参谋工作中绝不仅仅是机械的操作或是充当"二传手"的角色，而是利用职业优势，站位全局，利用战略性思维分析领导及组织的目标，创造性地表达自身想法。比如某地从信息服务入手来提高参谋能力，创新参谋方式；研判大局形势紧贴领导思维，充分利用社会资源提高信息来源广度，专项筛选信息保障信息深度，以此开拓参谋工作新局面。

四、管理工作的创新

要学习先进管理理念，经常同其他部门打交道，善于取经，将以往的经验汇总并融会贯通。比如某市级和县区共12个政务服务单位参加管理标准化建设，创新管理方式，借鉴"VI"和"6S"管理理念，从人、物、事、环境、形象等方面开展工作，取得显著成效。

创新思维在当下秘书工作中具有重要地位，准确把握创新思维的要义不能只从字面意义上去理解，而要深挖各种创新概念的内涵。在领会创新思维的基础上探索与秘书工作的结合点，在把握秘书工作基础性前提的情况下探究创新思维与秘书工作的融合，从基本概念到培养路径，从创新思维到创新人才，最终落实到创新实践，这样的思路无疑对秘书工作有一定意义上的启发。

务实精神是一名合格秘书的标志，创新精神则是优秀秘书的法宝。秘书在工作中积极运用创新思维，让创新思维的星星之火形成燎原之势，方能在工作中永葆新鲜感，获得长久生命力。

三、秘书职业道德的培养途径

(一)实践道德规范

实践道德规范指的是将道德原则和职业行为标准实际应用到秘书的日常工作中去。这不仅包括对道德规范的理解和认识,更重要的是将这些规范转化为具体行动,体现在秘书的工作行为和决策过程中。

秘书人员在职业道德上的成长和提升,关键在于勇于将所学知识付诸行动。单纯地学习而不将所学应用于实践,其成效往往是有限的;相反,若能将学习与实践相结合,则可以显著提升效率。在持续的实践活动中培养出的能力,唯有通过不断的实践才能得到进一步的增强。尽管道德修养确实需要理论知识学习的积累,需要汲取优秀的文化精髓来培育,但如果仅仅满足于理论的学习,而不将其应用于实际行动,就无法实现个人的全面发展。理论上的讨论如果只停留在认知层面,而缺乏实践的深化,甚至会出现知行不一的现象,如在言论和行为上存在不一致性,导致理论与实践相脱节,同样无法真正达到高尚的道德修养。因此,秘书人员必须坚持理论与实践的统一,通过实际行动不断磨砺自己,从而逐渐塑造出优良的职业道德。

实践是秘书将道德规范转化为个人行为的必经过程。通过在日常工作中持续应用道德规范,秘书能够逐渐将这些规范内化为职业习惯和行为准则,从而在不经意间自然地遵循这些规范行事。实践道德规范还能够帮助秘书在面对道德困境时,形成清晰的判断和决策。当秘书在实际工作中反复遇到并处理各种道德问题时,他们会逐渐积累经验,学会如何在复杂的情境中运用道德规范来指导自己的行为。这种基于实践的学习和反思,能够增强秘书的道德自觉性和自主性。

例如,秘书在处理敏感信息时坚守保密原则,不仅保护了公司的利益,也维护了个人的职业声誉;又如,秘书在日常沟通中应始终保持诚实,不夸大事实,不隐瞒真相;在会议记录和决策传达中保持中立,不偏不倚等。此外,秘书在工作中还应表现出主动性和责任感,如在组织会议时主动考虑所有细节,确保会议顺利进行。

当秘书在遵循道德规范的过程中,不断获得正面的反馈和认可,他们的职业满意度和自我价值感也会随之提升。这种正面的心理体验,能够激励秘书持续提升自己的职业道德修养,追求更高的职业成就。

(二)学习道德典范

秘书通过学习职业道德典范,可以汲取正面的经验,形成良好的职业行为习惯,在职业道德修养方面获得宝贵的启示。这些典范在思想品质、心理素质、政治思想以及个人生活伦理道德等方面,能够为秘书树立值得仿效的标杆。

学习道德典范对提高秘书职业道德的作用,首先体现在为秘书提供了具体而正面的模仿案例。道德典范的故事通常描绘了在特定情境下,个体如何坚守诚信、公正和责任感等职业道德。秘书通过了解这些故事,能够直观地认识到在类似情况下应当如何行动。这些故事中的行为模式逐渐成为秘书在面对道德抉择时的参考标准,引导他们遵循高标准的职业道德。

随着秘书对道德典范故事的深入了解和反思,这些典范的价值观和行为方式开始内化为秘书个人的职业信念。在持续的职业实践中,秘书将这些道德规范融入日常工作,逐渐形成自然的职业行为习惯。这种习惯的养成,使秘书在处理敏感信息、协调复杂关系或参与重要决策时,能够自觉地遵循职业道德,展现出专业与诚信。

此外,职业道德典范还能够帮助秘书建立起正确的职业荣誉感和责任感。当秘书看到典范人物即使在困难与压力之下依然坚守道德原则时,这不仅激励秘书在职业生涯中追求卓越,也深化了他们对于维护职业道德重要性的认识。秘书通过模仿典范的正直和奉献精神,不仅能提升自己的职业形象,还能为所在的组织或团队树立良好的榜样。

在秘书的职业生涯中,道德典范的影响力是深远的。它不仅在秘书个人的道德修养上起到积极作用,还通过秘书的行为影响到整个工作环境的道德氛围。秘书作为组织内部沟通的桥梁,其职业行为对同事和领导都具有一定的示范作用。当秘书坚持道德规范时,能够促进形成一种正直、互相尊重和信任的工作环境,这对于提高整个组织的道德标准和工作效率具有重要意义。

学习道德典范不仅为秘书提供了明确的道德行为指南,还通过不断的实践和内化,帮助秘书形成坚定的职业道德信念。秘书通过学习职业道德典范,能够为构建一个道德高尚、高效协作的工作环境作出积极贡献。

(三)自我评估与提升

自我评估与提升指秘书应定期进行自我反思,评估自己的职业道德表现,并积极寻找提升的空间。这一过程涉及秘书主动识别自身在职业行为和决策上的不足,并根据职业道德标准进行自我修正与完善。若秘书人员忽视了这一过程,可能会导致其职业道德水平无法与时俱进,甚至出现退步,最终影响个人信誉和职业前景。相反,通过定期的自我反思和评估,秘书能及时发现问题并加以解决,并确保自己的行为始终符合职业道德的要求。

为了实现自我评估与提升,秘书可以采取多种措施。例如,制定职业道德自评模板,定期对自己的诚信、保密、公正和责任心等方面进行打分和评估。此外,秘书还应积极征求领导、同事和服务对象的反馈,以获得外界对其职业道德表现的客观评价。根据评估结果,秘书需制订并执行具体的改进计划,同时模仿那些职业道德典范的行为,不断提升自己的职业素养。

自我评估与提升是秘书职业道德提高的重要内在机制。这一行为首先使秘书能够定期反思和审视自己的职业行为和决策是否符合职业道德的要求。通过自我评估,秘书可以识别出自己在工作中的不足之处,比如在处理敏感信息时的疏忽、对待同事的不公正态度或是在决策时的偏见等,这些都是提升职业道德的关键点。

识别问题后,秘书可以根据自我评估的结果,制订具体的提升计划。这个计划可能包括学习相关的职业道德知识、参加专业培训、阅读行业最佳实践案例等,以此来弥补自身的不足。在这一过程中,秘书的职业道德意识能够得到加强,职业行为也能够逐步规范。

自我评估与提升还涉及秘书对个人职业目标和职业形象的深思熟虑。通过自我评估,秘书可以更清晰地认识到自己作为职业人士的角色和责任,从而更有意识地塑造自己的职业形象,赢得同事和领导的尊重与信任。

最后,自我评估与提升的过程还能够增强秘书的自我效能感。当秘书看到自己通过努力在职业道德方面取得进步时,会感到更加自信和满足。这种正面的自我感知可以激励秘书继续保持良好的职业道德行为,并在职业生涯中追求更高的道德标准。

(四)建立制度约束

建立制度约束是提高秘书职业道德的重要手段。通过明确的职业道德规范和考核制度,组织可以对秘书的行为进行有效的引导和监督。首先,组织需要制定一套详尽的职业道德准则,这些准则应涵盖秘书工作的各个方面,包括但不限于保密性、诚信度、公正性、责任感等。这些准则不仅需要被书面化,还需要通过培训和教育让每位秘书都能深入理解并内化于心。

为了确保这些准则得到遵守,组织应建立一套考核机制,将职业道德的表现作为秘书绩效评估的一部分。这种考核可以是定期的,也可以是针对特定事件的。考核结果应该与秘书的晋升、奖金以及其他激励措施相挂钩,以此来鼓励秘书遵守职业道德规范。

在不同的时代背景下,制度约束的重点也会有所不同。例如,在数字化和信息化时代,对数字伦理的约束变得尤为重要。组织需要制定关于数据保护、网络安全和隐私保密的规章制度,防止秘书在工作中不当处理敏感信息。此外,随着社交媒体的普及,秘书在使用社交媒体时的行为规范也应被明确,以防止信息泄露和不当言论,包括但不限于以下行为。

(1)秘书在社交媒体上不得讨论任何与工作相关的敏感信息,如公司战略、财务数据、商业秘密或内部决策等。

(2)秘书在使用社交媒体时,应避免选择可能暗示其与公司或领导存在官方关联的用户名或个人资料,除非对公司的官方公共账号进行管理。

(3)秘书应避免在社交媒体上发表任何可能被视为代表公司立场的言论,除非被明确授权。

(4)秘书需要明确区分个人社交媒体账户与职业社交媒体账户,确保不会混淆两者之间的界限。

公司应为秘书提供有关社交媒体使用的培训,包括最佳实践、潜在风险和应对策略。

（1）秘书在社交媒体上遇到负面评论或危机情况时，应知道如何按照公司政策和程序进行适当回应或上报。

（2）秘书在使用社交媒体时，应遵守相关的数据保护法规和互联网法律法规，不发布任何可能触犯法律的内容。

（3）秘书在专业社交网络（如 LinkedIn）上，应保持专业形象，发布和互动的内容应与职业身份相符。

（4）秘书应定期审查自己的社交媒体账户，确保发布的内容没有不当或过时的信息。

（5）在处理特别敏感或重要的工作任务期间，秘书可能需要暂时停止社交媒体活动，以避免信息泄露风险……

通过这些具体的行为规范，秘书在使用社交媒体时可以更好地维护个人和公司的职业道德标准，同时也保护了公司的利益和声誉。

除了职业道德准则和考核机制，组织还可以通过建立透明的决策流程、鼓励开放式沟通和建立匿名举报系统等措施，来进一步强化制度约束。透明的决策流程能够让秘书更好地理解组织的决策依据，增强其遵循职业道德的动力。开放式沟通则有助于秘书在遇到道德困境时，能够得到及时的指导和帮助。匿名举报系统则可以保护那些勇于揭露不当行为的秘书，鼓励大家共同维护职业道德标准。

总之，通过建立和完善职业道德规范和考核制度，组织可以有效地约束和激励秘书遵守职业道德，这不仅有助于秘书个人职业道德的提高，也有助于构建一个正直、高效、受人尊敬的组织文化。

（五）鼓励广泛学习

鼓励广泛学习是提高秘书职业道德的重要途径。在知识更新换代极快的今天，秘书需要持续学习新知识、新技能，以适应不断变化的工作要求。这不仅涉及专业技能的提升，也包括对职业道德的深入理解和实践。

首先，秘书可以通过参加专业培训和研讨会来提升自己的专业知识和技能。例如，参加由专业机构提供的秘书资格认证课程，学习最新的办公软件操作技巧，或是了解当前商业环境中的法律和规章变化。此外，秘书还可以通过在线课程学习，比如 MOOC 平台上的商务沟通、时间管理、会议策划等课程，这些都是提升秘书职业能力的有效途径。

在不同时代，学习的重点也有所不同。在数字化时代，秘书需要特别关注数字技能的学习，如数据保护、网络安全等。同时，随着人工智能和机器学习的发展，了解这些技术如何影响秘书工作也变得越来越重要。而在全球化时代，学习第二语言或提高跨文化交流能力也是秘书提升竞争力的关键。

不同行业的秘书在学习时也有不同的侧重点。例如，在法律行业，秘书可能需要更多地学习法律术语和文书工作规范；在医疗行业，则可能需要了解医学术语和患者隐私保护的相关规定。秘书可以通过阅读行业杂志、参加行业会议，或是加入专业社群来进行行业特定的学习。此外,秘书还可以通过参与志愿者活动或社区服务来提升自己的社会责任感和职业道德。

秘书的学习不仅限于职业技能的深化,还包括对广泛知识的涉猎和理解。通过广泛学习,秘书能够不断提升自己的职业道德水平,更好地适应工作环境的变化,从而在职业生涯中取得成功。这种"专"与"广"的结合,使得秘书不仅在专业领域内精益求精,同时也能够在更广阔的知识领域中找到自己的位置,成为一个全面发展的专业人士。

(六)接受社会监督

接受社会监督是提升秘书职业道德的重要机制。社会和行业内的监督能够确保秘书人员在职业行为上遵循高标准的道德规范,同时也有助于构建一个透明和负责任的工作环境。在不同的时代背景下,监督的方式和范围也随之变化,但目的都是提高秘书的职业道德水平。

过去,社会监督可能主要依赖行业协会的规范、同行评议以及客户反馈。例如,秘书行业协会可以制定一套职业道德准则,并对其进行监督和执行。同时,行业内的资深秘书或管理者可以通过评议和指导,帮助新入行的秘书了解并遵守职业道德。客户和合作伙伴的反馈也是重要的监督手段,他们的满意度和对秘书工作的评价能够直接影响秘书的职业发展。

随着互联网和社交媒体的兴起,社会监督的方式变得更加多元和即时。秘书的工作表现和职业行为可以通过在线评价系统、社交媒体讨论和博客文章等渠道被广泛传播和讨论。这种开放的监督环境要求秘书在任何时候都必须保持高标准的职业行为。社会监督为秘书提供了一个外部的约束机制,帮助他们时刻保持警觉,遵守职业道德规范。

>>> 任务小结

【任务关键词】

1.职业价值。

2.秘书的职业价值。

3.秘书的职业价值观。

4.秘书职业道德的含义。

5.秘书职业道德的要求。

6.秘书职业道德的培养途径。

【讨论】

1.在现代社会中,秘书的职业技能与秘书的职业道德之间存在什么联系?

2.在数智时代,对于提升秘书的职业道德素养,你有什么新的方法呢?

💬【案例分析】

王蕾是一家大型活动策划公司的秘书,她聪明能干,工作一直深受领导的认可。随着科技的发展,公司开始尝试使用人工智能(AI)来辅助策划工作,以提高效率和创新性。

一次,公司接到了一个紧急的大型活动策划任务,客户要求在短时间内提交一份详细的策划方案。时间紧迫,王蕾感到压力巨大。为了尽快完成任务,她决定使用公司新引进的AI策划工具来生成策划案。

AI工具确实迅速完成了策划案的生成,王蕾在粗略检查后,未经详细审核便直接将策划案提交给了领导。她认为自己找到了一个快速高效的方法,可以节省大量时间。

然而,领导在审阅策划案时发现了问题。策划案中的很多细节并没有根据活动的实际要求来制订,与客户的需求严重不符,甚至有些方案在实际操作中根本无法执行。

领导对王蕾的工作态度和职业修养表示了质疑,并给予了严厉的批评。王蕾感到非常委屈,她辩解说完成策划的时间实在是太少了,她只是想按时完成任务。

1.王蕾受到严厉批评的原因是什么?

2.从秘书职业道德的角度,你认为秘书应该以什么样的态度来对待AI工具呢?

⚙【职业发展】

这些念头秘书不该有[①]

秘书岗位特殊,官位不高别人高看,权力不大说话管用,必须正确地认识岗位和自己。但工作中我们发现,有少数秘书存在一些错误念头,久而久之把自己引入了歧途。

1.有点"忙累"就惦记得到补偿

秘书工作事务多、战线长、压力大,为了工作难免会牺牲身体健康和家庭生活。这些付出,组织会看在眼里,会给予一定的鼓励和回报。但有的同志容易陷入一分耕耘必有一分回报的自我期许之中。认为自己有能力、有功劳,维护了单位运转、强化了内联外接、促进了上下沟通,做得比别人多、干得比别人好,组织上应该给予更多回馈。一旦回报没有达到自己期许的高度,就心生抱怨,吐槽发牢骚,出现"躺平""佛系"等消极状态,甚至走上蜕变的歪路。

2.有点"权力"就琢磨公器私用

秘书是有一些"软权力"的。例如,帮助安排协调日常事务,是领导的工作管家,难免会在一些方面拥有话语权;有时作为领导的代言人,传达的是领导的要求,安排的是领导

---

① 陈小波.这些念头秘书不该有[J].秘书工作,2022(8):41.

的部署,过问的是领导的关切,这个过程中会带有领导权威派生的影响力。这些权力说大不大、说小不小。但有的好像很享受周围人众星捧月般的追捧,甚至认为有权不用过期作废。世上没有无缘无故的爱,有人请客吃饭、送钱送物,对你百般的好,其实是把你作为靠近领导的"桥",是对领导背后权力、资源的觊觎。多数情况下,吃的不是饭,是"局";送的不是钱物,是"饵"。如果看不清真相,就容易被欲望蒙蔽双眼,将手中的权力变现,甚至是操控、玩弄权力,最后结局必然是玩火自焚。

3.有点"朋友"就想过奢侈生活

日常工作中,秘书会和不同层次的人打交道。有些人为了拉拢秘书,把自己包装成"自家人",导致一些秘书的朋友圈"鱼龙混杂"。有的秘书则自甘堕落,主动与商人老板结为好友,经常一起抽个小烟、喝个小酒、打个小牌……以为这些都是小事小节。殊不知针尖大的窟窿能透过斗大的风,一次守不住,往往次次做让步。于是有人在这些小事小节中渐渐迷失自己,发展到以权谋财、以权谋色,最后栽了大跟头,亲手把自己送进铁窗。

4.有点"小聪明"就以为能蒙混过关

身在秘书岗位的人,通常是悟性较高的人。工作中,有的人会发现一些程序、制度、管理等方面的漏洞,然后就若无其事地利用漏洞,并且精心隐藏。有的人甚至在党的十八大之后还不收手不收敛,依然认为没事、天上不会掉砖头。他们也许自认为只要心思缜密、做得隐蔽、藏得严实,就不会查到自己头上,即使被发现了也能糊弄过去。世上哪有不透风的墙,行不端走不正,干了违法乱纪的事,砖头不砸你砸谁? 只要做过就会留痕,就会被发现。可有人偏不信,偏要触碰底线、红线,最终只能感慨世上没有"后悔药"了。

项目五
秘书的职业规划

知识目标：
- 理解职业生涯规划的含义和秘书职业生涯的特点。
- 认知秘书职业生涯面临的挑战和职业发展的大体方向。

能力目标：
- 能够全方位地进行自我认知和环境认知。
- 能够做好高职三年的发展规划和未来的职业规划。

素质目标：
- 养成自我主动管理职业生涯的意识。
- 形成正确、科学的秘书职业发展观。

【阅读与思考】

这天早晨,王琳像平常一样提前20分钟来到办公室,开始了日复一日的例行准备工作。偌大的办公区寂静无声,突然的电话铃声把她吓了一跳。"喂,是王琳吧?我是晓琼呀,你果然在办公室,你还在这里做高级秘书啊?"王琳吃了一惊:"你以为呢,我不在这儿,我会去哪里呀?!"王琳反问道。"小姐,你两耳不闻窗外事吗?看一下最近的报纸、杂志还有互联网的消息,你没有考虑趁年轻换一下环境?"晓琼一口气说了一大通。"我现在哪有那么多的时间考虑这些问题,连我的孩子都……"想到孩子,她苦笑了一下。"哎呀,都是借口,不多说了,若有想法,别忘了跟我联系,我现在还在××猎头公司,很多大企业都在让我们帮助他们寻找高级秘书呢!Bye Bye!"电话那头的晓琼把电话挂了。

王琳像没有回过神来一样,一屁股坐在办公椅上。她做了一年的高级秘书工作,刚刚觉得自己适应了这项工作,已经具备了一名优秀高级秘书应有的素质,并得到了领导及其他员工的认可和肯定。她在工作中感到得心应手,还在工作之余攻读MBA学位。除了一些小问题外,她对自己的表现感到相当满意。但是,做了一段时间的高级秘书以后,路应该怎样继续走下去呢?这个问题值得认真思索一下。

自己可能会有哪些选择呢?

如果考虑继续留在公司:

第一条路是继续做高级秘书,不断地积累经验和业务知识,随着自己在公司时间和公司业绩的增长,许总可能会考虑给自己加薪,另外,自己还有很多需要学习和改进的地方;

第二条路是通过自己不断地努力,有可能被提升到总经理助理的位置上,完成职位的晋升,那就会在新的岗位上迎接新的挑战;

第三条路是选择到业务部门工作,去从事销售、企业管理、人力资源管理工作,自己见过很多公司老总、大公司部门经理都是从秘书岗位做起来的。

假如考虑跳槽:

第一条路还是选择做高级秘书,前段时间不是有一个老总极力邀请自己过去做高级秘书吗?自己考虑再三还是决定留在公司,如果再有合适的公司能够提供更好的待遇和晋升渠道,是不是就可以考虑跳槽过去呢?

第二条路是去应聘其他公司的总经理助理,或其他部门的经理,如果自己的MBA学位拿到后,自己的竞争优势会更大;

第三条路是可以通过晓琼所在的猎头公司进行联系,自己也许能作为"黄金人才"被挖走。

唉,可选择的道路还是很多的,但是每一条路都存在着它的不确定性,就拿跳槽来讲吧,如果自己选择到一家新的公司,也许职位、薪水都会提高,但又怎么保证工作环境能够顺心如意呢?而且对于个人来讲,行业积累和行业口碑也非常重要,如果轻易地选择放弃,那么这几年的行业资源积累就有可能化为乌有,别人又会用一种什么眼光来看待自己呢?虽然有些朋友跳槽后事业确实迈上了新台阶,但也有不少人在跳槽后并未达到预期的效果。

不管怎样,每个人都应该有自己的职业生涯规划,应该怎么进行职业生涯规划呢?

思考:阅读完以上材料,同学们是否能够理解王琳此时有些犹豫甚至矛盾的心情呢?如果你是王琳,又将如何作出选择呢?其实,王琳的问题涉及职业发展与规划这一重要议题,可能在上大学之前,大家对职业规划的认识较为有限,甚至不太了解。因此,从现在开始,我们需要树立职业生涯规划的意识,主动培养进行自我职业生涯规划的能力,成为自己职业发展的规划师。在本项目学习中,让我们一起来寻求以下问题的答案:

1.我们选择了秘书专业/职业后应该如何正确认知后续的职业发展?

2.我们怎样才能做好高职生的就业规划和未来的职业生涯规划?

任务一　秘书职业发展的方向

？问题:从事秘书工作是不是意味着要"从一而终"呢?应该如何做到自我职业的可持续发展?

【任务导读】

背景:

杜菁,一个十分漂亮的女孩子,青春、有朝气,举止言谈精明、干练。26岁的她是一家大型房地产公司的总经理秘书,从事秘书职业已近3年。有上进心,工作努力,是个追求理想的女孩儿。

自述:

我是政治经济管理专业的,本专业发展空间有限,由于喜欢公司的环境,也挺喜欢秘书的职业,所以大学毕业后就进了企业做秘书,就是这家公司。我一直努力地做好每一件事,也抓住一切时机学习新东西,每学到一点儿新东西都很快乐,工作热情也很高。现在升到总经理秘书,做了半年多了。工作起来也挺顺手,没什么大的困难。

可是随着时间的推移,我发现我的工作都是些打字、复印、接电话、订票等琐碎的事务性工作,可以学习的东西早已经学完了,没什么新的东西可学、新的内容去接触,我的能力就再也没有什么长进。久而久之,我的工作热情也不知道跑哪儿去了。

我也听过"职业倦怠"的说法,也问了一些人,寻找过一些解决的办法。像缓解压力啦、放松心情啦、参加朋友聚会啦……可事实证明任何努力都缓解不了我现在这种郁闷的心情、这种无精打采的状态,我不知道问题到底出现在哪儿。

我不想做秘书了,可又不知道能做什么。秘书的收入不低,真担心别的工作满足不了我基本的生活需要。曾经想转行做销售,可又怕自己做不好;继续现在的工作又提不起丝毫的热情。我真的是郁闷死了,不知道该怎么办。

职业建议:

白玲(资深职业顾问):结合杜菁的描述与测评结果来看,她是典型的高成就动机者。这类人要不断地挑战自我,创造新生活,才能得到成就感。在做秘书期间,学习、升迁就是她的目标。而现在秘书工作她已做得很好,用她自己的话说是"没什么可学的了",其实是"没什么可升的了"。所以,她最想要的不是某个特定的职位目标,而是在前进中实现自己的价值、拥有发展的空间。

显然,继续做秘书对于她来说已经没什么发展空间了,当然得不到她的热情投入。因此,她应该挑战一个新的职位。根据她原有的工作积累——三年的房地产公司秘书经历,她可以考虑房地产领域的市场工作。并且,跟随老板多年的她,在房地产及相关社交圈里肯定有相当多的熟人,无论是找工作还是开展工作,都有相当大的优势。

两种途径可以助她:一是在本公司,作内部调整;二是换一家公司,开始新的生活。

后记:

杜菁听了职业顾问的建议,决定去一家新成立的房地产公司,那家公司是海外集团刚在国内建立的分部。如今,杜菁已经是那个集团国内分部的市场部经理了,她风采依旧,更加干练,也更加充满朝气。

一、秘书职业生涯的特点

职业生涯是指一个人一生在职业岗位上所度过的、与职业活动相关的连续经历,它不仅表示职业工作时间的长短,同时还内含着职业发展与变更的经历和过程,包括从事何种职业工作、职业发展的阶段、由一种职业向另一种职业的转换等具体内容。一个人选择了某种职业,可能会终其一生从事这一职业,也可能后来又转行至其他领域,甚至转换多种职业。但是,只要你开始进入职业角色,就意味着你的职业生涯开始了,并且随着时间的流逝而延续。

秘书职业生涯是指一个人在秘书职业岗位上度过的职业活动经历。有些人可能会在较长的时间内都从事秘书工作,而有些人可能只在较短的时间内从事秘书工作,无论时间长短,都是其职业生涯重要的组成部分,都会打上秘书职业特有的烙印。就我国秘书职业化发展的历史和现状而言,秘书职业生涯一般具有如下四个特点,了解这些特点对于准备从事秘书职业者是必要的。

（一）在生涯时间上具有早期性

从总体趋势来看，秘书职业往往被视为更适合年轻人的职业，年轻化是其重要的职业特征之一，除特殊情况外，秘书工作通常更适合年轻人从事。因此在现实中，许多单位在招聘秘书人员时，会设定相对明确的年龄要求，尽管这一条件限制可能不符合秘书职业规范要求，但作为一种普遍现象必须知晓。

（二）在工作成绩上具有内隐性

秘书业务范围涉及面广，综合性强，而更多的常规性工作如接打电话、处理文档、安排日程、接待来访、办理会务、协调关系、撰写文稿等，其工作成绩常隐含于领导的工作成绩之内，很难产生轰轰烈烈的业绩。这也是人们常说秘书是"幕后英雄""无名英雄"的原因，准备从事秘书工作必须对此有充分的心理准备。

（三）在自我提高方面具有机遇性

秘书工作涉及面广，时效性强，加之领导要求高，许多看似"打杂"的工作实际给秘书造成很大压力。但是，也正是这种压力给秘书人员提供了快速成长的环境和条件，使秘书人员能够发挥创造性，有利于秘书人员的自我提高，为今后的纵向或横向发展积累不可多得的经验。

（四）在职位升迁方面具有便利性

秘书人员位居领导身边，因工作关系很容易与领导建立起良好的感情联系，如果工作出色也特别容易被领导器重和欣赏。秘书工作的繁杂性意味着秘书人员需要了解更多的情况，接触更宽泛的领域，从而在视野和经验上占有相对优势。这些都有利于秘书人员在职业之路上的快速升迁与发展。

二、秘书职业生涯发展的挑战

同其他职业一样，秘书职业在为准备涉足者展现发展机遇的同时，也面临着各种各样的挑战，并随着社会的发展呈现动态变化的特征。这些挑战对于秘书职业从业者而言，是影响其职业发展不得不正视的问题，应避免因为忽视面临的挑战而使职业生涯增添风险性。以下四个方面的挑战是秘书职业从业者首先应考虑到的。

（一）来自秘书职业评价体系的挑战

我国秘书职业化的进程开始晚、时间短，人们虽从理论上承认了秘书是一种正式的职业，但整个社会对秘书职业的评价体系还不健全，甚至某些方面还存在较为严重的问题。比如，社会上基于某些个别现象及陈旧观念形成的对女秘书角色的偏颇看法，就极大地阻碍了秘书职业的健康发展。再如一些组织的领导将秘书置于可有可无的位置，未能充分和有效地让秘书发挥辅助作用,认为秘书就是领导的传声筒,领导说一,秘书不能说二。诸如此类,使得人们对秘书职业望而却步,更谈不上进一步的发展,许多人仅仅将从事秘书工作当作一块向上的"跳板"。

(二)来自科学技术迅猛发展的挑战

科学技术的迅猛发展是一把"双刃剑",在提高人们工作和生活的"幸福指数"的同时,也不可避免地把人们推向各种"危机边缘"。例如,随着计算机和互联网全面"介入"秘书工作,致使许多秘书工作在工作形态、工作手段甚至工作内容等方面发生了重大变化。一方面对秘书从业者在观念和技能上迅速提升自己以适应这些变化提出更高要求,不变则退;另一方面也可能导致社会对秘书人员的需求呈现弱化趋势。特别是随着人工智能时代的来临,从传统视角来看,秘书工作似乎受到了前所未有的冲击,人工智能将取代秘书人员在某种意义上成为一种职业"恐慌"。当然,无论人工智能如何发展,秘书工作的核心价值不会被取代,"人"仍然是秘书职业的灵魂,但科技发展带来的挑战必须面对,因为它会极大地影响从业者的职业发展。

(三)来自所在组织支持不够的挑战

个人的职业生涯发展离不开组织及组织的支持。但是,受管理机制、管理水平等的制约,有的组织对员工的发展关心较少、支持不够,使员工的职业生涯发展受到很大的限制。例如,有的企业总是将短期效益放在首位,没有长期的打算,管理者宁愿多给员工发放奖金、改善福利,也不愿将有限的资源用于员工潜力的开发。由于没有组织的支持,员工们包括秘书人员只是被动地工作,没有学习的动力和机会,导致其知识技能老化,使其职业发展的后劲枯竭。另外,有的组织对岗位的空缺信息及任职要求等缺乏透明度,有失公平和平等,不给员工合适的发展空间,使员工看不到希望而放松对自己的要求,失去个人竞争力,自然也会偏离成功的职业生涯发展轨道。

(四)来自事业家庭矛盾冲突的挑战

由于社会化服务体系尚未达到理想状态,一旦结婚生育,员工往往不得不面临工作压力与家庭负担之间的冲突所带来的严峻挑战,这一问题对于女性秘书人员尤显突出。这种情况并不罕见,一旦失去工作,其职业生涯发展往往会受到较大影响。此外,这种情况也不利于年轻女性进入职场后建立稳定的职业生涯,以及制定科学的职业发展目标。再有,秘书工作的特点很可能造成工作与家庭的冲突,例如,秘书工作经常加班就可能引起工作与家庭的时间性冲突,秘书工作负担过重可能引起紧张性冲突,以及秘书工作中可能出现的频繁的出差、交往的压力等都和工作与家庭的冲突有关。家庭的原因如孩子的年龄、配偶的工作类型等也可能导致工作与家庭的冲突,工作与家庭的冲突极易使职业生涯发展产生危机。

三、秘书职业生涯的开始

当你选择了秘书职业并进入相应的组织，意味着你的秘书职业生涯的正式开始。新人进入新环境，善待工作的每一天是职业进步的阶梯，如果能够给人留下良好的印象，就会给职业的发展奠定有益的基础。因此，对于秘书新人，树立形象、打开局面最为关键，以下五个方面需要特别注意。

(一)树立良好的第一印象

第一印象具有思维定式效应、形象光环效应等，是职业形象的特定组成部分。作为秘书新人，务必树立良好的第一印象。

作为秘书新人，要着重注意三个方面。一是保证仪表端庄。要让自己穿着得体、整洁，符合身份，修饰自然、清新，体现品位。二是做到举止大方。要让自己的一言一行、一举一动都表现出亲切、热情，有礼貌、有理智、讲道德、讲信用，既不要自以为是，也不要唯唯诺诺。三是严格遵守时间。现代职场，守时常常被视为敬业、礼貌、可靠的表现，作为秘书新人，最好适当提前到达，既可以做一些力所能及的事，也可以多熟悉一些人。

(二)尽快熟悉工作环境

对工作环境的熟悉是尽早进入角色、融入组织的必要条件，尽快熟悉工作环境会使工作游刃有余。

首先要明确岗位责任。新到工作岗位，主要问题是缺乏经验，一旦遇到以前没有经历过的事情，自己要先考虑考虑，理清思路，看看主要有什么困难，可以向同事或领导咨询难以处理的事情。这既可以确保工作不出差错，也显示出对老员工和领导的尊重。作为秘书新人，要争取出色地完成每一项任务。

其次要熟悉周围员工。人是重要的环境，初来乍到尤其要尽快熟悉人的环境。比如有些同事由于过去的利益分配问题而和公司或他人有矛盾，有些同事性格不好不受欢迎，有些同事可能因为观点不同而经常争吵等，熟悉这些情况会使交往更有针对性。作为秘书新人，要利用非正式场合熟悉周围的员工。

【微型案例】

小李在一家私人企业做文案工作，她刚入职时，公司资深的同事小张热情地向她介绍了公司的运作流程。小张详细地向小李展示如何撰写各类报告和文案，包括市场分析报告、产品推广文案、客户反馈总结等，并强调了每天必须整理的文件的重要性。在介绍完毕后，小张将档案柜的钥匙交给了小李，语重心长地说："这些档案记录着公司的历史和业务发展，非常重要，一定要妥善保管。"

然而，小李似乎并没有将这些放在心上。她觉得这些工作烦琐且无趣，远不如她想象中的创意文案工作那么吸引人。几个月下来,小李发现自己在文案写作上遇到了瓶颈,甚至连基本的格式都常常出错。每当需要撰写新的文案时,她总是感到无从下手,思路混乱。

有一天,小李接到了一项紧急任务,需要为即将到来的产品发布会准备一份演讲稿。她坐在电脑前,面对着空白的文档,脑海中却一片空白。时间一分一秒地过去,小李感到越来越焦虑。就在这时,她的同事小王走了过来,看到小李的困境,便主动提出帮助。

小王耐心地向小李解释了演讲稿的结构和要点,告诉她应该如何突出产品的特点,如何吸引听众的注意力。在小王的帮助下,小李终于匆忙地完成了演讲稿的初稿。但是,当她将稿件提交给领导审阅时,领导的反馈却并不理想。

领导皱着眉头,语气严肃地对小李说:"小李,这份演讲稿的内容过于平淡,缺乏吸引力。而且,格式上也存在一些问题,这不符合我们公司的标准。你需要重新修改,并且要注意提高你的专业能力。"

面对领导的批评,小李感到既羞愧又沮丧。她意识到自己确实需要改进,不仅要提高文案写作能力,还要学会如何高效地管理文件和档案。于是,她决定向小张和小王请教,希望他们能够分享更多的经验和技巧。

小张看到小李的改变,感到非常欣慰。他告诉小李:"文案工作不仅是创意的体现,更是对细节的把控。你需要多花时间去研究市场、了解客户,这样你的文案才能更有针对性。"小张还向小李展示了一些优秀的文案案例,并指导她如何分析和学习。

小王则从实际操作的角度出发,教给小李一些实用的技巧。他告诉小李如何使用公司的文件管理系统,如何快速地找到所需的文件,以及如何整理和归档文件,确保工作的高效进行。

在同事的帮助下,小李开始逐渐进步。她学会了如何深入分析市场和客户需求,如何构思吸引人的文案,同时也学会了如何高效地管理文件。回想自己刚入职时的表现,小李觉得很惭愧。

(三)积极适应企业文化

企业文化是一个组织长期以来形成的信仰、价值观和行为模式等的总和。每个组织都有其明确的文化体系,或是不成文的无形规定。只有认同企业文化,才能够有彼此协同发展的可能。作为秘书新人,需要着重弄清楚本组织企业文化的精髓是什么,对员工的要求有哪些,哪些规章制度被严格地遵守着,不成文的规章制度何在及其作用如何,如果违反不成文的规章制度后果会怎样等。如果不深入了解这些,以后的工作就可能"碰钉子"。

对企业文化的认识,可以通过和老员工交谈,也可以通过自己的亲身体验和观察,还可以通过会议、阅读企业的相关材料等获得,但最主要的是尽量通过工作实践去自己理解。

如果个人的价值观与企业文化一致，组织的管理也很规范，这样的组织就可以作为自己长期工作的单位，制定长期的职业生涯规划。反之，则应该冷静地观察，先制定一个短期的发展规划，再根据实际情况决定是否需要进行重大的调整。如果不想另寻发展，主动适应企业文化是很重要、很迫切的事情。

【知识拓展】

现代企业文化通常具有三个层次。

一是物质层，是指生产经营过程和产品所具有的企业文化特色的总和。物质层是企业文化的外在表现，通过企业的生产经营过程、产品以及工作环境等物质条件展现出来。例如，一家注重环保的企业，其物质层可能体现在使用可回收材料的产品包装、办公室内节能设备的使用等。对新入职的秘书而言，了解物质层可以帮助他们快速识别企业的外在特征，如办公环境的布置、企业产品的特点等，从而更好地融入企业环境。

二是制度层，是指规章制度、道德规范和职工行为准则所具有的企业文化特色的总和。制度层是企业文化的规范性层面，它包括企业制定的规章制度、道德规范和职工行为准则等。例如，一家强调团队合作的企业，其制度层可能包含团队协作的奖励机制、定期的团队建设活动等。新入职的秘书需要熟悉这些制度，这有助于他们遵守企业规则，维护良好的工作秩序，同时也能够在日常工作中体现出企业的价值观。

三是精神层，是指构成要素的最深层次，以企业价值观念为核心内容。精神层是企业文化的核心，它体现了企业的价值观和精神追求。例如，一家以创新为核心的企业，其精神层可能强调创新思维、鼓励员工提出新想法并支持尝试新方法。对新入职的秘书来说，理解并接受企业的精神层文化，可以帮助他们与企业的价值观保持一致，提高工作的积极性和创造性，同时也能够在对外交流中传递企业的正面形象。

【微型案例】

小刘毕业后入职一家民企三个多月了，可是最近很多事情让她困惑不已，事情都和她的穿衣和化妆有关。刚来不久，主管上司就对她说："我们这个企业的特点就是淳朴。你穿衣打扮朴素一点儿，最好别化妆！"这让小刘很不高兴，这个企业怎么这么多事，穿衣服、化妆也管啊！开始她没有理会，但上司的多次提醒最终让她不再描眉、画唇线和涂口红了，为了这件事她好久没有笑容，甚至还想到过辞职。炎热的夏季到了，年轻的小刘抑制不住对漂亮衣服的诱惑，买了一件漂亮的吊带裙子穿着就上班了。本以为会得到同事们的注视和赞许，但没有想到的是，却得到了老板的训斥："年纪轻轻的，怎么这么不注意形象！回去换件衣服再来！"

(四)建立和谐的人际关系

和谐友好的人际关系是事业成功的一半。作为秘书新人,刚刚进入组织,一切都是陌生的,要使自己尽快地适应交往对象,融入群体之中。现代职场强调协作制胜,讲究合作、合作、再合作,一定要注意多观察,多做少说,避免人际关系的失败。

能够全身心地投入到新工作中去,表现自己对待现有工作的基本态度和积极性是根本所在。要尝试尽可能多地与同事进行工作、业务上的交流合作,共同处理棘手问题,并注意在合作中向同事学习,发现组织的工作规范和习惯。要善于发现组织里被大家所认可的工作礼仪和习惯,对领导和同事表现出足够的尊重,处理好业务与私事之间的关系等。

作为秘书新人,特别注意不要卷入消极的人际环境,不要掺和到一些喜欢制造事端的人群之中。每个组织都有一些喜欢说长道短的人,他们可能很热情地向你诉说单位的是是非非,甚至同事间的隐私、矛盾和冲突等,作为秘书新人,绝不应该丧失应有的分析能力,更不能随意发表评论。

(五)培养踏实的工作作风

作为秘书新人,可能要从最简单的工作做起,不会被委以重任。你必须认真对待这些琐碎的任务,这样才能够给他人留下踏实肯干的印象,不要认为自己是大材小用了。从事秘书职业需要丰富的经验和能力,而经验和能力的获得需要在平时的工作中不断积累和训练,一件小事也许会成就一个人的未来。

作为秘书新人,要设法使自己忙碌起来,紧张有序,富有条理。闲暇时可以翻阅一些与工作有关的文件、档案资料。对于领导交办的工作任务,应当尽职尽责、尽心尽力地完成。

作为秘书新人,可能总想展示自己,对待工作往往都会认真谨慎,但由于环境陌生等因素,工作中还是难免出现失误。出现失误后,要认真正确地对待失误,实事求是地承认失误,分析原因,总结教训,敢于向领导和同事承认,敢于承担责任,以获得领导和同事的理解,并虚心向领导和同事请教与学习,避免类似失误再次发生。出现失误后任何回避、推托、找借口的做法都是职场禁忌。

【微型案例】

小王毕业于现代文秘专业,是通过人才市场招聘进入这家公司的。他的专业基础扎实,文字能力较强,计算机操作也很熟练,更有做好本职工作的愿望。可是,他在最近的日记中写道:"我参加工作都两个月了,可不管我怎么努力,就是无法融入新环境。单位的人都不像我在学校和同学之间那样坦诚和天真。我每天都被人指使来指使去,工作又无聊,一点儿也不刺激,不是写材料,就是做文案,简直枯燥乏味透了,现在我真的对未来失去了信心，也不知道还能不能在这个单位继续待下去了。"作为刚刚走上秘书岗位的职场新人，你认为小王缺乏的是什么？

四、秘书职业发展的方向

（一）纵向移动发展

纵向移动发展主要指由低级别的职位向高级别的职位发展，移动方向呈向上态势。对于秘书职业而言，纵向移动发展一般包含两种可能：一种可能是在秘书岗位之内的向上移动。按照人们的习惯认知，常常从层次上将秘书分为初级秘书、中级秘书和高级秘书，各层次秘书的职能呈现出由简单操作向复杂管理过渡的趋势。那么，作为初涉秘书职业的初级层次的秘书人员，向高级层次的秘书发展就是一种自觉的追求。一般来说，这种向上移动的秘书职业发展通常是类似"文员→秘书→助理→行政总监"这样的路线。另一种可能是在秘书岗位之外的向上移动。作为秘书尤其是高层管理者的秘书，如果在工作中表现出色，进而得到领导的赏识，那么，就很容易得到晋升为管理者、领导者的机会，即由秘书岗位走向领导岗位，如由一般秘书人员起步最终晋升为总经理等。

（二）横向移动发展

横向移动发展是指在组织内部进行职位的横向变动。对于秘书职业而言，横向移动发展经常在以下两种情况下发生：一种情况是秘书人员希望在组织内部得到上移的机会，为了扩大自己处理高级职位的经验，先有意识地进行跨部门横向移动。另一种可能是秘书人员目前的工作与个人能力、兴趣等不相符合，而选择横向移动。不论哪种情况，秘书人员在其本职工作岗位上积累的多方面的经验和知识，都为其在组织内部横向移动到其他部门提供了充足的机会和坚实的基础。

（三）向外移出发展

向外移出发展就是从一个组织中退出或调离。对于秘书职业而言，这种向外移出的原因既可能有客观方面的，也可能有主观方面的：在客观方面，例如，原组织内的某些因素比较严重地妨碍了个人的成长，或因才能出众而遭受他人的妒忌、排挤，或因与领导难以相处、薪资待遇不够理想等，这时有的秘书人员会积极主动、迅速地移出组织去谋求新的发展。在主观方面，有的秘书人员由于长期的秘书工作积累了一定的知识和社会经验，考虑转行发展，甚至开始自己创业等，这就涉及下面要谈的职业转型问题。

五、秘书职业发展的转型可能

（一）秘书职业转型的主要去向

与上述秘书职业发展的大体方向相关联，又涉及一个秘书职业发展过程中的转型问题。简而言之，秘书职业转型就是离开正在从事的秘书职业和秘书岗位，转向其他职业和其他岗位发展,另谋新的职业和岗位。在秘书职业转型队伍中,有的人已经从事秘书工作多年,驾轻就熟,成绩斐然,但由于某些主客观原因而选择离开秘书职业和岗位;也有人接触秘书工作的时间并不长,同样由于某些主客观原因而选择离开秘书职业和岗位。即使是正在就读的现代文秘专业学子,毕业后准备步入秘书职场,其实也有一个要考虑将来是否可能转型的问题。像本任务所述的秘书职业发展面临的几个挑战,其实也是引发秘书职业转型的原因所在。而在上述秘书职业发展的大体方向中,纵向移动发展中的秘书岗位之外的向上移动、横向移动发展、向外移出发展,基本上都可以视作在进行职业转型。从职业生涯发展的角度看,职业转型是很正常的事情,秘书职业也是如此。

从与秘书工作存在某些联系的角度看,目前常见的秘书人员职业转型的去向主要有:

人力资源类:由一般秘书人员转型为人力资源管理人员乃至主管。

公关类:由一般秘书人员转型为公关经理、客户经理等。

后勤类:由一般秘书人员转型为后勤管理人员乃至后勤管理部门领导等。

业务类:由一般秘书人员转型为商业主管、业务经理等。

营销类:由一般秘书人员转型为营销人员或营销经理等。

职业经理类:由一般秘书人员转型为职业经理等。

项目管理类:由一般秘书人员转型为项目管理人员或项目经理等。

新闻类:由一般秘书人员转型为新闻记者、编辑等。

(二)秘书职业转型的注意事项

当然,排除与秘书工作存在某种联系的角度,秘书人员的职业转型去向远不止上述列举的这些,有的职业转型跨度可能会很大。但是,无论如何,秘书职业转型都意味着"从头再来",要注意并着重考虑到以下问题。

职业的适合性:在繁多的职业种类中,要认真思考究竟哪种职业适合你,同时考量你适合哪种职业,这涉及双向选择的问题。

职业的发展性:职业规划理论常将人的职业发展分为不同的阶段,比如一般认为25~45岁是职业确定、推进或转型阶段,即存在是向前推进还是立即转型两条路,所以要弄清哪条路最有利于你的职业发展。

职业的倾向性:要知道你对所希望并愿意从事的职业的兴趣和热爱程度如何,同时注意一个人的职业倾向性会随着年龄增长、环境变迁等发生变化,不要对自己作出错误的判断。

职业的性向性:这是指一个人适应于某种职业并能够获得成功的综合素质,狭义而言,是指能够容纳与该职业特点相适应的性格倾向。如果适合职业性向,从事该职业就顺利,而且容易获得成功。

>>> 任务小结

【任务关键词】

1.秘书职业生涯的特点。

2.秘书职业生涯发展的挑战。

3.秘书职业生涯的开始。

4.秘书职业发展的大体方向。

5.秘书职业发展的转型可能。

⚙【职业发展】

如何找到职业规划最优解？ ①

职业规划是大学生求职前至关重要的一步,做好职业规划,在毕业求职时可以减少很多迷茫。大学生该如何找到适合自己的发展方向？ 高校又如何指导学生做好职业规划并把规划落到实处？

点滴教育合伙人唐晓芸:

首先,要找到人生榜样,去了解那些现在已经参加工作、有社会经验的人当中,谁的生活是你特别向往的;第二,要越来越多地了解自己,可以去做一些心理学的量表,同时观察自己在做什么事情的时候是开心的,在做什么事情的时候是擅长的;第三,不断实践,对于自己向往的公司,不妨去投一份实习申请,看一看有没有机会进去体验一下,很多时候在外面看到的和在里面感受到的,是截然不同的。

网友:

对于还未毕业的在校学生来说,可以将毕业实习时间适当"前置",早早在实践中感受这项职业与自己是否相匹配,并可在实习过程中积累相应工作经验。对于已经毕业的求职者,可以主动利用当地政府、人社部门等提供的职业指导、岗位推介以及就业见习等机会,借助公益平台降低个人就业尝试的时间成本。

上海丽夫职业顾问:

大学生找工作其实并不难,关键要知道自己的优劣势,包括自己个性方面的特点和实际专业技能与经验;在求职中调整好自己的心态,抱着踏实和学习的态度进入社会;其次,应以积极的心态,不断向上,意识到自己与实际要求的差距,弥补不足;最后,对职业定位要准确,这是职业生涯的起点,也是你的航向,要根据自己的实际情况具体分析,为自己的将来做出最好的规划。

---

① 佚名.如何找到职业规划最优解?[J].中国就业,2023(10):64.

网友：

在初登职场离开校门时，对于职业的选择并非一定要"毕其功于一役"，也可将对于"理想职业"的目标拆解，在一种理性、务实的就业观指引下将大目标拆分，逐渐找到自身的职业未来。

任务二　秘书职业规划的方法

秘书的
职业规划

❓**问题**：作为现代文秘学子，如何结合个人职业理想和秘书职业实际做好自己的职业规划呢？

【任务导读】

许多职业咨询机构或专家进行职业咨询和职业规划时，常常采用"5W"的归零思考模式：从自己是谁开始，然后顺着问下去，共有五个问题。

1.Who am I ?　——我是谁？

2.What will I do ?　——我想做什么？

3.What can I do?　——我能做什么？

4.What does the situation allow me to do?　——环境支持或允许我做什么？

5.What is the plan of my career and life?　——我的职业与生涯规划是什么？

回答了这五个问题，找到它们的共同点，就有了自己的职业生涯规划。

第一个问题"我是谁"：真诚地面对自己，对自己进行一次深刻的反思，将自己的优点和缺点以及爱好、特长等都一一列出来。真实地写出每一个想到的答案，没有遗漏，然后按重要性排序，这样可以对自己有一个比较清醒的认识。

第二个问题"我想做什么"：对自己职业发展心理趋向的检查。每个人在不同阶段的兴趣和目标并不完全一致，有时甚至是完全对立的，但会随着年龄和经历的增长而逐渐稳定，并最终锁定自己的职业理想。可以从人生初次萌生的想干什么的念头开始，然后回忆随着年龄的增长自己真心向往并且想干的事，没有遗漏地记录下来，再按重要性排序。

第三个问题"我能做什么"：对自己能力与潜力的全面总结，一个人的职业定位最终还要归结于自己的能力，而一个人职业发展空间的大小则取决于自己的潜力。对于一个人潜力的了解应该从几个方面着手去认识，如对事的兴趣、做事的韧劲、临事的判断力以及知识结构是否全面、是否及时更新等。可以将现实已经证明了的能力和自己认为可开发的潜能没有遗漏地一一列出来,再按重要性排序。

第四个问题"环境支持或允许我做什么":这种环境支持在客观方面包括工作地点的各种状态,比如经济发展、人事政策、企业制度、职业空间等;主观方面包括建立在自己能力之上的同事关系、领导态度、亲戚关系等。两方面的因素应该综合起来看,只要自己认为有可能借助的环境都应考虑。有时我们在做职业选择时常常忽视主观方面的内容,没有将一切有利于自己发展的因素调动起来,从而影响了自己的职业切入点。在这些环境中,认真想一想自己可能获得什么样的支持,也明确可能受到的限制,弄清楚之后再按重要性排列。

第五个问题"我的职业与生涯规划是什么":明晰了前面四个问题,就会从各个问题中找到对实现有关职业目标有利和不利的条件,列出不利条件最少的、自己想做而且又能够做的职业目标,第五个问题就有了一个清晰明了的框架。

一、职业生涯规划的含义

什么是职业生涯规划呢?我们可以把它作为一种对个人开发、实现、监控职业生涯目标与策略的过程,它能够使我们认识自我、工作、组织,设定个人的职业目标,提供实现目标的战略以及在工作和生活经验的基础上修正目标。

职业生涯规划可以从个人和组织两个不同的角度来进行。从个人的角度讲,职业生涯规划就是一个人对自己所要从事的职业、要去的工作组织、在职业发展上要达到的高度等进行规划和设计,并为实现自己的职业目标而积累知识、开发技能的过程。它一般通过选择职业、选择工作组织、选择工作岗位,在工作中技能得到提高、职位得到晋升、才干得到发挥等来实现。从组织的角度讲,职业生涯规划集中表现为帮助员工确定职业生涯规划,建立各种适应员工发展的职业通道,给予员工必要的职业指导,促使员工职业生涯的成功。

个人职业生涯规划是个人的主动行为或活动,是个人职业生涯的设计与策划。通过制订自我职业发展计划,个人能够明确究竟应当向哪个方向发展,有效整合各种可以利用的资源,最大限度地发挥自身的能力,减少人力资源浪费。同时,通过了解自己的个性和心理特征,个人能够在不断变化的环境中有意识地调整自己的设想,增强职业适应性,促进个人职业生涯的成功发展。

【知识链接】

孔子说:"吾十有五而志于学,三十而立,四十而不惑,五十而知天命,六十而耳顺,七十而从心所欲,不逾矩。"

二、职业生涯规划的前提

(一)自我认知

自我认知是指个人对自己的了解和认识,包括认识自己的长处与缺点,意识并调整自己的情绪、意向、动机、个性和欲望,并对自己的行为进行反省等。全面认清自我是进行职业生涯规划的一项最基础的工作,特别需要关注以下四个方面。

1.个人的职业价值观

价值观是人们对客观事物在满足主观需要方面的有用性、重要性、有效性的总评价和总看法。职业价值观反映了人们对奖励、报酬、晋升、发展或职业中其他方面的不同偏好,体现了一个人最想从工作中获得什么,在工作中最看重什么。每个人都可能有一套独特的对个人来说很重要的职业价值观,但有时自己却意识不到。不同的职业和工作会在不同程度上满足人们某方面的价值观,一般而言,工作越能满足人们的工作价值观,他们的工作满意度水平就越高。

2.个人的职业兴趣

兴趣是一个人力求认识、掌握某种活动,并经常参与该活动的心理倾向,是一个人喜欢做什么的表现。职业兴趣在人的职业活动中起着非常重要的作用,如果一个人所从事的职业与其职业兴趣相吻合,就有可能极大地发挥他自己的积极性,努力将工作做好,还可以从工作中得到满足,感到愉快。反之,如果一个人所从事的职业与其职业兴趣相悖离,他可能不会积极主动地去做,甚至不自觉地表示出被动、消极等工作态度,对工作感到厌烦与疲劳。

3.个性

个性是一个人稳定的、习惯化的思维方式和行为风格,它贯穿于人的整个心理活动过程,影响着一个人的活动方式、风格和工作。

【知识拓展】

约翰·L.霍兰德的职业兴趣理论是一种广泛使用的职业指导工具,它将人的个性和职业类型分为六种基本类型,帮助个人了解自己的兴趣和能力,从而作出更符合自身特点的职业选择。

1.实际型(Realistic):实际型的人通常喜欢与物体、机械和植物打交道,他们倾向于从事需要动手操作、户外工作或物理劳动的职业。这类人通常具有顺应性、注重具体细节,并且诚实可靠。例如,工程师、农民和技工等职业通常与实际型个性相匹配。

2.研究型(Investigative):研究型的人喜欢探索和理解事物的本质,他们通常具有分析型思维,喜欢解决问题,并追求知识的深度。这类人可能适合从事科研、技术开发或学术研究等工作。例如,化学家、物理学家和程序员等职业通常与研究型个性相吻合。

3.艺术型（Artistic）：艺术型的人富有创造力和想象力，他们倾向于通过艺术形式表达自己，喜欢自由、情感表达和非传统的工作环境。这类人可能适合从事艺术创作、设计或写作等工作。例如，画家、音乐家和作家等职业通常与艺术型个性相一致。

4.社会型（Social）：社会型的人喜欢与人交往，他们具有社交性、乐于助人和善解人意的特点。这类人可能适合从事教育、医疗、咨询或社会服务等工作。例如，教师、医生和心理咨询师等职业通常与社会型个性相匹配。

5.企业型（Enterprising）：企业型的人具有冒险精神、精力充沛，并且自信。他们喜欢领导、影响他人，并追求成功和成就。这类人可能适合从事销售、管理或创业等工作。例如，企业家、销售经理和项目经理等职业通常与企业型个性相吻合。

6.常规型（Conventional）：常规型的人喜欢有序、系统化的工作，他们遵循规则、慎重行事，并具有自我控制力。这类人可能适合从事会计、行政或办公室管理等工作。例如，会计师、行政助理和秘书等职业通常与常规型个性相一致。

霍兰德的职业兴趣理论能帮助我们理解个人的兴趣和能力如何与职业类型相匹配。每种类型都有其独特的特点和适合的职业领域，但值得注意的是，个人往往不是单一类型的代表，而是多种类型的组合。例如，一个人可能同时具有研究型和社会型的特点，这样的人可能适合从事教育研究或科学传播等工作。所有职业均可划分为相应的六大基本类型，任何一种职业大体都可以归属于六种类型中的一种类型或者几种类型的组合，人们一般倾向于寻找与其个性类型相一致的职业类型，职业也充分寻找与其类型相一致的人。

4.个人的职业能力

职业能力是一个人在工作中表现出来的技能、经验和知识，直接影响到职业活动的效果，它反映了一个人能够做什么，或通过适当培训后能够做什么，它能够使一个人的工作显得出色。社会上任何一种职业对工作者的能力都有一定的要求，在进行职业生涯决策时，考虑清楚自身的能力非常关键，实事求是地检测出自己的学识水平和职业能力，才有可能为自己在职场上争取主动权，取得职业生涯的成功。

上述每个方面对一个人的职业决策都有影响，它们在某些方面是互相关联的，有些时候必须将它们视为一个整体。

✎【知识链接】

自我认知的SWOT分析法：SWOT是优势（Strength）、劣势（Weakness）、机遇（Opportunity）、威胁（Threats）四个英文单词的第一个字母的组合，该分析法是对自己面对的内外部条件进行综合和概括，进而分析个人的优势和劣势、面临的机遇和威胁，在此基础上进行个体的职业生涯规划设计。

优势分析：如学了哪些、做过哪些、最成功的是哪些、忍耐力怎么样等。

劣势分析：如性格弱点、经验或经历中欠缺哪些、最失败的是哪些等。

机遇分析：如现在的就业方式、各种职业发展空间、社会最急需的职业等。

威胁分析：如专业过时、同行竞争、薪酬过低等。

【微型案例】

森林里要举行比武大会，比赛的项目有飞行、赛跑、游泳、爬树和打洞。动物们纷纷报名参加自己拿手的项目。鼯鼠出来了，它要求参加所有的项目。

负责报名的乌龟把老花镜摘下又戴上，上下打量着问它："五种本领你都会？"

"都会！"鼯鼠自豪地说。

几只叽叽喳喳的小麻雀都闭了嘴，佩服地看着它然后又叽叽喳喳地飞走了，逢人就说："鼯鼠可厉害了，它什么都会！"

比赛开始了，最先比的是飞行。一声哨响，老鹰、燕子、鸽子一下就飞得没影了，鼯鼠扑腾着飞了几丈远就落了下来，着地时还没站稳，摔了个嘴啃泥。赛跑比赛，兔子得了第一后，躺下睡了一觉醒来，鼯鼠才跌跌撞撞地跑到终点；游泳比赛，鼯鼠游到一半就游不动了，大声喊起救命来，多亏了好心的乌龟把它驮回岸上；比赛爬树时，鼯鼠还没爬到树顶就抱着树枝不敢再爬，顽皮的猴子爬到树顶后摘了果子往它头上扔，明知道它不敢用手去接，还故意说请它吃水果；和穿山甲比赛打洞，穿山甲一会儿就钻进土里不见了，鼯鼠吃力地刨啊刨，半天才钻进半个身子。观众见它撅着屁股怎么也进不去，都哄笑起来。

鼯鼠虽然有五种本领，可到用的时候却没有一样是中用的，这哪能算是本领呢？

(二)环境认知

人生发展与环境密切相关，要分析哪些事情可以做，哪些事情不能做，要分析现在，还要预测未来。一般来说，对环境的认知包括对社会环境的认知和对组织环境的认知。另外，对个体的家庭环境的认知也不容忽视。

1.社会环境

一是社会政治、经济发展趋势。国家政治环境的稳定水平、经济发展状况、就业政策等对个体择业与就业都有重大影响。当经济振兴时，百业待举，新的行业不断出现，新的组织不断产生，为就业及晋升创造了条件。特别是经济模式的变化对人的影响更大，市场经济体制的建立，知识经济时代的到来，给人的生活方式带来巨大的变化，对人的就业、人的发展、人的素质提出更高的要求。

二是社会热点职业的门类分布与需求状况。社会的快速变迁，科技的日新月异，带动着社会热点职业的变化和产生，对人的职业生涯发展产生直接的影响，所以要关注信息社会对职业生涯发展的影响,对人才成长的要求与挑战。

三是社会价值观的变化情况。随着社会的不断发展,社会的价值观会同步发生不同程度的变化,进而影响社会对人的认识和对职业的要求。有些职业可能目前还不被人们完全接受,但其未来的发展空间却很大,选择和从事这样的职业,则要承受传统价值观带来的一定的压力。

四是科学技术发展的情况。科学技术的发展会带来一系列的变化,包括理论更新、观念转变、思维变革、技能补充等。有时候科学技术的发展直接决定着一个行业的兴衰,比如人工智能时代的到来就给许多职业带来了前所未有的挑战和机遇。

2.组织环境

企业内部环境,具体包括组织特色,如组织规模、组织结构、组织文化、人员流动等;经营战略,如组织的发展战略与措施、竞争环境、发展态势等;人力评估,如人才的需求预测、升迁政策、培训方法、招募方式等;人力资源管理,如人事管理方案、薪资报酬、福利措施、员工关系等。

企业外部环境,主要包括企业所面对的市场状况、在本行业中的地位与发展趋势以及所从事行业的发展状况及前景。

3.家庭环境

比如家庭成员,特别是家庭核心成员的职业观念。有的父母比较开明,会在尊重子女个人选择的基础上,适当地考虑社会经济因素,给孩子当参谋,让孩子选择比较理想的专业或职业。也有的父母根据自身的经历优势和经济优势做决定,完全不考虑子女的特点,这可能对子女未来的学习和工作产生负面影响。

三、职业生涯规划的步骤

(一)确定志向

立志是成功的基本前提。确定志向是制定职业生涯规划的关键,也是最重要的一点。一方面要明确所做的职业生涯规划是多长时间的,是中期的规划还是长期的规划。对于即将就业的学生来讲,最好为自己做两种职业生涯规划,一个是短期的规划,以1~3年为宜;另一个是相对长期的规划,可以是10年的。另一方面就是要明确自己未来的职业方向。

(二)评估自我

只有认识了自己,才能选择适合自己的职业及职业生涯路线。自我评估包括审视自己的兴趣、性格、学识、技能、智商、情商、道德水准等方面。归纳起来,可以集中对个人的优势和劣势两个方面进行具体的自我分析和梳理。比如个人优势可以着眼于"我最优秀的品质是什么?""我在大学的学习生活中学到了什么?""我最成功的经历是什么?"等,个人劣势可以着眼于"我的性格中有哪些缺点?""我的经验中有哪些不足?""我最失败的一次经历及教训是什么?"等。只有具体分析了自己的优势和劣势,才能做到扬长避短。

(三)评估环境

主要评估各种环境因素,如社会环境、组织环境等对自己职业生涯发展的影响,这样才能做到在复杂的环境中避害趋利,使职业生涯规划具有实际意义。

(四)选择职业

职业选择正确与否,直接关系到人生事业的成败。良好的职业选择是以自己的最佳才能、最优性格、最大兴趣、最有利的环境等信息为依据进行的,因此正确选择职业至少要考虑性格、兴趣、特长、环境与职业的匹配。

 【微型案例】

有一个关于成功的寓言故事,一直被职业经理人广为流传:为了像人类一样聪明,森林里的小动物们开办了一所学校。学校里有小鸡、小鸭、小兔、小山羊、小松鼠等,学校为它们开设了唱歌、跳舞、跑步、爬树和游泳5门课程。第一天上跑步课,小兔兴奋地在体育场里跑了一个来回,并自豪地说,我能做好我天生就喜欢的事!而看看其他小动物,有噘着嘴的,有沉着脸的。放学后,小兔回到家对妈妈说,这个学校真棒!我太喜欢了。第二天一大早,小兔蹦蹦跳跳来到学校,上课时老师宣布,今天上游泳课。只见小鸭兴奋地跳进水里,而天生恐水不会游泳的小兔傻了眼,其他小动物更没招了。接下来,第三天上唱歌课,第四天上爬树课……学校里每一天的课程,小动物们总有喜欢的和不喜欢的。

(五)选择职业发展路线

在确定职业后,必须做出向哪一路线发展的选择,以便使自己的学习、工作以及各种行动措施沿着预定的路线或方向前进。通常必须考虑三个问题:我想往哪一路线发展?我能往哪一路线发展?我可以往哪一路线发展?

(六)设定职业生涯目标

职业生涯目标是指一个人渴望获得的与职业相关的结果。设定目标是职业生涯规划的核心,明确的职业生涯目标有利于保障个人后续能够沿着设定的目标不断前进。在多数情况下,职业生涯目标的设定对个体职业生涯的成功很有帮助。但要注意,目标必须是具体的,而且应当将大目标分解为很多比较容易达到的小目标;目标还必须是可衡量的、可达到的、确定了完成时间的。换言之,目标设定后,就要制订具体的行动计划,一方面要将计划的各项指标数据化,另一方面要给自己一个落实的期限,并定期检查。

【微型案例】

曾经有研究机构做过一个实验,组织三组人,让他们分别向10公里以外的三个村庄步行。

第一组的人不知道村庄的名字,也不知道路程有多远,只让他们跟着向导走。刚走了两三公里就开始有人叫苦不迭,当走到一半路程时有人几乎愤怒了,越走大家的情绪越低落。

第二组的人知道村庄的名字,也知道路程有多远,但路边没有里程碑,他们只能凭借经验估计行程的时间和距离。走到一半的时候,大多数人想知道他们已经走了多远,比较有经验的人说"大概走了一半的路程",于是大家又簇拥着向前走。当走到全程的四分之三时,大家的情绪低落,觉得非常疲惫,而剩下的路程似乎还很长。但当有人说"快到了!",大家就又振作起来加快了步伐。

第三组的人完全知道村子的名字、路程的距离,而且公路上每隔一公里就有一块里程碑。大家边走边留意着里程碑,每前进一公里,大家心中便涌起一阵小小的喜悦。整个行程过程中,大家都一直情绪高涨,很快就到达了目的地。

(七)评估与反馈

影响职业生涯规划的因素很多,很多因素处于不断变化之中,有的变化因素可以预测,有的则难以预测。要使职业生涯规划行之有效,就必须不断地对职业生涯规划进行评估与动态修订,如职业生涯路线的重新选择、人生目标的修正、实施措施与计划的变更等。

四、秘书职业生涯规划的建议

(一)高职三年做好就业规划

对现代文秘专业的学子而言,在大一就做好高职三年的学习与就业规划,既能保障三年的专业学习在未来就业及职业发展的引领下有序进行,更可以作为立足个人职业长远发展的职业生涯规划的定调前奏。可以大致按年级分阶段进行,即一年级探索定向,二年级就业准备,三年级就业冲刺。具体可以着眼于如下四步。

1.开始自我发现

客观地讲,由于信息的不对称等多种因素的影响,大多数高中生在高考结束后选择专业时是没有经过充分调研和认真考虑的,被动甚至盲目选择专业的情况不在少数。作为刚开始大学生活的新生,现在有足够的时间和条件来重新考虑这一问题,选择一个你真正感兴趣和适合的专业并潜心钻研,要特别思考这四个问题。

我是谁？我处于什么样的位置？我最擅长做什么？我是否应该专攻现代文秘专业？

在学习过程中,应该尽可能多地积累知识和能力、发展自己的兴趣爱好等。这有助于更好地定位自己,发现自己在哪一方面更有潜力。具体可以从以下五点来做准备。

(1)在专业课程、学生工作、体育运动、课余活动等方面发展你的兴趣和技能。

(2)学会熟练地查询相关信息,了解与秘书相关的行业和职位。

(3)跟父母、朋友、老师和已经工作的人讨论你对于职业的兴趣。

(4)参加一些跟求职有关的小组讨论、自我测试等,了解自己的优势和惯于使用的技巧等。

(5)努力学习,让自己的成绩越高越好。

2.扩展职业视野

要思考以下四个问题:我的专业学得很好,但我能拿它做什么？我这个专业有些什么样的职业选择？外面的社会是什么样的？现代文秘高职生能做些什么？

继续考察职业领域并搜集信息,暑期实习、社会实践、志愿活动等都可以提供第一手的信息。具体可以从以下五点来做准备。

(1)继续在职业选择方面扩展知识,罗列那些听起来很吸引人的职业,并试着去了解。

(2)通过招聘网站等媒介更多地了解人才市场,搜寻相关资料。

(3)同那些在你感兴趣的领域工作的人面谈,了解更多信息。

(4)争取假期实习、社会实践、志愿活动等机会来积累工作经验,并通过实地考察来确定自己的职业偏好。

(5)参加招聘会和与就业相关的活动来扩展对所有行业、职业的认识。

3.缩小选择范围

要思考这三个问题:我有好几个职业目标,哪个才是最适合我的呢？我应该做些什么来为获得这个职位做准备呢？从入学到现在,我的兴趣发生了怎样的变化,而这些变化又将怎样影响我呢？

假期实习和社会实践不仅能帮助你学到新的技巧,了解更多的行业知识,还能为你积累一定的人脉。同时,努力地学习,出色的成绩是必要的。此外,需要回过头去再问自己"我是谁?""我想做什么?"相信答案会让你有所启发。具体可以从以下五点来做准备。

(1)缩小职业选择范围,并与就业指导老师等讨论你对以前的决定是否仍然满意。

(2)如果你选择的职业需要更高的学位,那么开始准备专升本或其他进修途径。

(3)考察你所向往的公司及其工作环境,锁定那些能够提供适合你职位的企业。

(4)开始试着与企业联系,扩展自己的人脉,为接下来的求职做准备。

(5)继续积累与就业相关的工作经验和领导经历。

4.作出职业选择

要思考这三个问题:我可以获得哪种工作？我如何找到最适合我的工作？我应该去继续读书还是等工作一段时间后再读？

提早计划,为自己设定合理的职业目标,到了大三就会面临从校园到工作或升本的转换。如选择就业,提早参与实习和面试将会帮助你明确未来的雇主种类和工作职位。具体可以从以下四点来做准备。

(1)通过参与就业中心的项目来探索成功求职的一些秘诀,并向职业咨询师咨询。

(2)为第一份工作做准备,和校友交流他们在工作第一年时遇到的事情,预估未来的一些挑战。

(3)找到那些可能提供工作机会或可以为你写推荐信的人。

(4)探询所有的机遇,参加招聘会和宣讲会,并密切注意网站等各种媒介。

(二)实现秘书职业生涯目标

正式进入秘书职业领域后,需要根据自己的特点、外界的变化,确立职业生涯目标并逐步实现目标,提高自己的职业地位和竞争力,制订一个可行的规划措施让自己在竞争中处于相对优势的位置。如果没有一个长期的应对策略,迟早会出现危机。

1.科学设定职业生涯目标

在设计职业生涯道路时,需要就当时、当事的情境,按照自己的理想,确定符合职业生涯追求的目标及子目标,并一步一步地走下去,最终实现自己的职业目标。

长期的职业生涯目标的实现有一个过程,需要将大的、长远的目标逐步分解为小的、近期的目标,在实现小的、近期的目标的基础上,逐步接近大的、长远的目标。一般而言,可将职业目标划分为长期目标(一般为5～10年)、中期目标(一般为3～5年)和短期目标(一般为1～3年)。具体实施时,先从短期目标开始,等短期目标逐个实现了,中期目标就开始实施,而中期目标实现了,长期目标也就会逐步实现。

在制订职业生涯目标规划时,需要考虑以下内容,才能够使目标具有可行性、适时性、适应性和持续性。

(1)你达到该目标的途径。

(2)你达到该目标所需的能力、训练及教育。

(3)你达到该目标的积极力量。

(4)你达到该目标的阻力。

【微型案例】

贝尔纳是法国著名的作家,一生创作了大量的小说和剧本,在法国影剧史上占有重要的地位。

有一次，法国一家报纸进行了一次有奖智力竞赛，其中有这样一个题目：

如果法国最大的博物馆卢浮宫失火了，情况只允许抢救出一幅画，你会抢哪一幅？

结果在该报收到的成千上万的回答中，贝尔纳以最佳答案获得了该题的奖金。他的回答是：

"我抢离出口最近的那幅画。"

成功的最佳目标不是最有价值的那个，而是最有可能实现的那个。

2. 努力实现职业生涯目标

制订了各级职业生涯目标之后，如何采取适当的策略，以求如期达到你的职业生涯目标？下面是值得注意的三个建议。

一是注意培训学习。一次学习管一生的时代已经成为过去，秘书职业更是如此。秘书工作无论是内容还是手段，都已经并将继续发生着深刻变化。不注重学习，不学会学习，就会被时代抛弃，无法胜任秘书工作，更谈不上职业生涯的健康发展和终极成功。注重培训学习，根据自己的经济、精力等状况，选择适合自己的专业知识、技能培训渠道和培训方法，提高自己的竞争力，并在工作中取得业绩，获得认可。经历本身是一笔财富，只有不断学习和充实，这笔财富才能不断增值。

华为公司总裁任正非说过：关于秘书的培训，我认为不一定要依赖于公司，每个人时时处处做每一件事，与任何人打交道，都是一个自我培训的过程，这讲究一个悟性。你悟性好，就可以得其精华，就可以成功。没有这个悟性，机会总是会从你身边错过。

二是适当展示自我。个人职业生涯的发展离不开组织和领导的支持。为了充分地开发自己、开发职业，应该主动地、适当地展示自己，让领导更多地了解和认识你、你的工作及你的重要性。秘书因为在领导身边，为适当展示自己提供了便利条件。

自我展示的内容包括两个方面：一是你的职业理想和追求，二是你的实际工作表现。根据组织的实际，合理地呈现你的职业理想和追求，如实地呈现你的职业能力和业绩，让领导对你有一个客观、公正的评价。

展示自我要把握好分寸，讲究策略。

首先，不要给人你与领导交往过密的印象。秘书由于位置特殊更要把握好这个度，如果你的行为和表现让人认为你在讨好领导，就要警惕是不是引起了同事的反感。让同事感到反感，既不利于自己的升迁，也有损于自己的人际工作环境。

其次，注意领导的个性特征。如果领导是一个开明的人，你不妨大胆地展示自己；如果领导是一个气量较小、心胸狭窄的人，就应该注意表达形式和机会，否则不仅得不到发展机会，可能还会失去机会。

最后，以展示自己的客观表现为主。在展示自我时，注意以展示自己的客观表现为主，少谈愿望和态度。客观表现是实实在在的，就算是领导认为你有表现欲，也仅此而已。如果你让领导感到过于狂妄，甚至有很强的权力欲，那么他就会产生防卫性反应，对你进行约束。

三是适当注意关系。关系本身是一种极其重要的社会资源,适当注意关系是为了给自己营造一个有利于个人事业发展的氛围或良好的工作软环境。在职业生涯发展中,培训、晋升、轮岗等是需要社会资源支持的,关系在人力资源管理方面还有着不容回避或不容否定的效力。我们反对拉关系、走人情,但是为了组织利益和个人利益,如果你有能力也有成绩,适当注意关系更有利于发挥你的潜力。

为了获得积极的关系,一方面是要加强人际交往,以更多的付出和贡献,以自己的坦率和真诚,获得他人的认同和爱戴;另一方面是要协调同领导的关系,以自己的敬业精神、责任感、团结协作精神及工作绩效,取得领导的赏识、信任和支持。

>>> 任务小结

【任务关键词】

1.职业生涯规划的含义。

2.职业生涯规划的前提。

3.职业生涯规划的步骤。

4.秘书职业生涯规划的建议。

【案例分析】

1.请阅读下面的案例,帮助小琳走出目前的迷茫处境。

小琳今年27岁,现担任某进出口贸易公司的文秘,已经工作5年了。照理说一切都是得心应手的,但是小琳近来心情颇不宁静。原来刚毕业的学生接二连三地进入公司工作,他们有着朝气蓬勃的脸庞,带着初生牛犊不怕虎的冲劲,有的学生显然是"皇亲国戚",这些有利条件对他们而言如虎添翼,事业更是蒸蒸日上。而自己仍然从事辅助工作,心里不是滋味,回想当年自己单枪匹马进公司拼搏,过五关斩六将,那感觉如同大海中的一叶扁舟,无论惊涛骇浪还是急风暴雨,自己都挺过来了,如今年龄上的优越感离她远去,失落感油然而生。自己将进入而立之年,但还是从事这份职业,内心交织着与日俱增的恐惧和自卑感,对工作的激情也被这种心理磨灭了。

每天早上一睁眼,小琳就觉得这一天将特别难熬,觉得自己做秘书的日子到了头。事实上她的收入水平在好友眼中看来已经相当不错了,不过争强好胜的她认为凭自己良好的业绩和自身的经验,可以不受别人压制。为摆脱现状,她脑海里只有一个念头——跳槽。往哪里跳?怎么跳?如何越跳越好?未卜的前途令小琳陷入迷茫。她坦言:自己除了从事秘书行业,对于别的行业一无所知,另起炉灶也不知自己适合做哪行。如果不跳槽,难道自己继续面对后辈们虎虎生威的架势,甘愿一辈子当秘书?

2.请阅读下面这份材料,结合本项目的学习,再谈一谈你对职业生涯规划的新认知。

哈佛大学曾对一群智力、学历、环境等客观条件都差不多的年轻人做过一个长达25年的跟踪调查,调查内容为职业生涯规划对人生的影响,结果发现:

87%的人,人生规划模糊,或没有自己的目标和规划;

10%的人,有清晰但比较短暂的人生规划;

3%的人,有清晰且长期的人生规划。

25年后这些调查对象的状况如下:

3%有清晰且长期的人生规划的人,25年一直都为实现目标不懈努力,25年后他们几乎都成了社会各界顶尖的成功人士,他们中不乏白手创业者、行业领袖、社会精英。

10%有清晰但比较短暂的人生规划的人,大都生活在社会的中上层,他们的共同特征是,那些短期的人生规划不断实现,生活水平稳步上升,成为各行业不可或缺的专业人士。

87%人生规划模糊,或没有自己的目标和规划的人,几乎都生活在社会的下层,没有特别的成绩。

3.请从职业生涯规划的角度分析和讨论下面这则小故事,它给我们带来了哪些深刻的启迪?

有一对兄弟,他们住在一幢公寓的第80层楼上。一天,他们到郊外爬山,傍晚时分回到公寓楼的时候,发现大厦停电了。虽然背着大包的行李,但没有什么别的选择,于是哥哥对弟弟说,我们爬楼梯上去。就这样,他们背着两大包行李开始爬楼梯。爬到20楼的时候开始累了,哥哥说:"包太重了,不如把它放在这里,等来电后坐电梯来拿。"于是,他们把行李放在了20楼,感觉轻松多了,继续向上爬。他们有说有笑地往上爬,但是好景不长,到了40楼,两人实在是太累了。想到才只爬了一半,两人开始互相埋怨,指责对方不注意大楼的停电公告,才会落得如此下场。他们边吵边爬,就这样一路爬到了60楼。到了60楼,他们累得连吵架的力气也没有了。弟弟对哥哥说:"我们不要吵了,爬完它吧。"于是他们默默地继续爬楼,终于爬到80楼了。兄弟俩兴奋地来到家门口,才发现他们的钥匙留在了20楼的包里。

【能力训练】

1.制订高职三年的个人发展规划

通过本项目的学习,你现在能够从就业角度做好自己高职三年的发展规划吗?你将如何规划?请利用课余时间,搜集若干关于秘书的招聘信息,结合本项目的学习,制订你高职三年的发展规划。

高职三年发展规划表

阶　段	目　标	拟采取措施	备　注
大一第一学期			
大一第二学期			
大二第三学期			
大二第四学期			
大三第五学期			
大三第六学期			

2.做一做个人"5W"归零思考

请结合任务二【阅读与思考】中阅读材料介绍的"5W"归零思考模式,动手做一做自己的"5W"归零思考。

取出5张白纸、1支铅笔和1块橡皮,在每张纸的最上边分别写上五个问题,然后静下心来排除干扰,按照顺序独立仔细地思考每一个问题。

第一张白纸:

Who am I?(我是谁?)

我的优点:＿＿＿＿＿＿＿＿＿＿＿＿＿＿＿＿＿＿＿＿＿＿＿＿＿＿＿＿＿＿＿＿

我的缺点:＿＿＿＿＿＿＿＿＿＿＿＿＿＿＿＿＿＿＿＿＿＿＿＿＿＿＿＿＿＿＿＿

第二张白纸:

What will I do ?(我想做什么?)

①＿＿＿＿＿＿＿＿＿＿＿＿＿＿＿＿＿＿＿＿＿＿＿＿＿＿＿＿＿＿＿＿＿＿＿＿

②＿＿＿＿＿＿＿＿＿＿＿＿＿＿＿＿＿＿＿＿＿＿＿＿＿＿＿＿＿＿＿＿＿＿＿＿

③＿＿＿＿＿＿＿＿＿＿＿＿＿＿＿＿＿＿＿＿＿＿＿＿＿＿＿＿＿＿＿＿＿＿＿＿

④＿＿＿＿＿＿＿＿＿＿＿＿＿＿＿＿＿＿＿＿＿＿＿＿＿＿＿＿＿＿＿＿＿＿＿＿

⑤＿＿＿＿＿＿＿＿＿＿＿＿＿＿＿＿＿＿＿＿＿＿＿＿＿＿＿＿＿＿＿＿＿＿＿＿

第三张白纸:

What can I do?(我能做什么?)

①＿＿＿＿＿＿＿＿＿＿＿＿＿＿＿＿＿＿＿＿＿＿＿＿＿＿＿＿＿＿＿＿＿＿＿＿

②＿＿＿＿＿＿＿＿＿＿＿＿＿＿＿＿＿＿＿＿＿＿＿＿＿＿＿＿＿＿＿＿＿＿＿＿

③ _____

④ _____

⑤ _____

第四张白纸：

What does the situation allow me to do?（环境支持或允许我做什么？）

环境支持：_____

环境限制：_____

第五张白纸：

What is the plan of my career and life?（我的职业与生涯规划是什么？）

3.制订个人职业生涯规划

下面提供一份职业生涯规划参考模板，请结合自己的专业学习等实际情况填写，以便能够更加清楚地意识到个人的奋斗目标、现实状况及存在的差距，为毕业后的职业选择（选择秘书职业或选择其他职业）提供依据，找准未来努力的方向。在填写过程中，不必考虑别人的想法，要做到实事求是。模板中的项目内容可根据自己的情况进行增补，以能够全面认识自己为前提。

职业生涯规划总表

项　目	情况说明及分析
专　业	
专　长	
人生目标设计	
职业选择	
职业认知及职业发展趋向：职业现状、行业现状、行业发展趋势、个人发展空间	
社会及家庭环境分析：父母健康及工作状况、社会关系、人脉资源、父母的期望	
个人情况分析：身体状况、学习状况、个性特征、心理素质	
老师与同学的评价及建议：学习成绩、个人能力、团队精神、性格、创造力、大多数人建议你从事的职业	
专业知识与技能的缺项及弥补措施	
非智力因素的不足及改善措施（包括性格缺陷）	
职业期望：社会价值、经济价值	
综合分析：职业规划目标实现的优势与劣势	
职业规划的具体策略	
职业规划的实施方案	

📑【知识拓展】

请利用课余时间,以小组为单位,组织下面的"写给未来的信"训练活动。

写给未来的信

一、活动目的

使学生对未来充满热情、兴趣和幻想。

二、活动步骤

这是一封寄给未来的自己的信。你可以在信上写下你对那时的自己的期望。你可以使用这些词汇来表达你的计划,例如:"学会____""改变____""成为____""实现____"等。信被密封后将统一保存在一个地方。我们将在20年后把它们重新归还到它们现在的主人手里。想象一下,自己收到从前的自己的信,那时候就可以比照一下,自己是否付出了自己承诺的那些努力。

信件的具体要求:

(1)将你期望实现的改变计划列成条款;

(2)把3年改变计划得具体一点,不要使用"我要更努力"这样的泛泛之谈,而使用如"我要每天背10个单词"来代替;

(3)尽量在信中写出这些行为改变的过程和措施,而不只是结果;

(4)可以在信中告诉未来的自己,如果实现了哪些承诺,就可以给自己一些什么奖励;

(5)自己留下一个备份,收藏在自己经常能够看得见的地方,时时提醒自己,这样期望更容易实现。

三、活动总结

活动的主题是让同学们对自己的未来有一个清醒而宏观的认识。只有规划了人生的目标,脚踏实地地去走好每一步,才能够到达梦想的未来。

⚙️【职业发展】

要想成为一个优秀的高级职业秘书,必须在清楚知道自己价值观的同时,对自己的能力有清醒的认识。为了了解自己的价值观和能力,可以利用下面的测试题进行自我测试,看看自己是不是适合当秘书。当然,这些题设置得不一定很科学,而且得出来的数字也不一定很准确,但还是具有一定的参考价值,不妨试一试。只要不低于50分,你就具备成为一个优秀的职业秘书的潜质!

秘书的价值观和能力自我测试[1]

测试内容	非常出色（5分）	出色（4分）	一般（3分）	稍差（2分）	很差（1分）	总计
你是一个能随机应变的人吗？						
你能走一步看两步吗？						
你的记忆力好吗？						
你对工作有责任心吗？						
公司中的人信任你吗？						
在工作中你是个有组织能力的人吗？						
你是个遵守公司规章制度并能完成本职工作的员工吗？						
你能保守秘密吗？						
你能熟练地使用中文和英文吗？						
你有强烈的求知欲吗？						
你有成本意识吗？						
你具有良好的判断力吗？						
你有亲和力吗？						
你有自己的主见吗？						
你每天上班都注意自己的衣着装扮吗？						
你很谦虚并乐于助人吗？						
你是个乐观向上的人吗？						
你发现问题总能比别人快一步吗？						
你能按时保质地完成自己的工作吗？						
你是一个豁达的人吗？						

①谭一平,卿建英,王军.秘书职业生涯规划[M].北京:清华大学出版社,2014:10-11.

参考文献

图书

[1] 金常德.秘书职业概论[M].重庆:重庆大学出版社,2010.

[2] 吴良勤,李沐阳.秘书职业概论[M].北京:中国人民大学出版社,2020.

[3] 李兰英.秘书导论[M].上海:上海财经大学出版社,2013.

[4] 张同钦.秘书学概论[M].4版.北京:中国人民大学出版社,2023.

[5] 杨剑宇.中国秘书史(修订本)[M].上海:上海人民出版社,2018.

[6] 赵中利.秘书心理学[M].北京:北京师范大学出版社,2017.

[7] 谭一平.外企秘书工作手记60堂职场情景课[M].广州:广东旅游出版社,2019.

[8] 石咏琦.做最得力的秘书[M].北京:北京大学出版社,2011.

[9] 张轶楠.秘书职业能力新论:模型建构与应用策略[M].北京:北京大学出版社,
2024.

[10] 文娅,仲佳伟.高难度沟通:职场篇[M].北京:北京时代华文书局,2019.

[11] 余世维.有效沟通[M].北京:北京联合出版公司,2012.

[12] 谭一平,卿建英,王军.秘书职业生涯规划[M].北京:清华大学出版社,2014.

文章

[1] 鲍明刚.以心转境　提升情绪管理软实力[J].企业管理,2024(1):28-30.

[2] 佚名.如何有效建立个人品牌?[J].董事会,2023(7):7.

[3] 肖金雨.曾国藩处世哲学对秘书心理的影响[J].戏剧之家,2018(25):227.

[4] 田舒.社会交换视角下的社区参与:特征及机制分析[J].中南大学学报(社会科学版),2018,24(5):153-161.

[5] 程羽慧,袁祥勇,蒋毅.社会互动加工的认知特性及脑机制:第三人称的视角[J].心理科学进展,2021,29(3):472-480.

[6] 赵迎辉.习近平总书记强调的"慎独"[N].学习时报,2023-05-29.

[7] 邱宗国.共情语言在秘书人际沟通中的应用技巧[J].秘书之友,2022(11):40-42.

[8] 鄐爱红.职业道德与工匠精神[J].精神文明导刊,2024(5):24-25.

[9] 鲁志强.我所认识的章含之[J].百年潮,2011(4):64-66.

[10]张春梅.浅析秘书自我价值认同[J].办公室业务,2016(16):92-93.

[11]刘明国.保守秘密　领导秘书应做到这几点[J].保密工作,2022(10):51.

[12]曹丽辉.诸葛亮的秘书生涯对现代秘书的启示[N].科学导报,2022-07-29(B4).

[13]任家进,徐金娟.论秘书工作的创新思维[J].老字号品牌营销,2022(5):96-98.

[14]陈小波.这些念头秘书不该有[J].秘书工作,2022(8):41.

[15]佚名.本期话题:如何找到职业规划最优解?[J].中国就业,2023(10):64.